路面形貌数字化测量技术研究与应用

王元元 ◎ 著

西南交通大学出版社
·成　都

图书在版编目（ＣＩＰ）数据

路面形貌数字化测量技术研究与应用 / 王元元著
. 一成都：西南交通大学出版社，2022.1
ISBN 978-7-5643-8371-8

Ⅰ．①路… Ⅱ．①王… Ⅲ．①路面－公路养护 Ⅳ.
①U418.6

中国版本图书馆 CIP 数据核字（2021）第 231504 号

Lumian Xingmao Shuzihua Celiang Jishu Yanjiu yu Yingyong
路面形貌数字化测量技术研究与应用

王元元／著

责任编辑／姜锡伟
封面设计／何东琳设计工作室

西南交通大学出版社出版发行
（四川省成都市金牛区二环路北一段 111 号西南交通大学创新大厦 21 楼　610031）
发行部电话：028-87600564　　　028-87600533
网址：http://www.xnjdcbs.com
印刷：四川森林印务有限责任公司

成品尺寸　185 mm×260 mm
印张　12.25　　字数　268 千
版次　2022 年 1 月第 1 版　　印次　2022 年 1 月第 1 次

书号　ISBN 978-7-5643-8371-8
定价　58.00 元

新时代下，随着 5G、云计算、大数据、物联网、人工智能等新一代信息技术的快速发展，数字化和智慧化已然成为现代交通基础设施发展的新趋势。《交通强国建设纲要》《数字交通发展规划纲要》以及《推进综合交通运输大数据发展行动规划纲要（2020—2025 年）》都明确提出"实现交通基础设施全要素、全周期数字化，建成综合交通大数据中心"的目标任务。道路交通作为基础设施的重要组成部分，通过路面三维形貌的数字化测量实现道路数字化信息的动态感知，实时感知路面信息状况，服务于自动驾驶、智能治理、路面功能与技术状况评价等内容，对打造舒适安全的交通环境，建设数字化、信息化的交通基础设施等均具有重要的理论价值和现实指导意义。

本书由湖北文理学院王元元主笔，其顺利出版得到国家自然科学基金（52178422，51808084）、2020 年度襄阳青年科技英才开发计划、新能源汽车与智慧交通学科群等项目的资助，东南大学、襄阳路桥建设集团有限公司、广西公路检测有限公司、广西路建工程集团有限公司、湖北省枣阳市公路建设有限公司等单位的支持与帮助，以及重庆交通大学刘燕燕，湖北文理学院李业学、曹林涛等教授的建设性修改意见；湖北文理学院薛金顺、研究生李仁杰、研究生张亨通参与了文字校对和文本修改工作。现借本书出版之际，谨向为本书出版做出贡献的项目资助方、合作事企业单位、提出宝贵意见的专家和学者，为本书出版付出诸多心血的同人致以真诚的感谢。

由于作者水平有限，书中疏漏与不足之处在所难免，敬请广大读者和同行批评指正。

王元元

2021 年 7 月

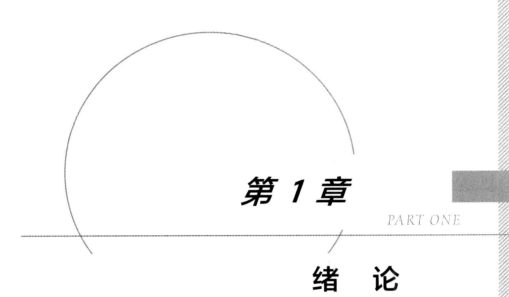

第 1 章

PART ONE

绪　论

1.1 研究路面形貌数字化测量的背景和意义

研究路面形貌数字化测量是为了更好地研究其抗滑特性。研究表明，路面抗滑性能同形貌之间关系紧密，其好坏直接取决于路表宏观和微观形貌[1,2]。其中，研究路面抗滑性能的意义主要在于：首先，良好的路面抗滑性能是行车安全的重要保障。全国道路交通事故统计结果表明，2019 年共发生交通事故 24.76 万起，导致人员死亡 6.27 万人，直接财产损失高达 13.46 亿元[3]。其次，路面抗滑性能作为道路新建、养护、维修及改扩建等过程中的关键性指标，直接影响着道路的质量验收、路面状况性能评价及养护时期的抉择等。因此，建立完善的路面抗滑性能检测与评价方法，既是项目工程质量自身的需要，也是项目管理人员决策的需要。

作为衡量一个国家现代化水平、国民经济综合实力重要标志之一的公路交通，是服务于人民生活、社会发展和国民经济的基础设施[4]。随着我国公路建设事业的不断壮大和发展，截至 2019 年底，全国高速公路通车总里程已名列世界第一，达到 14.96 万公里。相比之下，沥青路面本身具有其无可比拟的优势，主要表现为：施工周期短、平整无接缝、噪声低、振动小、行车舒适、养护维修简便，适宜于分期建设等。近年来，我国大多数新建道路以沥青路面为主[5]。

参与交通主体因素之间的不和谐（这些因素主要包括参与人、行驶车辆、运营道路以及交通管理等），使得交通安全已然成为交通领域突出、严峻的问题之一。根据世界卫生组织（WHO，World Health Organization）的统计报告，在全球范围内，每年因交通事故造成 120 万人死亡和 5000 万人受伤[6]。尽管有文献指出仅因路面抗滑性能不足所引发的交通事故的比率并不高，仅约 10%[7]；但是，具有如此庞大基数的交通事故量，就算是其自身引发比率不大，其事故总量以及由事故总量所引发的经济损失也是震撼人心的。除了满足顺利通行这一基本要求外，从以人为本的基准点出发，道路的建设还必须要考虑使用者的安全。道路应当具备良好的抗滑性能，良好的抗滑性能可以减小交通隐患，为车辆驾驶提供良好的附着性，保证驾驶安全。

目前，路面抗滑性能的评价主要以摩擦系数类指标为主。而这种忽略形貌特性的摩擦系数类抗滑评价方法主要存在以下不足：① 摩擦系数类测试方法存在离散性大、野外不好控制等特点[8]；② 测试结果易受路面干湿状况、测试速度等因素的影响，导致摩擦系数类测试方法出现条件限制性强、普适性差等问题[9,10]。因此，充分利用形貌特性同抗滑性能间的紧密联系，精确测量路面三维宏观和微观形貌，建立基于形貌粗糙特性的抗滑评价方法，有助于完善甚至是取代条件限制性强、普适性差的摩擦系数类指标。

在实际路面检测中，常用的形貌测试方法主要存在分辨率差和测试精度不足等问题，难以满足路面微观形貌测试的需要。但国际道路协会却认为微观形貌同样对路面抗滑性能有着决定性的影响，特别是在车辆低速行驶条件下，其影响更为突出。此外，常用的形貌类抗滑评价指标主要用于表征形貌沿高程方向的特征属性，很少涉及水平横向、水平纵向及形状等其他方面。但研究却表明形貌波长特性、形状特性均会影响路面抗滑力的形成[11]。所以，开发稳定可靠、高分辨率、高精度的路面三维形貌检测设备，是实现路面宏观和微观形貌同步测量的前提，更是多角度建立形貌类表征指标，更好地服务于交通安全的基础。

综上所述，如图 1-1 所示，良好的抗滑性能是路面行车安全的重要保障，而路面的抗滑性能又直接取决于路面形貌特性；同时，也是为了更好地消除不同评价方法给交流带来的障碍，取代条件限制性强、普适性差的摩擦系数评价指标。本研究从数字化三维形貌测量出发，通过建立基于计算机视觉改进算法的非接触式数字化测量技术提取路面形貌，分析其特性，建立形貌粗糙特性的表征指标，并进一步构建路面抗滑性能同其表面粗糙特性之间的关系模型。本研究不仅为沥青路面抗滑性能评价提供了理论基础，同时对减少交通事故的产生，对沥青路面抗滑性能的评价以及抗滑性能指标的统一，对选择原材料、决策养护时机以及指导路面设计，均具有理论价值和现实指导意义。

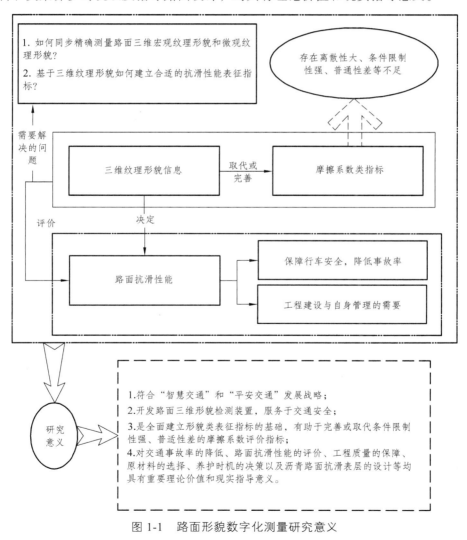

图 1-1　路面形貌数字化测量研究意义

1.2 国内外研究现状及动态

路面抗滑性能直接关系到车辆运行过程中的人身和财产安全。关于影响路面抗滑性能的因素组成、抗滑性能的评价及形貌的测试等方面，国内外展开了广泛的研究。下面分别阐述这三个方面的研究现状及发展动态。

1.2.1 影响沥青路面抗滑性能的因素组成

在车辆行驶过程中，轮胎、路面、所处环境、轮胎与路面间相对运动状态以及两者之间的介质等因素共同构成一个摩擦学系统。系统中各个因素相互作用，彼此影响，共同决定着路面的抗滑性能。根据性质的不同，这些因素被分为路面材料、轮胎特性、路表形貌特性、界面介质、环境气候等类别[12-14]。

在实际路面抗滑性能检测中，所用的测试轮、橡胶磨块、测试温度、表面状态都是加以限制和规定的。在排除轮胎特性、界面介质和气候环境等限定性因素的干扰后，影响路面抗滑性能的主要因素就剩下路面材料和路表形貌特性。其中，路面材料特性中的集料品质、级配、最大公称粒径和体积参数等属性，均是通过改变路表形貌特性或形貌的衰变特性来影响路面抗滑性能的，其本质原因仍为路表形貌特性对抗滑性能的影响。因此，本项目将路面形貌特性作为影响抗滑性能的关键因素，作重点突破和分析。

国际道路协会认为路面形貌是影响抗滑性能最主要的因素，并根据起伏不平的特性，将路表形貌分为四类：微观形貌、宏观形貌、粗大形貌和不平整度。其中，影响路面抗滑性能的形貌主要是指微观形貌和宏观形貌。

微观形貌，其波长小于 0.5 mm，高度尺寸介于 1 μm ~ 0.5 mm。这种形貌构造直接与轮胎真实接触，是对沥青胶浆和集料表面微观构造等特性的直接反映。通常，微观形貌的构造密度越大，平均高度越高，对路面抗滑性能就越有利；构造越尖锐，潮湿条件下就越容易穿透水膜，减小动力水膜润滑的作用，增加行车安全性。同时，微观形貌构造能够增加轮胎和路面之间的咬合程度，是车辆在低速行驶过程中摩擦力形成的主要原因。

宏观形貌，其波长为 0.5 ~ 50 mm，高度尺寸为 0.5 ~ 20 mm。这种构造主要由级配、集料粒径、集料形状和集料排列等因素决定。宏观形貌对抗滑性能的影响主要体现在两个方面：宏观形貌直接决定了轮胎因弹性变形滞后而产生的阻滞分量；宏观形貌可及时排除接触面间的积水，增加真实接触面积，改善抗滑性能。

1.2.2 抗滑性能的评价

直接检测路面摩擦系数或形貌都可以实现路面抗滑性能的评价。因此，根据检测对象的不同，路面抗滑性能的评价可分为摩擦系数类抗滑评价法和形貌类抗滑评价法两类。

1. 摩擦系数类抗滑评价法

摩擦系数类检测设备，依据测量方式的不同，又可分为定点式和连续式两类。

常用的定点式检测设备主要有：摆式摩擦系数仪和动态旋转摩擦系数仪。其中：摆式摩擦系数仪调试方便、操作简单，但该设备受人为因素影响大，数据偏离性较大，且检测结果只能反映车辆低速行驶条件下路面的抗滑性能[15]。动态旋转摩擦系数仪则具有操作简单、测试速度快等优点；但是该设备需要临时封闭交通，影响正常的交通流，而且当路面构造过大时，检测结果往往不准确[16]。

而连续式检测设备分为横向力检测系统和纵向力检测系统两种。连续式摩擦系数检测设备易实现连续测量，且测试过程不影响正常交通。但其缺点就是影响因素复杂，不易在室内实现，且检测设备大多价格昂贵，检测结果受路面环境状况（如路面质量状况、路面温度、环境湿度及水膜厚度等）影响较大。

无论是定点式还是连续式摩擦系数检测设备，都无法改变摩擦系数指标对测试条件的过度依赖。其依赖性主要体现在干湿状态依赖性和速度依赖性两个方面。Dan 等[17]分别研究了干燥、下雾、积水、结冰以及覆雪等不同路况下路面抗滑性能的变化，发现摩擦系数会随路面状态的不同发生较大的改变，当路面从干燥变为积水、结冰状态时，摆值分别减小 27.5% 和 82.2%。桂志敬等[10]则采用动态旋转摩擦系数仪测试路面动态摩擦系数随测试速度的变化情况。结果表明，动态摩擦系数随测试速度的增加有减小的趋势，当测试速度从 20 km/h 增加到 80 km/h 时，其降幅高达 15%。因此，有必要考虑采用其他方法取代或补充摩擦系数类抗滑评价方法，以解决其条件限制性强、普适性差的问题。

2. 形貌类抗滑评价法

目前，实际用于检测路面形貌的方法主要包括铺砂法、环形形貌测试法和激光构造深度法等。其中，铺砂法效率低、重复性差，受人为因素影响最为严重。而且由于测试精度的限制，这些方法都只能测试宏观形貌，难以满足微观形貌测试对精度的要求。Kanafi 等[18]根据聚焦深度原理使用单目体视显微镜提取沥青混合料表面三维宏观和微观形貌。其研究结果同国际道路协会的结论一致，均认为微观形貌同样对路面抗滑性能有着决定性的影响，特别是在车辆低速行驶条件下，其影响更为突出。

此外，由于水平分辨率的限制，上述检测方法无法精确提取形貌的波长和形状等特性，以至于用于评价路面抗滑性能的形貌类指标主要集中在高程特性的表达上，很少涉及形貌的水平横向、水平纵向及形状等其他方面。朱晟泽等[19]通过设计不同间隙宽度组合的混凝土试件，研究间隙宽度对抗滑性能的影响。遗憾的是，该文献虽然指出试件的抗滑性能会随表面间隙宽度的变化而改变，但并没有给出具体的指标用于定量表述形貌沿水平方向的特征属性。曹平[20]采用接触式表面轮廓仪提取混合料表面二维形貌，构造轮廓线的形状评价指标，分析认为轮廓构造峰的尖锐程度同样会影响到路面的抗滑性能。笔者将二维形貌指标和三维形貌指标进行对比，发现二维形貌指标低估了路表粗糙度，不能完全真实地表达路面形貌粗糙特性[21]。因此，针对现行路面形貌类抗滑评价方法中存在精度不足、重复性差、难以全面表达等问题，开发高分辨率、高精度的检测设备，同步检测路面三维宏观和微观形貌，并构建多重属性的表征指标用于全面评价形貌的粗糙特性显得十分必要。其对研究路面形貌特性、评价路面抗滑性能、建立关系模型等具有深远的意义。

1.2.3　形貌测量方法的研究现状及动态

形貌的测试根据原理的不同可分为直接测试和间接测试两类，见图1-2。其中：直接测试是采用特定的技术手段直接测量物体表面形貌构成；而间接测试则是测量其他非形貌类指标，但这些指标又同形貌特征关系紧密，以此来间接反映形貌的粗糙特性。间接测试方法主要有体积法和溢出时间法等。由于间接测试法重复性差、精度低、测试效率低以及不能形象直观地反映路面形貌，本研究重点围绕直接测试方法展开论述。

1. 非计算机视觉技术类形貌测试方法

如图1-2所示，常用的形貌直接测试方法主要包括接触式表面轮廓仪、三维激光扫描仪和计算机视觉技术类形貌测试法等，其中接触式表面轮廓仪、三维激光扫描仪属于非计算机视觉技术类形貌测试方法。

Thomsenschmidt[22]采用接触式表面轮廓仪提取物体表面轮廓，该仪器通过一微型探针在物体表面滑过，通过计算探针的竖向位移获得物体表面轮廓，其精度高达0.1 μm。这种轮廓仪具有测量范围大、测量结果稳定等优点。遗憾的是，这种设备测试速度较慢，只适用于实验室内有限点数的线性检测，难以获得高分辨率的三维表面形貌，限制了其使用范围。

李伟、Hong等[23,24]研究了激光扫描技术对物体表面形貌的测试效果，发现探测器收集的光亮分布图容易受到场景光线分布、物体表面形状以及物体表面状态的影响，从而造成匹配误差，产生测量波动。该方法可以很好地测试车辙深度、不平整度以及宏观形貌等路面信息。但是，其价格昂贵，且不能满足路面微观形貌测试对精度的要求。

2. 计算机视觉技术类形貌测试方法

计算机视觉技术类形貌测试方法又主要包括体视显微镜、摄影测量技术、RGB深度传感器、光度立体三维重构技术和双目三维重构技术等。其中：体视显微镜虽然能够获得较好的重构效果，但需要获取一系列的场景图像，通过聚焦原理识别清晰目标区域，所需内存空间大，计算复杂且耗时[25]；摄影测量技术和RGB深度传感器尽管具有便捷、价格便宜、可自动控制、效率高等特点，但仅限于路面裂缝、坑槽等病害检测，难以获得满足精度要求的路面三维形貌[26]。因此，本节将重点阐述光度立体重构和双目重构在沥青路面三维形貌测量问题中的研究现状及发展动态。

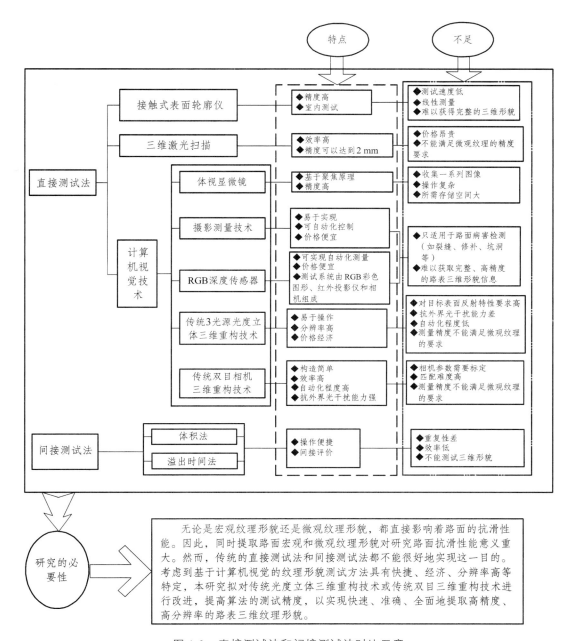

图 1-2　直接测试法和间接测试法对比示意

　　光度立体重构和双目重构具有快速、全面、分辨率较高等特点，同是计算机视觉技术类重构技术中的重要组成部分，都以数字图像处理操作为基础，但两者的重构原理却截然不同。其中：光度立体三维重构技术以双向反射分布函数为理论基础，根据多幅不同照明条件下图像的亮度变化求解表面法向量，完成三维重构；而双目重构技术则通过计算左右视图间像素点对的视差，根据严谨的几何关系计算完成三维形貌的求解。

Medeiros 和 Gendy 等[27,28]将传统光度立体和双目三维重构技术应用到路面形貌的测量中。结果表明：对于宏观形貌，传统光度立体和双目重构技术均可以获得较好的测试效果；而对于微观形貌，则由于沥青路面自身的特殊性并没有取得满意的效果。这些路面的特殊性主要表现在：沥青路面粗糙不平，并非连续光滑；沥青油膜和细小的矿粉在光照条件下会产生镜面反射现象，形成高光点或噪声点，并非理想的朗伯体（Lambert 体）；对于粗糙的沥青路面，容易产生一些光照死角，形成阴影区域。因此，传统的光度立体和双目三维重构技术虽然具有较高的分辨率，仍难以满足路面微观形貌对测试精度的要求，需要进一步改进。

Sun 等[29]指出保证目标区域不存在任何拍摄盲区，以实现全域三维重构的最小拍摄方向数是 6。同时，该文献通过分层选择策略识别高光点和阴影区域，将识别获得的高光点和阴影区域剔除。分层选择策略求解法向量虽然保留了大量的有效信息，且能有效地区分并剔除高光点和阴影区域等异常点；但是，该算法仅对连续光滑表面有效，且识别算法和剔除准则的计算过程复杂，计算量大。刘亚敏等[30]根据光度立体法，获取 3 张 RGB 图像，基于三维真彩色图像的彩色信息分量重构路面形貌。由于图像信息量的增加，图像可处理的采集区域有所减小；同时由于局部误差的存在，该方法依然难以满足路面微观形貌测试对精度的要求。

相比之下，双目三维重构技术最大的困难在于像素点对间的精确匹配，该匹配直接决定了视差的计算，进而影响重构精度。而双目重构中的匹配算法根据原理又可分为局部匹配算法和全局优化算法两大类[31]。其中：局部匹配算法是基于区域约束，采用匹配窗的代价聚合、特征点匹配及相位匹配等方法求解匹配关系。该算法运算速度快，能够快速恢复出丰富纹理区域的视差；但在弱纹理区域易出现误匹配，得到不致密的视差图，需要在后期进一步修正。全局优化算法则是基于整个约束区域，通过图割、神经网络、遗传及置信传播等算法完成匹配关系。这种匹配算法虽然能够在整体上获得较好的视觉效果，但运算时间较长，丢失细节信息过多，影响局部重构精度。

张一豪、韩宝玲等[32,33]分别采用特征匹配、边缘特征匹配等算法，以提高局部区域的匹配精度。遗憾的是这些改进对不连续、弱纹理目标的作用十分有限，难以用于路面三维形貌的精确检测。Sun 等[34]则在目标物体的特殊位置通过人为设置符号控制点，以增加像素点对匹配的准确性。但这些控制点的数量毕竟有限，难以实现该算法真正意义上的高分辨、高精度测量。

综上所述，尽管随着表面测试技术的飞速发展，产生了诸多形貌测试方法；但是，针对沥青路面三维形貌检测而言，这些测试方法总是存在着这样或那样的问题。受限于高精度、高分辨率、实用的路面三维形貌检测设备的匮乏，研究形貌对抗滑性能的影响仅停留在宏观形貌层面，并且评价指标也主要集中在高程特性相关类指标上。相比之下，计算机视觉三维重构技术具有快速、全面、分辨率较高的特点，可以被考虑用来提取路面三维形貌信息，但需要进一步改进，以满足路面微观形貌测试对精度的要求。因此，本研究立足于计算机视觉三维重构技术，从原理出发，对传统计算机视觉三维重构技术加以改进，以实现沥青路面三维形貌的同步精确测量，并进一步多角度地建立三维形貌表征指标，综合分析形貌特性对抗滑性能的影响。

1.3 本书的主要研究内容及技术路线

1.3.1 主要研究内容

本研究基于计算机视觉数字化测量的基本理论和方法改进和研发非接触式形貌测量技术，以实现路面三维形貌的快速、全面、精确测量，构建三维形貌表征指标，评价路面形貌的衰变特性以及其对抗滑性能的影响。并在此基础上，进一步建立基于形貌指标的抗滑评价模型，以克服传统基于摩擦系数的抗滑评价方法普适性较差的不足。本书的主要研究内容如下：

1. 测量路面形貌光度立体算法的改进与优化

基于计算机视觉的数字化三维形貌的重构技术，首先需要选用适当的三维重构算法。考虑到算法的精度以及操作的难易程度，本研究首先选择了光度立体技术的三维重构算法。为了获得高精度的重构效果，本书分别采用了基于 6 光源算法和鲁棒主成分分析低秩矩阵分解算法来控制法向量求解步骤中的误差和噪声的传递，采用基于控制点加权和基于控制点插补面两种算法来保障三维形貌重构步骤中的精度。

2. 测量路面形貌双目重构算法的改进与优化

考虑到光度立体重构技术抗光干扰能力差，多幅图片需依次拍摄，难以实现实际现场的运用。本研究立足于双目三维重构技术，从原理出发，分别采用多条固定激光线分区域和单条移动激光线全局扫描两种约束模式，对传统双目重构技术加以改进，研究激光约束改进双目重构技术对路面三维形貌的测量效果，重点解决如何强化匹配约束和提高匹配精度等问题，通过计算左右视图间像素点对的视差，根据严谨的几何关系计算完成三维形貌的求解。

3. 基于抗滑性能评价的路面形貌指标的表征

传统的路面形貌构造的表征多采用二维形貌分析指标，并不能完全反映出路面真正的粗糙特性。因此，本研究希望从三维形貌和图像二维纹理信息两个层面分别建立基于三维形貌和基于二维纹理信息的路面粗糙特性表征指标。其中：三维形貌表征指标主要包括形貌高度相关指标、形貌波长相关指标、形貌形状相关指标和形貌综合指标四个方面；图像二维纹理信息表征指标则主要包括裸露粗集料区域化面积比、图像二维纹理信息分形维数以及基于图像灰度共生矩阵的角二阶矩、逆差矩、熵等指标。为了选择出较优越的表征指标，避免多重共线性问题，本研究进一步对相关性较高的表征指标进行归类处理，通过类聚分析和相关性分析进行保留和剔除，以优选出具有代表性的表征指标用于后续的研究。

4. 数字化路面形貌的测量与衰变特性分析

路面形貌受到多种因素综合影响，会随着时间的推移表现出衰变的特性。影响形貌衰变特性的因素众多，如集料尺寸分布、石料磨光值、石料磨耗性能、混合料的级配类型和车辆荷载作用、油石比、集料表面特性、气候环境因素等。研究沥青路面形貌的衰变规律对正确选择原材料、路面养护时机的决策以及混合料的设计等具有重要的意义。该部分内容分析不同因素对形貌衰变特性的影响，也是更好地为后文中建立抗滑性能同形貌粗糙特性指标之间关系模型提供研究基础，使得后文中所建立的关系模型能够综合考虑多种影响因素，便于模型的广泛应用。因此，本研究首先测量数字化路面形貌，在分析形貌粗糙特性指标变化的基础之上，根据灰色系统理论建立数字化路面形貌的衰变模型；进一步根据模型参数的变化，分析矿料的种类、混合料的级配、最大粒径等因素对路面形貌衰变特性的影响。

5. 基于数字化形貌的路面抗滑性能关系模型的建立

通过室内成型不同类型的沥青混合料试件，分别对不同类型的混合料试件的三维形貌指标、图像二维纹理信息指标和抗滑性能指标进行测试。以摩擦学理论和多元回归分析理论为基础，分别从理论和经验回归两个角度分析数字化形貌粗糙特性指标同路面抗滑性能间的关系。同时，为了便于统一来自不同国家、不同领域的抗滑性能评价标准的差异，避免基于摩擦系数的抗滑评价方法普适性差的问题，本研究直接依赖于路面的形貌粗糙特性，进一步建立了基于数字化形貌的路面抗滑性能的关系模型，为抗滑性能的评价提供新的思路和方法。

6. 提高路面抗滑性能措施的研究

在环境侵蚀和交通荷载的综合作用下，路面材料发生冲击、揉搓、磨耗以及老化等现象，其抗滑性能终究会日益衰减，最终无法满足安全行车的需要，形成安全隐患。本研究在分析路面数字化形貌指标同路面抗滑性关系的基础上，从路面混合料设计角度出发，提出保障或恢复路面抗滑性能的措施。在设计阶段，采用事前控制以保障沥青路面在源头就具备必要的抗滑性能。

1.3.2 技术路线

本研究采用理论分析和试验研究相结合的手段开发了能够快速、全面、精确地测量路面数字化形貌的非接触式测量装置，并在此基础上研究了路面数字化形貌同抗滑性能之间的关系。其技术路线图如图 1-3 所示。

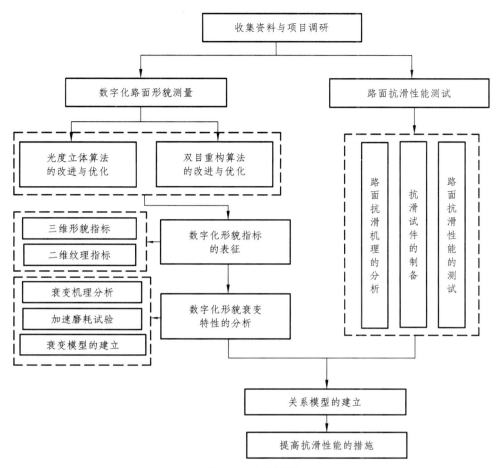

图 1-3　技术路线

第 2 章

PART TWO

测量路面形貌光度立体
算法的改进与优化

光度立体视觉技术能否被用来测量路面数字化形貌，关键取决于该技术能否实现高精度三维形貌信息的采集。本章通过分析光度立体视觉技术的基本理论，对比了 6 光源表面法向量求解算法和低秩分解表面法向量求解算法的优劣性，并分析了局部积分、全局积分以及控制点约束等三维重构算法对测试精度的影响。通过对实际形貌的测试试验，对比分析各种不同改进算法的测试精度，以提出一种快速、全面、精确地获取沥青路面三维形貌信息的测试方法。

2.1　光度立体视觉技术的基本理论

基于光度立体视觉技术的三维重构是一种属于计算机视觉范畴的非接触式三维形貌测试技术。由于其操作简单灵活、不需要刻意地寻找特征点和解决匹配难题，在逆向工程、Internet 应用、医学成像以及产品质量检测等领域都有着广泛的应用。光度立体法以物理光学理论为基础，根据多幅图像的亮度矩阵，结合物体表面反射模型求解出其表面法向量分布与亮度值的关系，然后由所求得的表面法向量计算还原物体表面的三维形貌信息。其基本理论主要包括相机成像的几何模型、光度学理论、光度立体法求解表面法向量和基于法向量的三维重构四部分。

2.1.1　相机成像的几何模型

利用相机获取物体的图像信息是计算机视觉处理的先决条件。相机成像的几何模型理论描述了三维物体到二维图像的线性投影变化过程以及相机镜头对图像几何信息的非线性畸变过程。在图像的采集过程中，客观世界的三维场景经过投影变换转变成为一个二维平面图形，这个投影变换的过程可以用相机成像理论来描述。在计算机视觉理论中，坐标系包括了世界坐标系、相机坐标系、透视变换归一化坐标系、图形坐标系。下文将从数学角度分别描述它们之间的转换关系。

如图 2-1 所示，O_c 为相机的光心位置，O_c-O 轴为相机的光轴线，由 X_c、Y_c、Z 轴共同构成相机坐标系，X、Y、Z 轴构成的立体空间为世界坐标系。X_1-O_1-Y_1 坐标为相机成像坐标，是由相机坐标系经透视变换归一化形成的坐标系；U-O_n-V 坐标为图像存储坐标。世界坐标系中的一点 $P(x, y, z)$ 经相机投射变换归一化后形成 $P_1(x_1, y_1, 1)$，此时 $P_1(x_1, y_1, 1)$ 为一物理坐标，其单位是毫米。再次对 $P_1(x_1, y_1, 1)$ 进行变换形成像素坐标 $P(u, v)$，其单位为像素。坐标轴 X_c、Y_c 轴分别平行于 X_1、Y_1 轴；U、V 轴与 X_1、Y_1 轴也同样存在着平行的关系；O_1O_c 为相机的焦距 f。

在图像坐标系中，坐标（u，v）分别表示该像素所在矩阵中的列数和行数。在该坐标系中，定义 O_1 点为相机光轴与图像平面的交点，也为图像的中心点。设中心点在图像坐标系中的坐标值为（u_0，v_0），图像中单个像素在 X_1 轴和 Y_1 轴上的物理尺寸为 d_x、d_y（一般由厂家提供），则图像的像素坐标与透射变换的归一化坐标之间的变换关系如下[35]：

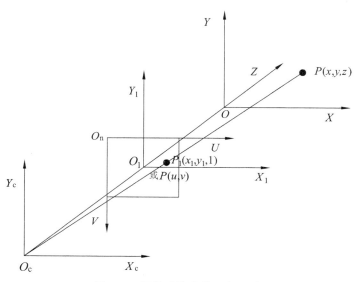

图 2-1 相机成像变化几何示意

$$\begin{cases} u = \dfrac{x_1}{d_x} + u_0 \\ v = \dfrac{y_1}{d_y} + v_0 \end{cases}$$ （2-1）

公式（2-1）等价于如下表达：

$$\begin{bmatrix} u \\ v \\ 1 \end{bmatrix} = \begin{bmatrix} \dfrac{1}{d_x} & 0 & u_0 \\ 0 & \dfrac{1}{d_y} & v_0 \\ 0 & 0 & 1 \end{bmatrix} \begin{bmatrix} x_1 \\ y_1 \\ 1 \end{bmatrix}$$ （2-2）

空间一点 $P(x, y, z)$ 经过相机成像系统，在相机坐标系中变成点 $P(x_c, y_c, z_c)$，相机坐标系中的点再经过透视变换和归一化处理生成透视变换归一化坐标系点 $P(x_1, y_1, 1)$。它们的齐次坐标系分别表示为：世界坐标系 $P(x, y, z, 1)^T$，相机坐标系 $P(x_c, y_c, z_c, 1)^T$，归一化坐标系 $P(x_1, y_1, 1)^T$。则相机坐标系与世界坐标系的关系为：

$$\begin{bmatrix} x_c \\ y_c \\ z_c \\ 1 \end{bmatrix} = \begin{bmatrix} \boldsymbol{R} & \boldsymbol{T} \\ \boldsymbol{0} & 1 \end{bmatrix} \begin{bmatrix} x \\ y \\ z \\ 1 \end{bmatrix}$$ （2-3）

式中：$\boldsymbol{R}$ 为 3×3 的旋转矩阵；$\boldsymbol{T}$ 为 1×3 的平移矩阵；$\boldsymbol{0}$ 为零向量。这样旋转平移矩阵就构成了一个 4×4 的投影变换矩阵，而这个矩阵直接决定了从世界坐标系向相机坐标系的转换关系。此外，相机坐标系与归一化坐标系之间又满足如下的关系：

$$\begin{cases} x_1 = f\dfrac{x_c}{z_c} \\[2ex] y_1 = f\dfrac{y_c}{z_c} \end{cases} \tag{2-4}$$

即

$$z_c\begin{bmatrix} x_1 \\ y_1 \\ 1 \end{bmatrix} = \begin{bmatrix} f & 0 & 0 & 0 \\ 0 & f & 0 & 0 \\ 0 & 0 & 0 & 0 \end{bmatrix}\begin{bmatrix} x_c \\ y_c \\ z_c \\ 1 \end{bmatrix} = \mathbf{M}\begin{bmatrix} x_c \\ y_c \\ z_c \\ 1 \end{bmatrix} \tag{2-5}$$

式中：f 为相机的焦距；$\mathbf{M}$ 为透视投影矩阵。

于是，综合公式（2-1）~（2-5），就可以得到由世界坐标系中向图像像素坐标系转变的变换关系，如下：

$$z_c\begin{bmatrix} u \\ v \\ 1 \end{bmatrix} = \begin{bmatrix} a_x & 0 & u_0 & 0 \\ 0 & a_y & v_0 & 0 \\ 0 & 0 & 1 & 0 \end{bmatrix}\begin{bmatrix} \mathbf{R} & \mathbf{T} \\ \mathbf{0} & 1 \end{bmatrix}\begin{bmatrix} x \\ y \\ z \\ 1 \end{bmatrix} = \mathbf{S}_1\mathbf{S}_2\mathbf{X} = \mathbf{S}\mathbf{X} \tag{2-6}$$

即

$$\begin{bmatrix} u \\ v \\ 1 \end{bmatrix} = \frac{1}{z_c}\begin{bmatrix} a_x & 0 & u_0 & 0 \\ 0 & a_y & v_0 & 0 \\ 0 & 0 & 1 & 0 \end{bmatrix}\begin{bmatrix} \mathbf{R} & \mathbf{T} \\ \mathbf{0} & 1 \end{bmatrix}\begin{bmatrix} x \\ y \\ z \\ 1 \end{bmatrix} = \frac{1}{z_c}\mathbf{S}_1\mathbf{S}_2\mathbf{X} = \frac{1}{z_c}\mathbf{S}\mathbf{X} \tag{2-7}$$

其中：$a_x=f/d_x$，$a_y=f/d_y$，分别被称为 U、V 轴上的尺度因子；$\mathbf{S}$ 是一个 3×4 的不可逆矩阵，又叫投影矩阵；$\mathbf{S}_1$ 中元素的大小取决于 a_x、a_y、u_0、v_0 四个参数，它们只与相机的内部物理参数相关，所以也被称为相机内部参数矩阵；而 $\mathbf{S}_2$ 则被称为相机外部参数矩阵，它取决于相机相对于世界坐标系的位置。

然而，实际的相机镜头并不总能满足理想的透视投影，它在所难免存在不同程度的畸变，这就需要采用一些透射模型来消除投影透视偏差的影响。其中，弱透视投影模型是常用的模型之一。弱透视投影模型认为：同相机的视场比较，物体表面深度变化很小，对于透视投影偏差的影响可以忽略不计。

为了分析场景深度变化对相机透视投影的影响，如图 2-2，假设场景中的一点由 P 位置运动到 P' 的位置，在相机坐标系中，z_c 坐标满足 $z_{cP'}=z_{cP}+d$。根据透视投影模型，P 点和 P' 点在归一化平面的 X_1 轴上的坐标满足如下关系：

$$x_{1P} = \frac{x_{cP}}{z_{cP}} \tag{2-8}$$

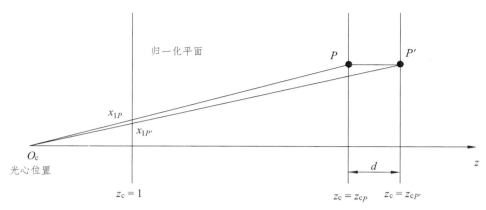

图 2-2　弱透视投影分析示意

$$x_{1P'} = \frac{x_{cP'}}{z_{cP'}} = \frac{x_{cP}}{z_{cP} + d} \qquad (2\text{-}9)$$

其中：d 表示物体场景的深度；z_{cP} 表示相机距物体表面的距离。在满足场景深度 $d \ll z_{cP}$ 时，$z_{cP}+d \approx z_{cP}$，此时有 $x_{1P} \approx x_{1P'}$。同理，$y_{1P} \approx y_{1P'}$。

一般当物体到相机的距离在物理表面深度变化值的 10 倍以上时，可以认为场景深度变化对透视投影偏移的影响可以忽略不计，弱透视投影模型就可以获得理想的效果。在光度立体三维重构算法中，$d \ll z_{cP}$ 在大部分条件下是成立的，即物理表面场景的微小变化不会影响到像素点与场景点的一一对应关系。这也进一步说明了在光度立体算法中应用弱透视投影模型的合理性。

2.1.2　光度学理论

光度学是电磁辐射度学的特例。研究各种电磁波在传播过程中强弱的学科被称为电磁波辐射度学。而光度学则主要是研究特定波长的电磁波（波长范围在 380 ~ 760 nm 的可见光）在传播过程中能量的变化。朗伯（Lambert）在 1760 年建立了光度学理论，并定义了发光强度（Luminous Intensity）、光通量（Luminous Flux）、亮度（Luminance）和照度（Illuminance）等主要的光度学参数。同时，朗伯（Lambert）论证了光度学中的照度叠加定律、照度余弦定律和距离平方比定律等重要定律，这些定律一直沿用至今，对光度学理论的进一步发展起到了关键性的作用。

光度学中一个重要的参数就是光通量 Φ_v，其大小是通过对辐射通量密度函数 $\phi_e(\lambda)$ 和视见函数 $V(\lambda)$ 的乘积作积分处理得到的，见公式（2-10）。

$$\Phi_v = K_{max} \int \phi_e(\lambda) V(\lambda)\, \mathrm{d}\lambda \qquad (2\text{-}10)$$

其中：光通量 Φ_v 的单位为流明（lm）；K_{max} 是一个常数，其值为 683.002 lm/W；$V(\lambda)$ 表示人眼在指定光波长 λ 上对相同辐射通量光的相对响应；$\phi_e(\lambda)$ 的单位为瓦（W）。

以光通量 Φ_v 为基础，就可以计算得到点光源的光强度、面光源的光辐射度以及面积

元 $\mathrm{d}S$ 上的光照度三个光度学参数。其中：点光源的光强度是指点光源向单位立体角发射的光通量，见公式（2-11）。而现实中的光源大多具有一定的面积，对于光源上的一块面元 $\mathrm{d}S$，大家所关心的是该面元单位面积上朝某个方向辐射的光能的强弱。因此，面光源的光辐射度即辐射方向上单位投影面积向单位立体角发射的光通量，见公式（2-12）。面积元 $\mathrm{d}S$ 上的光照度则是单位面积上所接受的光通量，见公式（2-13）。

$$I_{\mathrm{v}} = \frac{\mathrm{d}\Phi_{\mathrm{v}}}{\mathrm{d}\omega} \tag{2-11}$$

$$L_{\mathrm{v}} = \frac{I_{\mathrm{v}}}{\mathrm{d}S\cos\theta} = \frac{\mathrm{d}\Phi_{\mathrm{v}}}{\mathrm{d}S\cos\theta\,\mathrm{d}\omega} \tag{2-12}$$

$$E_{\mathrm{v}} = \frac{\mathrm{d}\Phi_{\mathrm{v}}}{\mathrm{d}S} \tag{2-13}$$

其中：I_{v} 为点光源的光强度（lm/sr）（sr 指球面度）；$\mathrm{d}\omega$ 指单位立体角；θ 为面元 $\mathrm{d}S$ 的法向量与面元 $\mathrm{d}S$ 光源朝向的夹角；L_{v} 为面光源的光辐射度[lm/（$\mathrm{m}^2 \cdot$ sr）]；E_{v} 为光照度，（$\mathrm{lm/m}^2$）。

通常场景不会自身发光，而是在物体表面接受到光源的照射后，发出反射光线。对于观察者而言，物体表面上的任一面元都是辐射源。为了分析光源强度同场景照度之间的关系，引入双向反射分布函数（Bidirectional Reflectance Distribution Function，BRDF），记作 $f(\theta_{\mathrm{i}}, \varphi_{\mathrm{i}}, \theta_{\mathrm{e}}, \varphi_{\mathrm{e}})$。如图 2-3，$n$ 为场景表面法向量，光源入射方向与法向量的夹角为 θ。光源以及观察方向均由天顶角（slant angle）和偏斜角（tilt angle）两个参数来表示，其中：θ_{i} 和 θ_{e} 分别表示光源入射方向、观察方向与 Z 轴的夹角；而 φ_{i} 和 φ_{e} 分别表示光源入射方向、观察方向在 X-Y 平面上的投影与 X 轴逆时针方向的夹角。

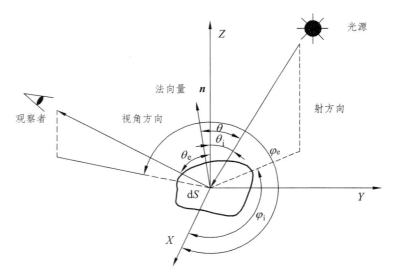

图 2-3　双向反射分布函数（BRDF）示意

定义光源在对面元 $\mathrm{d}S$ 的照射方向为（θ_{i}, φ_{i}）的照度为 $E_{\mathrm{v}}(\theta_{\mathrm{i}}, \varphi_{\mathrm{i}})$ 的情况下，由（θ_{e},

φ_e）方向观察到面元 $\mathrm{d}S$ 场景的亮度为 $L_\mathrm{v}(\theta_\mathrm{e}, \varphi_\mathrm{e})$，则双向反射分布函数 BRDF 被定义为观察亮度与光源照度的比值：

$$f(\theta_\mathrm{i}, \varphi_\mathrm{i}, \theta_\mathrm{e}, \varphi_\mathrm{e}) = \frac{L_\mathrm{v}(\theta_\mathrm{e}, \varphi_\mathrm{e})}{E_\mathrm{v}(\theta_\mathrm{i}, \varphi_\mathrm{i})} \tag{2-14}$$

对于 BRDF 而言，如果交换光源入射方向和观察方向，其值不变，说明对称性是 BRDF 的一个重要特性，即 $f(\theta_\mathrm{i}, \varphi_\mathrm{i}, \theta_\mathrm{e}, \varphi_\mathrm{e}) = f(\theta_\mathrm{e}, \varphi_\mathrm{e}, \theta_\mathrm{i}, \varphi_\mathrm{i})$。接下来我们将分析不同光照模型所对应的双向反射分布函数 BRDF 所具备的特性。

对于理想漫反射表面（即 Lambert 体光照模型），对于所有的观察方向，其表面的亮度都是一致的，即 Lambert 体表面的 BRDF 是一个常数 k_d。根据漫反射的 BRDF 的计算方法，其值为：

$$k_\mathrm{d} = \frac{\rho}{\pi} \tag{2-15}$$

其表面反射光强同入射光强满足如下关系：

$$I_\mathrm{d} = k_\mathrm{d} I_\mathrm{pd} \cos\theta = \frac{\rho}{\pi} I_\mathrm{pd} \cos\theta \tag{2-16}$$

式中：I_d 为物体表面漫反射光强度；k_d 是物体表面的漫反射系数，通常是一个介于 $0 \sim 1$ 的常数；I_pd 为入射光强度；ρ 是物体表面反射率；θ 为入射光与表面法向量之间的夹角。对于面元 $\mathrm{d}S$，入射光的方向可以用单位向量 $\boldsymbol{L}$ 来表示，单位法向量为 $\boldsymbol{n}$，则式（2-16）可以写成如下形式：

$$I_\mathrm{d} = \frac{\rho}{\pi} I_\mathrm{pd} (\boldsymbol{n} \cdot \boldsymbol{L}) \tag{2-17}$$

假设（p, q, -1）为物体表面各点的法向矢量，（p_0, q_0, -1）为光线的入射矢量，则根据高等数学知识，物体表面各点法向量的显函数可以表示成（z_x, z_y, -1），且 p、q 满足以下关系式：

$$p = \frac{\partial z}{\partial x} = z_x \qquad q = \frac{\partial z}{\partial y} = z_y \tag{2-18}$$

在数学上，两个矢量的点积，既可以表示成矢量模与夹角余弦的乘积，也可以表示成对应矢量坐标点乘积之和，所以入射光方向向量和物体表面法向量之间满足如下关系：

$$\cos\theta = \frac{1 + pp_0 + qq_0}{\sqrt{1 + p^2 + q^2}\sqrt{1 + p_0^2 + q_0^2}} \tag{2-19}$$

综合式（2-16）和式（2-19），对于理想漫反射的 Lambert 体，由 BRDF 对于物体图像上的任一点（x, y）可以得到以下的亮度与照度的关系：

$$I(x, y) = \frac{\rho}{\pi} \cdot I_\mathrm{pd} \frac{(1 + pp_0 + qq_0)}{\sqrt{1 + p^2 + q^2}\sqrt{1 + p_0^2 + q_0^2}} \tag{2-20}$$

式（2-20）说明了对于 Lambert 体，当表面反射率和入射光源强度一定时，$I(x, y)$就取决于光源入射方向与表面法向量之间的几何关系。这样，理想漫反射就提供了较强的几何约束信息，有利于光度立体法三维重构技术的实现。

除了漫反射光照模型外，镜面反射也是一种常见的反射现象。当一束光照射到金属的表面时，一个异常亮的"高光（highlight）"区域会在金属的表面形成，这个高光点的形成就是入射光束在金属表面产生镜面反射的结果。对于镜面反射，光线在传播的过程中没有能量损耗。因此，反射光的波长颜色不会发生改变，入射光通量等于反射光通量。而且镜面反射中的入射角和反射角关于法向量对称，即入射角与反射角的大小相等。因此根据 BRDF 的定义，对于镜面反射，其 BRDF 正比于两个脉冲 $\delta(\theta_e - \theta_i)$ 和 $\delta(\varphi_e - \varphi_i - \pi)$ 的乘积，见公式（2-21）。

$$f(\theta_i, \varphi_i, \theta_e, \varphi_e) = \frac{\delta(\theta_e - \theta_i)\delta(\varphi_e - \varphi_i - \pi)}{\sin\theta_i \cos\theta_i} \qquad （2-21）$$

其中
$$\delta(\theta) = \begin{cases} 1 & \theta = 0 \\ 0 & \theta \neq 0 \end{cases}$$

然而，在现实中对于多数材料，其反射特性往往是理想的漫反射物体和理想镜面反射体的综合。例如：在物体表面的非高光区域主要是漫反射光度分量占据主导地位，而在高光区域则是镜面反射起着主要的作用。物体表面的镜面反射方向往往并不是唯一的，而是会沿理想镜面反射方向形成一个包络区域。为了模拟这种镜面反射分量，1975 年 Phong 提出了一个光照模型[36]。该模型使用镜面反射方向和观察方向夹角余弦的幂次来反映一般光滑曲面镜面反射光线的空间分布情况。尽管 Phong 光照模型较为简单，但是在实际应用中仍表现出许多不足。主要是因为 Phong 模型假设物体表面是光滑的，这与多数表面粗糙不平的实际情况不相符。而且该模型只是一个经验模型，当入射角大于 70° 时，该模型模拟的高光位置及区域大小与实际情况有很大的差别。

为了克服 Phong 光照模型的不足，Torrance、Sparrow、Cook 等[37,38]又根据微分平面分布理论分布提出了 Torrance-Sparrow 光照模型和 Cook-Torrance 光照模型。Torrance-Sparrow 光照模型假设物体表面是由无数的微小镜面组成的，正是由于这些微小镜面的反射特性影响到了物体表面的反射特性。该模型同时考虑了环境光反射分量、漫反射分量以及镜面反射分量三部分光照分量，并用 BRDF 表示了被照物体场景亮度与光源照度之间的比率。Cook-Torrance 光照模型同样基于表面微小镜面的假设，在 Torrance-Sparrow 光照模型基础上对入射波长因素进行了考虑。Torrance-Sparrow 光照模型与 Cook-Torrance 光照模型最主要的区别是 Torrance-Sparrow 光照模型认为微小镜面的斜率分别服从 Gaussian 分布，而 Cook-Torrance 光照模型则认为微小镜面的斜率分别服从 Beckmann 分布[39]。

但是，对于多数粗糙表面，最常用的光照模型还是漫反射模型（Lambert 体模型）。这是因为 Phong 光照模型主要针对镜面反射，其光滑性假设与实际情况不符，且要求入射角大于 70°才能有较好的效果。而 Torrance-Sparrow 光照模型与 Cook-Torrance 光照模型形式复杂，计算量大，且难以利用非线性优化的方式来求得 BRDF 参数。路面通常以漫反射为主，即使存在一些镜面反射现象，也是在特定条件下特定区域内出现的。而且我们还可以采用多光源照射、低秩矩阵分解等方法对图像中的高光点、阴影区域、噪声等干扰加以处理优化，使 Lambert 体模型发挥出良好的效果。所以，本研究在利用光度立体法求解路面形貌时仍采用了形式简单、计算方便的 Lambert 体光照模型。

2.1.3 光度立体法求解表面法向量

光度立体重构算法主要由表面法向量求解和基于法向量的表面形貌三维重构两个步骤完成。如图 2-4 所示，相机的光轴与 Z 轴重合且相机的位置固定不动；景物的表面形貌可以用函数 $z=f(x, y)$ 来描述；入射光线与 Z 轴的夹角称为天顶角或倾斜角，用符号 α 表示；入射光线在 $X-Y$ 平面上的投影线与 X 轴逆时针的夹角称为偏斜角，用符号 β 表示。待测物体表面的法向量用 N 来表示，N 和形貌函数 $z=f(x, y)$ 满足以下关系式：

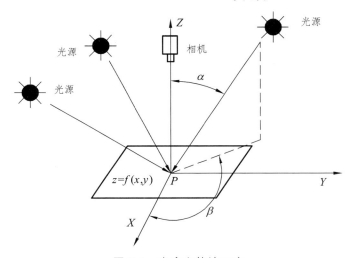

图 2-4　光度立体法示意

$$N = \left(\frac{\partial z}{\partial x}, \frac{\partial z}{\partial y}, -1 \right) = (P, Q, -1) \qquad （2-22）$$

对于物体表面某点 P，其法向量 $\boldsymbol{n}=(n_x, \ n_y, \ n_z)^{\mathrm{T}}=(p, \ q, \ -1)^{\mathrm{T}}$。设光源为平行光源，其方向为 $\boldsymbol{s}=(s_x, \ s_y, \ s_z)$。根据 Lambert 体光照模型由公式（2-16）和公式（2-17）可知，P 点的图像灰度 I_{p} 为：

$$I_{\mathrm{p}} = k_{\mathrm{d}} I_{\mathrm{pd}} \cos \theta = k_{\mathrm{d}} I_{\mathrm{pd}} \boldsymbol{s}^{\mathrm{T}} \cdot \boldsymbol{n} \qquad （2-23）$$

其中，对于同一点 P 而言，k_{d} 为常数，入射光强度 I_{pd} 也是固定的，光源方向 s 也是已知量，图像的灰度值 I_{p} 可以由图像读出，如此就只剩下 3 个独立未知数。所以常规的光度立体算法仅凭一幅图像是难以奏效的，至少也需要 3 幅不同光照条件的图像才可以求解

出表面法向量 $\boldsymbol{n}$。

设 3 个光源的光照强度都相同，均为 M，3 个光源的方向分别为 $\boldsymbol{s}_1$、$\boldsymbol{s}_2$、$\boldsymbol{s}_3$（每次拍摄只开启其中一个），拍摄的三幅图像其灰度值分别为 I_1、I_2、I_3，将式（2-23）合并成矩阵形式如下：

$$\boldsymbol{I} = \begin{bmatrix} I_1 \\ I_2 \\ I_3 \end{bmatrix} = k_d M \begin{bmatrix} \boldsymbol{s}_1^{\mathrm{T}} \\ \boldsymbol{s}_2^{\mathrm{T}} \\ \boldsymbol{s}_3^{\mathrm{T}} \end{bmatrix} \cdot \boldsymbol{N} = \boldsymbol{Cs} \cdot \boldsymbol{N} \tag{2-24}$$

其中：k_d 和 M 均为常数，于是将 $k_d M$ 合并成 C；$\boldsymbol{I}$ 为 3 幅图像灰度值的合并矩阵，即 $\boldsymbol{I}=[I_1, I_2, I_3]^{\mathrm{T}}$；$\boldsymbol{s}$ 为 3 个光源方向的合并矩阵，即 $\boldsymbol{s}=[\boldsymbol{s}_1^{\mathrm{T}}, \boldsymbol{s}_2^{\mathrm{T}}, \boldsymbol{s}_3^{\mathrm{T}}]^{\mathrm{T}}$。在光度立体成像系统中，3 个光源的入射方向并不共面，$\boldsymbol{s}$ 矩阵的秩 $r(\boldsymbol{s})=3$，此时 $\boldsymbol{s}$ 矩阵可逆，则

$$\boldsymbol{CN} = \boldsymbol{s}^{-1} \boldsymbol{I} \tag{2-25}$$

令 $\hat{\boldsymbol{N}} = \boldsymbol{CN}$；归一化 $\boldsymbol{N} = \dfrac{\hat{\boldsymbol{N}}}{\|\hat{\boldsymbol{N}}\|}$，即可求解出物体表面的法向量场。

尽管 3 个光源可以求解出表面法向量，但并不意味着任意的 3 个光源方向都能获得较理想的求解结果。Sun 等[40]曾对法向量求解的不确定性进行了研究，他们将法向量求解的不确定性转换成误差传递问题进行研究。对于一个矩阵函数 $\boldsymbol{N}=f(\boldsymbol{I})$，矩阵 $\boldsymbol{N}$ 求解的不确定性可以用一阶 Taylor 展开的形式来表达：

$$\wedge_N = \frac{\partial f(E[\boldsymbol{I}])}{\partial \boldsymbol{I}} \wedge_I \frac{\partial f(E[\boldsymbol{I}])^{\mathrm{T}}}{\partial \boldsymbol{I}} \tag{2-26}$$

式中：$\wedge_N$、$\wedge_I$ 分别表示矩阵 $\boldsymbol{N}$ 和矩阵 $\boldsymbol{I}$ 的协方差；$E[\boldsymbol{I}]$ 表示矩阵 $\boldsymbol{I}$ 的均值。

假如由三光源光度立体法获得的图像亮度矩阵伴有 Gaussian 噪声，噪声的均值为 0，方差为 σ^2，则亮度矩阵误差的不确定性误差可以表示成式（2-27）。

$$\wedge_I = \begin{bmatrix} \sigma^2 & 0 & 0 \\ 0 & \sigma^2 & 0 \\ 0 & 0 & \sigma^2 \end{bmatrix} = \sigma^2 \begin{bmatrix} 1 & 0 & 0 \\ 0 & 1 & 0 \\ 0 & 0 & 1 \end{bmatrix} \tag{2-27}$$

而三光源光度立体法求解法向量的方程（2-25）是一个关于亮度矩阵 $\boldsymbol{I}$ 的线性方程，所以综合方程（2-25）和方程（2-26），在已知亮度矩阵 $\boldsymbol{I}$ 的不确定性误差的前提下，对于法向量 $\boldsymbol{n}$，其求解的不确定性误差如下：

$$\wedge_n = \left(\frac{\partial(\boldsymbol{s}^{-1}\boldsymbol{I})/C}{\partial \boldsymbol{I}}\right) \wedge_I \left(\frac{\partial(\boldsymbol{s}^{-1}\boldsymbol{I})/C}{\partial \boldsymbol{I}}\right)^{\mathrm{T}} = (\boldsymbol{s}^{-1}) \wedge_I (\boldsymbol{s}^{-1})^{\mathrm{T}}/\boldsymbol{C}^2 = (\boldsymbol{s}^{\mathrm{T}}\boldsymbol{s})^{-1}\sigma^2/\boldsymbol{C}^2 \tag{2-28}$$

式（2-28）表明，法向量求解的不确定性误差主要取决于光源方向[矩阵 $(\boldsymbol{s}^{\mathrm{T}}\boldsymbol{s})^{-1}$]和表面反射特性（矩阵 $\boldsymbol{C}^2$，包括入射强度、材料反射系数）。其中：矩阵 $(\boldsymbol{s}^{\mathrm{T}}\boldsymbol{s})^{-1}$ 是个可控因素，其大小可以通过调整光源入射方向来控制；而矩阵 $\boldsymbol{C}$ 的可控性则相对较小，主要是通过调整光源亮度加以调节。对于一个光源入射方向呈病态的光度系统，即使是很小的误差，

也会因为系统的不稳定性而使求解的法向量出现较大的偏差。因此，设计出不确定性误差较小的成像系统，有利于提高法向量的求解精度。

然而，直接求解 $\wedge_n$ 的大小十分困难，但是，协方差矩阵对角线的元素分别同矩阵在三个坐标轴方向上的方差关系紧密。所以，可以将协方差矩阵 $\wedge_n$ 最小值的求解问题转化成求解矩阵迹 $D(s)$ 的最小值，目标函数的形式如下：

$$D(\boldsymbol{s}) = \sum_{i=1}^{3} \wedge_n(i,i) \tag{2-29}$$

根据线性代数矩阵计算理论，$\boldsymbol{s}$ 矩阵可以表示成如下形式：

$$\boldsymbol{s}^{-1} = \frac{1}{|\boldsymbol{s}|}(\boldsymbol{m}_1 \ \boldsymbol{m}_2 \ \boldsymbol{m}_3) \tag{2-30}$$

其中：$|\boldsymbol{s}|$ 表示矩阵 $\boldsymbol{s}$ 的行列式；$\boldsymbol{m}_1$、$\boldsymbol{m}_2$、$\boldsymbol{m}_3$ 分别表示向量 $\boldsymbol{s}_2$ 和 $\boldsymbol{s}_3$、$\boldsymbol{s}_3$ 和 $\boldsymbol{s}_1$、$\boldsymbol{s}_1$ 和 $\boldsymbol{s}_2$ 的矢积，即 $\boldsymbol{m}_1 = \boldsymbol{s}_2 \times \boldsymbol{s}_3$，$\boldsymbol{m}_2 = \boldsymbol{s}_3 \times \boldsymbol{s}_1$，$\boldsymbol{m}_3 = \boldsymbol{s}_1 \times \boldsymbol{s}_2$，如图 2-5。综合方程（2-28）、方程（2-29）和方程（2-30）可以得到：

$$
\begin{aligned}
D(\boldsymbol{s}) &= \frac{\sigma^2}{C^2}\left[\left(\frac{|\boldsymbol{m}_1|}{\boldsymbol{s}_1 \cdot \boldsymbol{s}_2 \times \boldsymbol{s}_3}\right)^2 + \left(\frac{|\boldsymbol{m}_2|}{\boldsymbol{s}_2 \cdot \boldsymbol{s}_3 \times \boldsymbol{s}_1}\right)^2 + \left(\frac{|\boldsymbol{m}_3|}{\boldsymbol{s}_3 \cdot \boldsymbol{s}_1 \times \boldsymbol{s}_2}\right)^2\right] \\
&= \frac{\sigma^2}{C^2}\left(\frac{1}{\cos^2 \gamma_1} + \frac{1}{\cos^2 \gamma_2} + \frac{1}{\cos^2 \gamma_3}\right)
\end{aligned}
\tag{2-31}
$$

式中：γ_1、γ_2、γ_3 分别表示向量 $\boldsymbol{m}_1$、$\boldsymbol{m}_2$、$\boldsymbol{m}_3$ 和 $\boldsymbol{s}_1$、$\boldsymbol{s}_2$、$\boldsymbol{s}_3$ 间的夹角。从式（2-31）不难看出，对于相同的入射光强和反射系数，当 γ_1、γ_2、γ_3 均为零时，目标函数取得最小值。也意味着当光源入射方向 $\boldsymbol{s}_1$、$\boldsymbol{s}_2$、$\boldsymbol{s}_3$ 两两垂直正交时，三光源光度立体法求解法向量的不确定性误差才会最小。

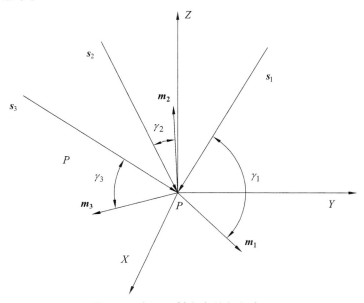

图 2-5　光源入射方向的矢积表示

综上所述，使用光度立体法求解物体表面法向量算法的具体计算步骤如下：

① 拍摄三幅不同光照条件下的图像 I_1、I_2、I_3。三幅图像所对应的入射光源方向尽可能保持两两正交，分别为 s_1、s_2、s_3，均为 1×3 列向量。

② 图像归一化处理，令 $I_k(i, j)=I_k(i, j)/\max\{I_k(i, j)\}$，其中 $1 \leq i \leq m$，$1 \leq j \leq n$，$k=1$，2，3。令亮度矩阵 $\boldsymbol{I}=[I_1, I_2, I_3]^\mathrm{T}$，入射光源方向矩阵 $s=[s_1, s_2, s_3]^\mathrm{T}$。

③ 根据亮度矩阵 $\boldsymbol{I}$ 和光源方向矩阵 s 结合公式（2-25）计算 $\hat{N} = s^{-1}\boldsymbol{I}$，其中 $\hat{N} = \boldsymbol{C}\boldsymbol{n}$；归一化 $\boldsymbol{n} = \dfrac{\hat{N}}{\parallel \hat{N} \parallel}$，$\boldsymbol{n}$ 即为当前所求点的单位法向量。

④ 对图像中每一像素点，重复步骤③，最终得到整个物体表面的法向量场 $\boldsymbol{N}$。

2.1.4　基于法向量的三维重构

在得到物体场景的表面法向量以后，就可以根据所求解的法向量场来实现物体的三维重构，提取物体表面的三维形貌。通常基于法向量三维重构的方法主要有积分法和几何关系法两种，其中积分法又分为局部积分法和全局积分法。

局部积分法是一种最容易实现的方法，且计算速度快。它是沿着曲线路径逐步积分求解高度方向上的增量，所以又被称为路径积分法[41]。在数学概念上局部积分法非常简单，当物体表面法向量满足如下可积条件时：

$$\frac{\partial p}{\partial y} = \frac{\partial q}{\partial x} \text{ 即 } \frac{\partial^2 z}{\partial y \partial x} = \frac{\partial^2 z}{\partial x \partial y} \tag{2-32}$$

根据格林定理，积分与路径无关，可以求得任意两点的高度差，即

$$z(x, y) = z(x_0, y_0) + \int_r p(x_0, y_0)\mathrm{d}x + q(x_0, y_0)\mathrm{d}y \tag{2-33}$$

其中，r 是积分面域内从（x_0，y_0）到（x，y）的任一积分路径。从初始点出发，根据公式（2-33），由四邻域法加权平均，求得整个面域的高度值，即实现表面三维重构。尽管局部积分法可以较好地刻画局部细节，有利于提高局部精度，在小范围内具有较好的重构效果；但是，局部积分法对噪声和误差的抗干扰能力较弱。在积分的过程中，噪声或误差会沿着积分路径在传播的过程中逐步累加，造成物体重构的整体形貌与实际情况偏差较大[42]。

为了克服局部积分误差累计产生的偏差，减少整体形状形变，基于全局积分技术的三维重构被考虑。全局积分将表面法向量积分当作一个最优化问题来处理，Hom-Brook[43] 通过构造下列方程的最小化问题来满足对 $z=f(x, y)$ 正则化的相容性条件：

$$\iint_{\Omega} [(z_x - p)^2 + (z_y - q)^2]\mathrm{d}x\mathrm{d}y \tag{2-34}$$

其中，Ω 为曲面的定义域。函数（2-34）的 Euler 方程为：

$$\nabla^2 z = p_x + q_y \qquad (2\text{-}35)$$

由于方程（2-35）存在多解性，于是 Smith 等[44]采用了变分处理得到如下的迭代公式：

$$z_{i,j}^{k+1} = \frac{1}{4}[z_{i+1,j}^k + z_{i,j+1}^k + z_{i-1,j}^k + z_{i,j-1}^k] - \frac{h}{4}[p_{i+1,j} + q_{i,j+1} - p_{i-1,j} - q_{i,j-1}] \qquad (2\text{-}36)$$

式中：h 为采用间隔；i、j 分别表示图像平面上的离散坐标，$i=1, 2, 3, \cdots, m$，$j=1, 2, 3, \cdots, n$。全局积分以牺牲局部细节特性信息为代价换取全局形貌恢复的效果，尽管全局形状在优化约束的条件下可以获得较好的重建效果，但是，对于局部细节信息造成较大的偏差，使得细节上精度不足。此外，这种方法对方向的突变非常敏感，在边界处将产生较大的错误以及对反射率非常小的点会将会产生较大的偏差。

无论是局部积分还是全局积分，它们的前提都是法向量集合要满足连续光滑、具有可积性的要求，即公式（2-32）连续可微的限制条件。但是，对于路面这种粗糙不平的表面就不一定能保证所求解的法向量处处可微，而是更多地表现出离散性的非可积性。为了使这种非可积性的表面具备强制可积的特点，Frankot 等[45]提出 Frankot-Chellappa 算法，通过将不可积的集合正交投影到具备可积性的子空间上以实现不可积集合的强制可积性。Frankot 将由光度立体法求解的有限个不可积的估计法向量梯度集合 $(\hat{p}, \hat{q})$ 投影到构造的可积表面斜度子空间 $(\tilde{z}_x, \tilde{z}_y)$ 上，其中：

$$\frac{\partial}{\partial y}\tilde{z}_x = \frac{\partial}{\partial y}\tilde{z}_y \qquad (2\text{-}37)$$

定义 $(\hat{p}, \hat{q})$ 与 $(\tilde{z}_x, \tilde{z}_y)$ 间的距离函数，见公式（2-38），如果这个距离函数达到最小值，则表明以上投影关系是正交的。

$$d\{(\hat{p}, \hat{q}), (\tilde{z}_x, \tilde{z}_y)\} = \iint |\tilde{z}_x - \hat{p}|^2 + |\tilde{z}_y - \hat{q}|^2 \, \mathrm{d}x\mathrm{d}y \qquad (2\text{-}38)$$

Frankot-Chellappa 算法通过基函数 $\phi(x, y, \omega)$ 构造出 $z(x, y)$，如下：

$$z(x, y) = \sum_{\omega \in \Omega} C(\omega)\phi(x, y, \omega) \qquad (2\text{-}39)$$

其中，$\omega = (\omega_x, \omega_y)$ 是一个二维指标。如果 $\phi(x, y, \omega)$ 可以满足公式（2-37），那么 $z(x, y)$ 自然也可以满足公式（2-37）。为了简化算法，实现快速迭代，并保证基函数总是正交的，Frankot 将基函数定义成 Fourier 基函数，如下：

$$\varphi(x, y, \omega) = \exp(\mathrm{j}\omega_x x + \mathrm{j}\omega_y y) \qquad (2\text{-}40)$$

通过快速 Fourier 变换，最终

$$\tilde{z}(x, y) = \sum_{\omega \in \Omega} \tilde{C}(\omega)\exp\{\mathrm{j}\omega(x, y)\} \qquad (2\text{-}41)$$

其中：$\tilde{C}(\omega) = \dfrac{-\mathrm{j}\omega_x\hat{C}_x(\omega) - \mathrm{j}\omega_y\hat{C}_y(\omega)}{\omega_x^2 + \omega_y^2}$；$\hat{C}_x$、$\hat{C}_y$、$\tilde{C}_x$、$\tilde{C}_y$ 分别为 $\hat{p}$、$\hat{q}$、$\tilde{z}_x$、$\tilde{z}_y$ 的 Fourier

变换系数。

通过公式（2-41）就可以突破限制条件式（2-32）对法向量求解的束缚，通过快速 Fourier 变换可以将有限个不可积的法向量数集投影到正交的可积基函数空间，以实现强制可积性，有利于积分重构算法的实现。

几何关系法则是利用表面法向量与表面垂直的几何关系以实现表面形貌重构。由切平面理论可知，表面法向量与其切平面垂直，进而可以推出表面法向量与切平面上所有的向量存在着垂直关系，如图 2-6。对于空间一点 $P[x, y, z(x, y)]$，其切平面上包含了 V_1、V_2、V_3、V_4 4 个向量，而这 4 个切向量可以由 P 点和其前后左右 4 个相邻点的坐标来表示，其中：

$$V_1 = [x+1, y, z(x+1, y)] - [x, y, z(x, y)] = [1, 0, z(x+1, y) - z(x, y)]$$
$$V_2 = [x, y+1, z(x, y+1)] - [x, y, z(x, y)] = [0, 1, z(x, y+1) - z(x, y)]$$
$$V_3 = [x-1, y, z(x-1, y)] - [x, y, z(x, y)] = [-1, 0, z(x-1, y) - z(x, y)]$$
$$V_4 = [x, y-1, z(x, y-1)] - [x, y, z(x, y)] = [0, -1, z(x, y-1) - z(x, y)]$$

（2-42）

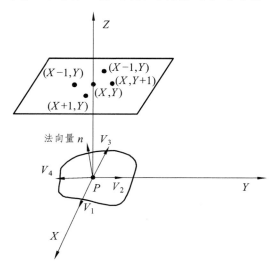

图 2-6　几何关系法求解表面深度值示意

在几何关系中，表面法向量 $\boldsymbol{n} = (n_x, n_y, n_z)$ 和表面切平面相互垂直，则有 $\boldsymbol{n} \cdot V_1 = 0$，即：

$$n_x + n_z[z(x+1, y) - z(x, y)] = 0$$

（2-43）

同理，由 $\boldsymbol{n} \cdot V_2 = 0$，$\boldsymbol{n} \cdot V_3 = 0$，$\boldsymbol{n} \cdot V_4 = 0$ 分别可以得到公式（2-44）、公式（2-45）和公式（2-46）。

$$n_y + n_z[z(x, y+1) - z(x, y)] = 0$$

（2-44）

$$-n_x + n_z[z(x-1, y) - z(x, y)] = 0$$

（2-45）

$$-n_y + n_z[z(x, y-1) - z(x, y)] = 0$$

（2-46）

这样，就可以通过表面的几何关系由表面法向量求得物体表面每个点的深度值，即完成表面的三维重构。通过深入分析几何关系法，不难发现其实质就是积分法中的局部积分重构算法。所以，几何关系法同样具有局部积分重构算法中误差累积、整体形状偏差较大等缺点。

2.2 光度立体算法的改进与优化

2.2.1 表面法向量求解修正算法

1. 6 光源法表面法向量求解修正算法

Horn 的图像形成理论认为[46]：影响观察目标图像质量的决定性因素分为外部因素和内部因素两个方面。其中：外部因素主要体现在光照条件和图像传感过程的控制等方面，而内部因素包括物体的反射特性和物体表面形状等固有特性。通常外部因素会随着不同的成像过程而发生改变，而外部因素变化的影响也往往限制了图像处理技术的推广应用。为了减少外部因素对计算机视觉成像质量的影响，本研究的光度立体技术的图像均是在室内人为控制光照条件的情况下获取的。至于内部因素则是系统固有的物理特性，它不因外部条件的变化而改变。因此，相对于外部因素而言，内部因素对图像质量的好坏起着更重要的决定性作用。由于 Lambert 体光照模型计算简单、易于实现，通常在光度立体三维重构中将物体的光照模型简化成 Lambert 体模型。但是，这种简化处理使得在存在高光点或者是阴影区域的目标物体在重构时会产生较大的误差。这些高光点和阴影区域的存在都会使得法向量的求解精度出现较大的偏差，影响重构效果。

而对于沥青路面而言，图像拍摄过程中通常存在以下几个方面的问题[47]：

① 黑色的沥青路面对外界光线的吸收能力较强，使得路表的构造轮廓不易获取完整。

② 集料表面的沥青油膜和细小矿粉在光照条件下会产生镜面反射现象，形成高光点或噪声点，影响图像的获取质量。

③ 对于粗糙的沥青路面，在光照条件下，容易产生一些光照死角，而形成阴影区域，无法获取完整的图像信息。

以上这些现象都使得沥青路面的光照模型不再是简单的 Lambert 体模型，从而成为限制光度立体三维重构技术用于沥青路面形貌获取重要的内部因素。为了减少这些内部因素对法向量求解精度的影响，可以采用更加符合实际情况的光照模型或者识别出高光点或阴影区域加以剔除。考虑到其他光照模型如 Phong 光照模型其光滑性假设与实际情况不符，而 Torrance-Sparrow 光照模型与 Cook-Torrance 光照模型等模型形式复杂、计算量大等缺点，研究者们考虑更多的是如何消除高光点或阴影区域对求解精度的影响。根据理想镜面反射理论可知，对于固定观察方向的系统，只有在特定光照方向的光源照射才能产生镜面反射，即高光点。而且由于高光点和阴影区域场景的亮度值与其他区域有着明显的区别，因此，采用多光源照射，根据场景亮度值的不同消除高光点和阴影区域成为一种较好的选择。

Solomon 等[48]采用 4 光源光度立体技术从目标区域中分离出高光点和阴影区域，对目标物体区域分别采用 4 光源、3 光源和 2 光源进行照射，然后采用任意组合的 3 光源，区分和甄别异常点的存在并给予剔除。这种算法不仅计算量大，而且仅对高光点可以有效识别，而对阴影区域则无法很好地只别。Rushmeier 等[49]设计了 5 光源光度立体成像设备，分别将亮度中最大值点和最小值点处理成高光点和阴影点加以去除。这种方法虽然简单但是容易遗失有用信息，即将本不是高光点或阴影区域的点加以剔除，造成过多的有用信息的丢失。Sun 等[50]指出保证目标区域在任何光照条件下都不产生盲区，从此实现有效的法向量求解的最小光源数是 6。同时，该文献通过分层选择策略识别高光点和阴影区域，将识别获得的高光点和阴影区域剔除。分层选择策略求解法向量虽然保留了大量的有效信息，且能有效地区分并剔除高光点和阴影区域等异常点；但是，关于如何识别高光点和阴影区域以及识别剔除准则却很复杂，计算量大。

为了较好地应用多光源法提高法向量的求解精度，本研究在上述讨论的基础上采用避免产生盲区的最小光源数 6 作为光源的个数，同时为了使各个光源之间尽可能接近正交关系，使各个光源的天顶角为 45°。偏斜角以 60°的夹角均匀分布照射目标物体。在传统的 3 光源光度立体算法中，通常会对采集的图像做中值滤波处理，以消除外部因素和内部因素带来的噪声。中值滤波法是通过卷积处理，对不同邻域间的图像像素做均衡化处理，以达到去噪的目的。然而，这种去噪方法会使图像丢失过多的局部细节信息，对路面微观形貌的恢复十分不利。因此，本研究在使用 6 光源光度立体算法时，不再使用中值滤波做去噪处理，而直接将 6 幅图像中强度最大值点作为高光点，强度最小值点作为阴影点给予剔除，利用剩下的 4 幅图像结合公式（2-25）采用最小二乘法求解物体表面的法向量，这样既保留了较 5 光源法更多的有用信息，又使计算简单容易实现。其具体步骤如下：

① 采用 6 光源成像系统，分别获取每一光源照射条件下物体的图像。

② 对 6 幅图像中的任一点 P 按照亮度值的大小进行排序，将亮度最大值一点作为高光点剔除，将亮度最小值的一点作为阴影点剔除。

③ 保留剩下的 4 幅图像，结合公式（2-25）求解表面法向量。

④ 对物体表面中的每一点重复上述①～③的步骤，求解整个表面任一点的表面法向量。

2. 亮度矩阵低秩恢复修正算法

光度立体视觉表面重构中的亮度矩阵的合并矩阵 I 满足公式（2-24），在多光源照射的条件下，合并矩阵 $I=[I_1; I_2; I_3; \cdots; I_n]$；$s$ 为 n 个光源方向的合并矩阵 $s=[s_1; s_2; s_3; \cdots; s_n] \in \mathbf{R}^{n \times 3}$，矩阵 s 的秩满足 $r(s)=3$。根据线性代数矩阵乘积定律，矩阵的秩满足公式（2-47）。由（2-47）结合公式（2-24）不难发现：在理想的条件下，合并矩阵 I 的秩应为 3 或者近似于 3，即光度立体视觉表面重构技术获得的亮度合并矩阵 I 具有理想的结构特性，也就是低秩的特性。

$$r(\boldsymbol{AB}) \leqslant \min(r(\boldsymbol{A}), r(\boldsymbol{B})) \tag{2-47}$$

但是，在实际情况中，由于各种误差和干扰因素的存在，如高光点、阴影区域、噪声以及相机畸变等，亮度合成矩阵并不能很好地满足低秩这一特性，特别是对于非纯Lambert体，很容易产生镜面反射的高光点和阴影区域。如果将上述各种误差和干扰用一个噪声矩阵 $\boldsymbol{E}$ 来表示的话，为了恢复图像亮度合成矩阵 $\boldsymbol{I}$ 的低秩结构，可以将图像亮度合成矩阵 $\boldsymbol{I}$ 分解成两个矩阵之和，见公式（2-48）。

$$\boldsymbol{I} = \boldsymbol{A} + \boldsymbol{E} \tag{2-48}$$

其中，矩阵 $\boldsymbol{A}$ 和矩阵 $\boldsymbol{E}$ 是未知的。矩阵 $\boldsymbol{A}$ 满足低秩结构，其秩为 3，是理想条件下图像亮度理论合成矩阵；矩阵 $\boldsymbol{E}$ 则是仅有少部分噪声影响的稀疏矩阵，其大多数元素值为 0。

这样法向量求解问题就可以转换成低秩矩阵的分解问题，给定一个观察的图像亮度合成矩阵 $\boldsymbol{I}$，它是由一个低秩结构矩阵 $\boldsymbol{A}$ 和一个稀疏噪声矩阵 $\boldsymbol{E}$ 合成的，求解出低秩矩阵 $\boldsymbol{A}$ 和噪音矩阵 $\boldsymbol{E}$，即得到理论上的亮度合成矩阵 $\boldsymbol{I}$，从而减少噪声的影响，提高法向量的求解精度。低秩矩阵分解问题又被称为鲁棒主成分分析（Robust PCA）[51]。Robust PCA可以描述成为：已知观察数据矩阵 $\boldsymbol{I}$，$\boldsymbol{I}$ 满足公式（2-48），要求恢复公式（2-48）中的低秩矩阵 $\boldsymbol{A}$，求解的矩阵 $\boldsymbol{A}$ 要满足秩最小，且干扰项噪声矩阵 $\boldsymbol{E}$ 是稀疏的，即求解下列最优化问题：

$$\min_{A,E} \|\boldsymbol{E}\|_F \tag{2-49}$$
$$\text{s.t.} \quad r(\boldsymbol{A}) \leqslant r, \boldsymbol{I} = \boldsymbol{A} + \boldsymbol{E}$$

式中：$\|\boldsymbol{E}\|_F$ 为矩阵 $\boldsymbol{E}$ 的 Frobenius 范数，$\|\boldsymbol{E}\|_F = \sqrt{\sum_{i=1}^{m}\sum_{j=1}^{n} a_{ij}^2}$；$r(\boldsymbol{A})$ 为矩阵 $\boldsymbol{A}$ 的秩。如果矩阵 $\boldsymbol{E}$ 是一个元素值较小的高斯随机噪声矩阵，则使用经典的主成分分析就可以获得低秩矩阵 $\boldsymbol{A}$ 的解，即只需要对矩阵 $\boldsymbol{I}$ 进行一次奇异值分解（SVD），就得到问题（2-49）的最优解。但是，现实中矩阵 $\boldsymbol{E}$ 通常为稀疏的大噪声矩阵，并不是服从独立同分布的高斯随机噪声矩阵。因此，经典主成分分析不再适用，而恢复低秩矩阵 $\boldsymbol{A}$ 可以转化为一个双目标优化问题：

$$\min_{A,E}(r(\boldsymbol{A}), \|\boldsymbol{E}\|_0) \tag{2-50}$$
$$\text{s.t.} \quad \boldsymbol{I} = \boldsymbol{A} + \boldsymbol{E}$$

式中：$\|\boldsymbol{E}\|_0$ 为矩阵 $\boldsymbol{E}$ 的 0 范数，$\|\boldsymbol{E}\|_0$ 即为矩阵 $\boldsymbol{E}$ 中非零元素的个数。求解双目标优化问题比较复杂，通过引入折中因子 λ（$\lambda > 0$），将双目标优化问题转变成为单目标优化问题，即：

$$\min_{A,E} \quad r(\boldsymbol{A}) + \lambda\|\boldsymbol{E}\|_0 \tag{2-51}$$
$$\text{s.t.} \quad \boldsymbol{I} = \boldsymbol{A} + \boldsymbol{E}$$

优化问题（2-51）是一个 NP-hard 问题，难以直接对其求解出精确解，需要将该优化的目标函数作松弛处理转换为一个容易求解的优化目标函数。由于矩阵的（1，1）范数是 0 范数的凸包，而矩阵的核范数又是矩阵秩的包络；因此，可以用矩阵 $\boldsymbol{E}$ 的（1，1）范数代替其 0 范数，用 $\boldsymbol{A}$ 的核范数代替其秩。则优化问题（2-51）可以松弛到如下凸化问题：

$$\min_{\boldsymbol{A},\boldsymbol{E}} \quad \|\boldsymbol{A}\|_* + \lambda \|\boldsymbol{E}\|_{1,1}$$
$$\text{s.t.} \quad \boldsymbol{I} = \boldsymbol{A} + \boldsymbol{E} \qquad\qquad (2\text{-}52)$$

式中：$\|\boldsymbol{A}\|_*$ 为矩阵 $\boldsymbol{A}$ 的核范数，即 $\|\boldsymbol{A}\|_* = \sum_i \sigma_i$；矩阵 $\boldsymbol{A}$ 的奇异值分解可以表示成 $\boldsymbol{A} = \sum_i \sigma_i \boldsymbol{u}_i \boldsymbol{v}_i^{\mathrm{T}}$，其中，$u_i$ 和 v_i 分别为奇异值 σ_i 对应的左奇异向量和右奇异向量；$\|\boldsymbol{E}\|_{1,1}$ 为矩阵 $\boldsymbol{E}$ 的（1，1）范数，$\|\boldsymbol{E}\|_{1,1} = \sum_{i=1}^{m} \sum_{j=1}^{n} |a_{i,j}|$。在实际计算过程中，文献[52]建议取 $\lambda = 1/\sqrt{\max(m,n)}$，$m$ 和 n 分别为矩阵的行数和列数。

优化问题（2-52）就是我们所要求解的 Robust PCA，通常求解 Robust PCA 的算法主要有迭代阈值算法（IT）、近端加速梯度算法（APG）、对偶方法（DUAL）和增广拉格朗日乘子法（Augmented Lagrange Multipliers，ALM）等。但是，并不是所有的算法都适用于本研究的光度立体视觉技术法向量的求解。其中，IT 算法尽管其迭代形式简单且收敛，但是其收敛速度较慢，且难以选取适当的步长，因此，IT 算法的应用范围受到限制[53]。APG 算法同 IT 算法相似，尽管其采用了约束系数对迭代过程进行了优化，其迭代次数相对于 IT 算法也有所减少，但是在每次迭代的过程中 APG 算法都需要进行奇异值分解，不仅需要的存储空间大而且可扩展性差[54]。DUAL 算法同 APG 算法相比具有了较好的扩展性，也并不需要在每次迭代中都进行矩阵的完全奇异值分解。但是，其仍然需要一定的存储空间，而且 DUAL 算法精度也有待提高[55]。ALM 算法在构造 Lagrange 函数的基础上，通过不停地迭代更新直至收敛，以求解优化问题。其算法的速度不仅比以上几种算法都快，而且该算法还可以达到较高的精度。同时，其需要的存储空间相对于 DUAL 算法也不高[56,57]。因此，本研究选用增广拉格朗日乘子法进行 Robust PCA 求解优化问题（2-52）。

基于 ALM 算法优化问题构造的 Lagrange 函数如下：

$$L(\boldsymbol{A},\boldsymbol{E},\boldsymbol{Y},\mu) = \|\boldsymbol{A}\|_* - \lambda \|\boldsymbol{E}\|_{1,1} + \langle \boldsymbol{Y}, \boldsymbol{I} - \boldsymbol{A} - \boldsymbol{E} \rangle + \frac{\mu}{2} \|\boldsymbol{I} - \boldsymbol{A} - \boldsymbol{E}\|_F^2 \qquad (2\text{-}53)$$

其中，$Y \in \mathbf{R}^{m \times n}$ 为线性约束乘子；$\mu > 0$ 为惩罚参数；$\langle \ \rangle$ 为标准内积。若 $\boldsymbol{E} = \boldsymbol{E}_{k+1}^{j}$，则

$$
\begin{aligned}
\boldsymbol{A}_{k+1}^{j+1} &= \arg\min_{\boldsymbol{A}} L(\boldsymbol{A}, \boldsymbol{E}_{k+1}^{j}, \boldsymbol{Y}_k, \mu_k) \\
&= \arg\min_{\boldsymbol{A}} \|\boldsymbol{A}\|_* + \frac{\mu_k}{2} \left\| \boldsymbol{A} - (\boldsymbol{I} - \boldsymbol{E}_{k+1}^{j} + \mu_k^{-1} \boldsymbol{Y}_k) \right\|_F^2 \\
&= D_{1/\mu_k}(\boldsymbol{I} - \boldsymbol{E}_{k+1}^{j} + \mu_k^{-1} \boldsymbol{Y}_k)
\end{aligned}
\qquad (2\text{-}54)
$$

然后，再根据得到的 A_{k+1}^{j+1} 更新迭代求解矩阵 E：

$$E_{k+1}^{j+1} = \arg \min_A L(A_{k+1}^{j+1}, E, Y_k, \mu_k)$$

$$= \arg \min_A \lambda \|E\|_{1,1} + \frac{\mu_k}{2} \left\| E - (I - A_{k+1}^{j+1} + \mu_k^{-1} Y_k) \right\|_F^2 \qquad (2-55)$$

$$= S_{\lambda/\mu_k} (I - A_{k+1}^{j+1} + \mu_k^{-1} Y_k)$$

其中，算子 D 满足 $D_\alpha(X) = U \sum_\alpha V^{\mathrm{T}}$，$U \sum_\alpha V^{\mathrm{T}}$ 是矩阵 X 的奇异值分解，$\sum_\alpha =$ $\mathrm{diag}[(d_1-\alpha)_+, \cdots, (d_r-\alpha)_+]$，$\sum = \mathrm{diag}[d_1, \cdots, d_r]$，且算子 $(d_i-\alpha)_+ = \max[(d_i-\alpha), 0]$。$S$ 为收缩算子，见公式（2-56）。

$$S_\tau(x) = \begin{cases} x-\tau & x > \tau \\ x+\tau & x < -\tau \\ 0 & \text{其} -\tau \leqslant x \leqslant \tau \end{cases} \qquad (2-56)$$

记 A_{k+1}^{j+1}、E_{k+1}^{j+1} 分别收敛于 A_{k+1}^*、E_{k+1}^*，则线性约束乘子 Y 的更新迭代公式如下：

$$Y_{k+1} = Y_k + \mu_k(I - A_{k+1}^* - E_{k+1}^*) \qquad (2-57)$$

最后更新惩罚系数 μ：

$$\mu_{k+1} = \begin{cases} \rho\mu_k & \mu_k \|E_{k+1}^* - E_k^*\|_F / \|I\|_F < \varepsilon \\ \mu_k & \text{其他} \end{cases} \qquad (2-58)$$

交替更新直到子问题的迭代收敛，ALM 算法应用计算机编程求解的步骤如下：

① 初始化 Y_0^*，$E_0^* = 0$，μ_0，$k=0$

② while 不收敛 do

③ $E_{k+1}^0 = E_k^*$，$j=0$

④ while 不收敛 do

⑤ $(U, \mathrm{Sigma}, V) = \mathrm{svd}(I - E_{k+1}^j + \mu_k^{-1} Y_k^*)$

⑥ $A_{k+1}^{j+1} = D_{1/\mu_k}(I - E_{k+1}^j + \mu_k^{-1} Y_k^*)$

⑦ $E_{k+1}^{j+1} = S_{\lambda/\mu_k}(I - A_{k+1}^{j+1} + \mu_k^{-1} Y_k^*)$

⑧ $j=j+1$

⑨ end while

⑩ $Y_{k+1}^* = Y_k^* + \mu_k(I - A_{k+1}^* - E_{k+1}^*)$，更新 μ_{k+1}

⑪ $k=k+1$

⑫ end while

通过以上 ALM 算法进行矩阵低秩恢复，求解得到理想条件下的图像亮度理论合成矩

阵 A，然后将亮度理论合成矩阵 A 代入公式（2-25）中替换出原公式中的实际观察亮度合成矩阵 I，即可以计算出精度较高的表面法向量场，从而减少噪声、高光点以及阴影区域等对法向量求解精度的影响。

2.2.2 基于表面法向量的三维重构修正算法

1. 基于控制点的加权三维重构修正算法

通过本书 2.1 节对光度立体视觉理论的介绍，不难发现光度立体视觉技术能够较好地获取物体表面的三维形貌信息，具有较高的分辨率。但是，由于不理想的光照条件、非精确仪器校正以及光照模型的偏差等因素都会影响到三维重构的精度，使得重构后的三维形貌信息发生偏移，出现偏差。因此，基于光度立体法的三维重构技术势必要求加工高质量的图像采集设备，严格控制操作过程中误差的引入，保证高精度的光源照射方向和均匀光照强度等。这样就使得光度立体视觉技术变得不经济，或由于限制条件的苛刻而不适用。为了减小这种由噪声或外界干扰等因素所引起的偏差，获得更稳健的光度立体视觉技术，有限个位置信息已知的控制点被本研究引入，以校正重构误差，提高整体的测量精度。文献[58，59]表明，对于本就稳健的、超定的［即方程的个数多于未知数的个数，方程（2-24）］表面法向量重构算法，直接将稀疏的有限个位置信息已知的限制点作为约束条件代入方程（2-33）或方程（2-36）进行表面法向量三维重构是不可取的。这主要是由于稀疏的孤立的控制点并不能很好地形成闭合边界线，如果硬将这些点作为边界条件就会导致其约束过于严格，从而在重构的表面产生奇异现象。

要在三维重构算法的基础上，成功地引入控制点信息以提高重构精度，增加重构过程中的抗干扰能力，首先要解决两个方面的问题：一是如何获取控制点的位置信息和形貌信息；二是如何将获取的控制点信息与光度立体三维重构算法相融合。

关于获取控制点的位置信息和形貌信息的方法，本研究选择了三维坐标仪。尽管这种设备所需要的硬件设备价格昂贵，分辨率较低，通常仅用作二维线性测量，自动化程度较低；但是，这种设备操作简单，可以精确地获取目标物体的三维坐标信息。加之所需的控制点是稀疏有限的，并不要求其具有较高的分辨率。因此，难以直接全面提取路面三维形貌的三维坐标仪，并不影响其作为控制点的测试手段对控制点的三维坐标信息加以测量。

本研究采取了两种算法将控制点与三维重构算法相结合，以提高重构精度。这两种方法分别是基于控制点的加权算法和基于控制点的插补面算法。本节主要介绍基于控制点的加权算法的计算过程，至于基于控制点的插补面算法将在下文详细介绍。

通过 2.1 节对三维重构算法的介绍，不难发现无论是局部积分还是全局积分的重构算法都存在各自的缺点。其中：局部积分法可以提高局部精度，刻画局部细节，但是在积分的过程中会造成误差累积而影响整体形状的偏差；而全局积分法则是以牺牲局部细节特性信息为代价换取全局形貌恢复的效果，在局部细节信息上造成较大的偏差。基于控制点的加权算法就是考虑到将局部积分和全局积分相结合，以各自的优势弥补对方的不足而提出的算法，以达到既不过多造成细节的模糊也不影响整体形貌的目的。已知物体表面 N 个控制点的三维坐标信息，记为 (a_m, b_m, l_m)，$1 \leqslant m \leqslant N$，其中，$l_m$ 为三维坐标仪在平面坐标 (a_m, b_m) 处所测得的深度信息。由局部积分法公式（2-33），计算求得表面形貌为 $z_1(x, y)$；由全局积分法公式（2-36），重构得到表面形貌为 $z_2(x, y)$。假设由三维坐标仪实际测得的深度信息完全由局部积分部分和全局积分部分构成，其中，由局部积分法所求得的深度信息部分所占的权重为 w。则根据控制点的三维坐标信息，控制点加权算法可以表述为公式（2-59）。

$$wz_1(a_m, b_m) + (1-w)z_2(a_m, b_m) = l_m \tag{2-59}$$

写成矩阵的形式如下：

$$(z_1 - z_2)w = L - z_2 \tag{2-60}$$

式中：$L = (l_1, l_2, \cdots, l_N)^{\mathrm{T}}$。根据式（2-60），由最小二乘法求解 w，即得到由基于控制点的加权三维重构修正算法所获得的表面形貌信息 $z(x, y)$，见公式（2-61）。

$$z(x, y) = wz_1(x, y) + (1-w)z_2(x, y) \tag{2-61}$$

2. 基于控制点的插补面修正算法

本研究用到的另一种改进三维重构算法叫作基于控制点的插补面修正算法。其基本理念是：首先利用控制点的坐标信息计算出插补面函数，然后将插补面函数同由公式（2-36）变分法求得的表面形貌函数相加，使得相加所获得的表面可以较好地通过所有给定的控制点，以修正表面重构的偏差。如此，该算法中包含了两个形貌函数：基于全局积分由变分法求得的形貌函数 $f(x, y)$ 和基于控制点信息求解的插补面函数 $f_1(x, y)$。将以上两个函数相加即得到修正后的表面三维形貌 $z(x, y)$，即 $z(x, y) = f(x, y) + f_1(x, y)$。

要使得所获得的平面尽可能地通过一系列的控制点是一个经典的插补问题，文献[60，61]以薄板样条插值函数，结合单位矢量场的光滑性原则，将插补问题转换成弯曲能量函数（2-62）的最小化问题。在薄板样条插值理论中给出了插补面 $f_1(x, y)$ 的计算公式，见式（2-63）[62]。

$$\iint_{\mathbf{R}^2} \left[\left(\frac{\partial^2 z}{\partial x^2}\right)^2 + 2\left(\frac{\partial^2 z}{\partial x \partial y}\right)^2 + \left(\frac{\partial^2 z}{\partial y^2}\right)^2 \right] \mathrm{d}x\mathrm{d}y \tag{2-62}$$

$$f_1(x, y) = \sum_{m=1}^{N} \mu_m g_m(x, y) + c_0 + c_1 x + c_2 y \tag{2-63}$$

式中：m 为控制点的序列号；μ_m 为相应控制点的权重因子；$g_m(x, y)$ 为薄板样条函数；c_0、c_1、c_2 被称为插补面系数，均为常数。

函数 $g_m(x, y)$ 是一个距离函数，该距离 r_m 是指待测表面任一点 (x, y) 到第 m 个控制点 (a_m, b_m, l_m) 的距离，其计算见公式（2-64）。

$$g_m(x,y) = \begin{cases} r_m^2 \lg r_m & r_m > 0 \\ 0 & r_m = 0 \end{cases} \tag{2-64}$$

其中，距离 $r_m = \sqrt{(x-a_m)^2 + (y-b_m)^2}$ 。

假设由变分法公式（2-36）计算斫得的目标物理三维表面在平面坐标（a_m，b_m）点处的高度值为 h_m，令高度差 $v_m = l_m - h_m$，即可以完成公式（2-63）中 μ_m、c_0、c_1、c_2 的求解，求解公式如下：

$$(\mu_1, \mu_2, \cdots, \mu_N, c_0, c_1, c_2)^{\mathrm{T}} = \boldsymbol{L}^{-1}\boldsymbol{Y} \tag{2-65}$$

式中：算子 $\boldsymbol{Y} = (v_1, v_2 \cdots, v_N, 0, 0, 0)^{\mathrm{T}}$；算子 $\boldsymbol{L} = \begin{bmatrix} \boldsymbol{K} & \boldsymbol{P} \\ \boldsymbol{P} & \boldsymbol{0} \end{bmatrix}_{(N+3) \times (N+3)}$，$\boldsymbol{0}$ 是 3×3 的零矩阵；算子 $\boldsymbol{L}$ 中的 $\boldsymbol{K}$ 和 $\boldsymbol{P}$ 分别满足公式（2-66）和公式（2-67）。

$$\boldsymbol{K} = \begin{bmatrix} 0 & T(t_{12}) & \cdots & T(t_{1N}) \\ T(t_{21}) & 0 & \cdots & T(t_{2N}) \\ \vdots & \vdots & & \vdots \\ T(t_{N1}) & T(t_{N2}) & \cdots & 0 \end{bmatrix}_{N \times N} \tag{2-66}$$

其中：$T(t) = \begin{cases} t^2 \lg t & t > 0 \\ 0 & t = 0 \end{cases}$，$t_{mn} = \sqrt{(a_m - a_n)^2 + (b_m - b_n)^2}$，$1 \leqslant m, n \leqslant N$。

$$\boldsymbol{P} = \begin{bmatrix} 1 & 1 & \cdots & 1 \\ a_1 & a_2 & \cdots & a_N \\ b_1 & b_2 & \cdots & b_N \end{bmatrix}_{3 \times N} \tag{2-67}$$

这样就可以通过对公式（2-65）的求解，得到插补面函数的权重因子 μ_m 和待定系数 c_0、c_1、c_2，进一步由公式（2-63）解得插补面函数表达式，最后将变分法求得的深度函数同插补面函数线性相加，即得到基于该修正算法的三维重构表面。薄板样条函数具有光滑连续的特性，可以对物体表面进行一定程度的偏差校正，从而减少三维重构的偏差，提高三维重构的精度。Horovitz 等[63]使用基于控制点的插补面修正算法对人脸进行三维重建，通过对比真实人脸模型发现：该算法能够精确地恢复出人脸的三维形貌特性，即使在照射光强、光源方向以及设备本身存在一定缺陷误差的条件下，该算法同样具备良好的稳健性。

2.3　基于光度立体算法的路面形貌的测量效果分析

2.3.1　光度立体三维重构设备的构造

光度立体三维重构设备主要是利用分离的、不同入射角度的光源依次照射路面，并获取不同光照条件下的多幅路面图像，以进一步求解路面表面的形貌信息。该设备主要由相机、光源、光源控制器以及设备支架等几部分组成。相机为 SONY DSC-HX 单反相机，如图 2-7，最大像素为 5 184×3 888（2000 万像素），为了较完整地保存图像信息，将相机设置成 RAW（无损图像）格式的 RGB 彩色空间模式。光源为自制的 HSL-58-105-W 高亮聚光平行光源，光源额定工作电压为 5 V，额定功率 3.4 W，如图 2-8。HSL-58-105-W 高亮聚光平行光源是一种用于高精度轮廓尺寸测量的光源，它利用透镜聚光原理以实现远距离高光照明。为了较好地控制光源光照强度，以实现均一、稳定的光照条件，减少因照明引起的试验误差，本研究选择 UST-AP2U2CHT 型两路光源控制器控制光源照射强度，如图 2-9，光源控制器的输入电压为 220V，输出电压为 5V，最大可调节电流为 750mA。用支架将相机固定于试件的正上方，光源分别从不同角度入射，采集多张图片。本研究中采集图像的张数为 6，6 个光源的入射方向是：天顶角均为 45°，偏斜角分别为 0°、60°、120°、180°、240°、300°。支架系统的大小为 1 m×1 m，高 50 cm，详细的设备构造系统见图 2-10。

图 2-7　SONY DSC-HX 单反相机

图 2-8　HSL-58-105-W 高亮聚光平行光源

图 2-9　光源控制器

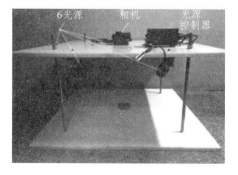

图 2-10　光度立体三维重构设备构造系统

2.3.2　不同修正算法的对比分析

为了对比分析不同算法的三维重构效果，将现场钻芯芯样切割成 $\phi 10\,cm \times 3\,cm$ 的试件以备检测，如图 2-11。采用图 2-10 中的采集设备，在天顶角为 45°，偏斜角分别为 0°、60°、120°、180°、240°、300°光照条件下，采集试件在不同光照条件下的 6 幅图像，见图 2-12。根据采集的 6 幅图像，按照 2.2.2 节中的 6 光源法向量求解和低秩恢复两种修正算法的计算步骤，分别用 MATLAB 软件进行编程，求解试件采集区域的法向量，见图 2-13、图 2-14。图 2-13、图 2-14 分别采用羽毛图的形式描绘了基于不同修正算法的法向量的求解情况。首先，羽毛图将三维空间的法向量投影到 X-Y 平面；然后，采用最大值归一化法将投影法向量进行归一化处理；最后，被归一化处理的投影法向量被放置在一个平面坐标系对应的方格中。在羽毛图体系中，每个方格代表了 1 个像素坐标，每个方格中投影线段的长度则代表了对应坐标下的法向量的大小。所以，在羽毛图中，投影法向量分布的均匀程度可以反映出不同算法对法向量的求解效果。羽毛图的分布奇异程度越高，则说明法向量中的噪声成分越大，算法的去噪效果也就越差。

图 2-11　测试试件

图 2-12　不同光照条件下的图像（天顶角均为 45°，偏斜角分别为
0°、60°、120°、180°、240°、300°）

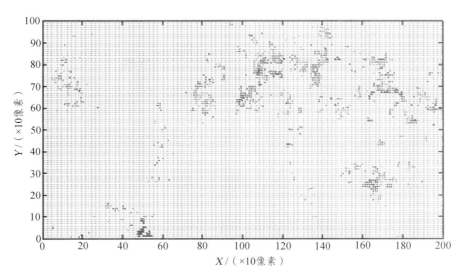

图 2-13　多光源修正算法求解法向量羽毛图

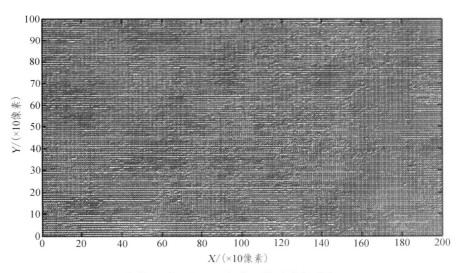

图 2-14　鲁棒主成分低秩分解修正算法求解法向量羽毛图

在已知法向量的基础上，分别用 MATLAB 编程，运用局部积分和全局积分对试样形貌进行重构，最终 6 光源和低秩恢复两种修正算法求得的法向量的三维形貌重构效果见图 2-15。

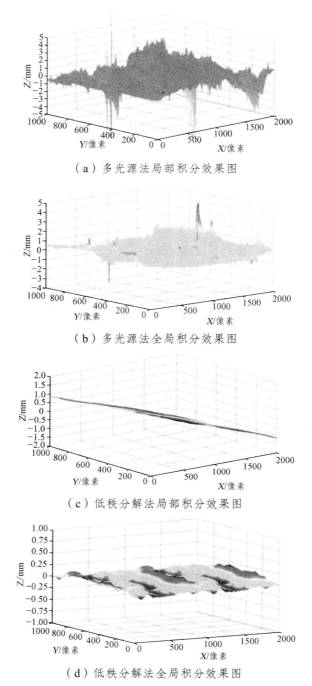

（a）多光源法局部积分效果图

（b）多光源法全局积分效果图

（c）低秩分解法局部积分效果图

（d）低秩分解法全局积分效果图

图 2-15　不同修正算法重构效果图

　　从图 2-13 ~ 图 2-15 中不难发现，同低秩恢复法向量求解算法相比，尽管 6 光源法向量求解算法能消除图像中高光点和阴影区域的影响；但是，难以避免由于相机、灯光等其他因素造成的图像采集过程中的噪声影响，特别是粗糙路面的非连续光滑特性会在局部产生较大的偏移，从而使得 6 光源法求解的法向量图分布不均匀，存在局部堆积现象，进而造成重构效果图存在一定的奇异性。同时，从图 2-15 中也可以看出，相对于全局积分算法，局部积分算法容易造成误差累积，从而使得重构后的整体形状出现偏离。这些结果表明 6 光源法向量求解算法和局部积分法并不能很好地恢复路面的三维形貌。由于低秩恢复法向量求解算法可以明显减少噪声的影响而使法向量分布均匀，同时，全局积分法可以取得较好的视觉效果；因此，本研究首先排除 6 光源法向量求解算法，在低秩恢复全局积分算法的基础上进一步探讨改进光度立体三维重构算法的修正效果。

在低秩恢复法向量求解算法的基础上，为了进一步验证不同的基于法向量的三维重构算法对测试精度的影响，在试件表面标记出 AB 和 CD 两条测线，这两条测线在图像采集区域中的分布情况见图 2-16。同时，本研究选择了 Croma8106 型三维坐标仪（图 2-17）用于测量 AB 和 CD 两条测线的实际形貌轮廓，并以测试结果作为标准用于评定不同改进算法的测试精度。Croma8106 型三维坐标仪的横梁与 Z 轴采用表面阳极化航空铝合金，温度一致性极佳，并降低了运动部件的质量，减少测量机在高速运行时的惯性。三轴均采用高精度欧洲进口光栅尺，同时采用一端固定、一端自由伸缩的方式安装，减少了光栅尺的变形。X 向一改矩形梁和横梁的传统设计方法，而是采用了重心更低、质量刚性比更好的三角梁，以保证其运动更加可靠。其 Z 向的测试精度为 2.8 μm，相邻采集点的间隔距离为 0.03 mm，完全可以满足路面微观形貌测试的精度要求。

图 2-16　图像测线标记分布情况

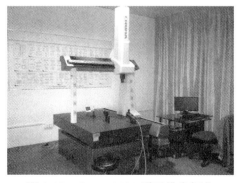

图 2-17　Croma8106 型三维坐标仪

本研究在低秩恢复求解法向量的基础上，分别应用控制点加权和控制点插补面两种三维重构修正算法，对试件形貌进行重构，并提取 AB 和 CD 两条测线的形貌轮廓，对比不同算法的测试精度。以 Croma8106 型三维坐标仪的测试结果为基准，各种修正算法测试精度的对比分析情况见表 2-1。

表 2-1　不同算法测试精度的对比

法向量求解算法	三维重构算法	最大绝对误差/mm	最大相对误差/%	平均相对误差/%
低秩恢复法	全局积分法	0.556 2	112.08	87.68
	控制点加权法（4 控制点）	0.638 6	140.52	91.38
	控制点插补面法（1 控制点）	0.464 9	108.57	78.92
	控制点插补面法（4 控制点）	0.388 3	86.41	68.23
	控制点插补面法（1 600 控制点）	0.098 2	65.84	51.64
	控制点插补面法（2 500 控制点）	0.035 3	46.21	32.36
	控制点插补面法（3 600 控制点）	0.028 6	43.62	30.64

从表 2-1 中不难发现，尽管低秩恢复全局积分法在整体效果上取得了较满意的效果，但是由于其整体平均优化作用使得局部细节精度不足，其最大误差达到 0.556 2 mm，最大相对误差更是高达 112.08%。同低秩恢复全局积分法相比，低秩分解控制点加权法的重构精度更差，主要是由于控制点加权法中引入了严重变形的局部积分高程点，从而难以在整体上控制算法的精度。相对于全局积分法和控制点加权法，控制点插补面法则是结合了全局积分和控制点的高程信息，并进行了进一步的优化重构，使得最终的重构精度随控制点个数的增加有不同程度的提高。其中，针对几种典型算法的 AB 测线具体的形貌轮廓线见图 2-18。

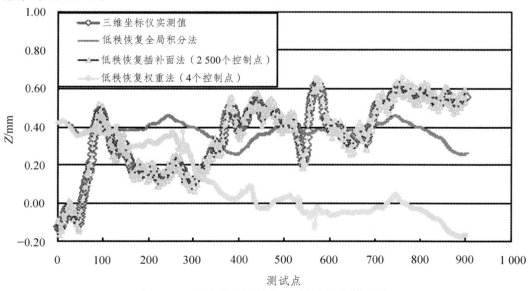

图 2-18　不同算法测试的 AB 形貌轮廓线对比

2.3.3　控制点个数的选择

不同控制点的个数对重构精度有着不同的影响，为了分析控制点的个数对重构精度的影响，本研究选择了 5 种不同模式的控制点分布，如图 2-19，分别研究其个数对重构精度的影响。其中：模式 1 中只有 1 个控制点，位于图像采集区域的中心；模式 2 有 4 个控制点，分布位于图像采集区域边界的 4 个顶点；模式 3、模式 4 和模式 5 的控制点的个数分别为 1 600、2 500 和 3 600，这些控制点均匀分布在采集区域的边界及中心位置。

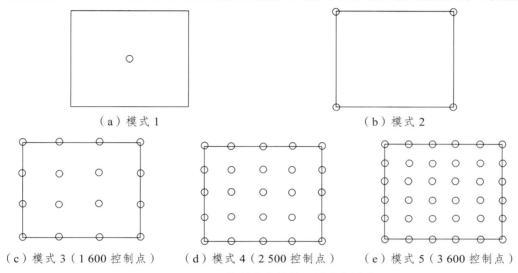

（a）模式 1　　　　　　　　　　　　　　（b）模式 2

（c）模式 3（1 600 控制点）　（d）模式 4（2 500 控制点）　（e）模式 5（3 600 控制点）

图 2-19　不同控制点个数的 5 种分布模式

基于 5 种模式的插补面重构算法的计算精度分析见表 2-1，不难看出随着控制点个数的增加，重构精度逐步提高，最大误差从 1 个控制点的 0.464 9 mm 直至减小到 3 600 个控制点的 0.028 6 mm。但是随着控制点个数的不断增加，精度提高的程度也越来越小，当控制点由 2 500 个增加到 3 600 个时，最大误差仅仅减少了 19.0%。通过对各种误差大小的比较，同时考虑到简化控制点提取的操作，减少控制点检测过程的误差引入，并不是控制点的引入个数越多就越好。当控制点的个数为 2 500 时，最大绝对误差只有 0.035 3 mm，测试精度可以达到 0.04 mm，最大相对误差为 46.21%，平均相对误差也只有 32.62%，考虑到路面微观形貌被定义成表面水平向 0 ~ 0.5 mm、垂直方向 0.005 ~ 0.2 mm 的微观构造，32.62% 的平均相对误差以及 0.035 3 mm 的最大绝对误差已经可以较好地满足路面微观形貌检测的需求。

综上所述，基于低秩恢复法的 2 500 个控制点插补面法的三维重构算法的测试精度可以达到 0.04 mm，该算法可以准确、全面、快速地获取路面形貌信息，满足路面形貌高精度的测量要求。

2.3.4　不同算法统计指标的计算分析

尽管建立在低秩恢复算法基础之上的基于控制点的插补面修正算法可以得到高精度

的路表宏微观形貌；但是，这种算法，尤其是对于大试件，其控制点的坐标信息难以获取，且难以保证控制点坐标信息的精度。同时，基于路表面粗糙特性的抗滑性能的评价通常是建立在宏微观形貌统计指标的基础之上，而不是直接将单个测点的形貌信息用于评价和分析。常用于评价路面抗滑性能的形貌统计指标有平均构造深度（mean texture depth，MTD）和轮廓均方根偏差 R_q，两者的计算公式分别见式（2-68）和式（2-69）。因此，本研究通过对不同算法的统计指标的计算精度进行分析，以希望减少形貌的获取对控制点的依赖。

$$MTD = \frac{1}{N} \sum_{i=1}^{N} \left[z_{\mathrm{p}}(x_i) - z(x_i) \right] \qquad (2\text{-}68)$$

$$R_{\mathrm{q}} = \sqrt{\frac{1}{N} \sum_{i=1}^{N} \left(z(x_i) \right)^2} \qquad (2\text{-}69)$$

式中：N 为测试线长度方向上的取样点数；$z_{\mathrm{p}}(x_i)$ 为表面形貌轮廓的峰顶线；$z(x_i)$ 为基于基准线表面轮廓的偏距。

在进行统计指标计算之前，首先需要对宏微观形貌进行分离。本研究采用傅立叶积分变换将形貌在频域中展开，由于宏观形貌和微观形貌的界限尺寸（demarcation wavelength）是 0.5 mm，这个界限尺寸所对应的频率是 1/(Δx)，即为 2 cycles/mm。同时，相机像素的最小尺寸为 0.016 6 mm，该尺寸所对应的 Nyquist 频率（即为积分变换后频域中所对应的最大频率）为 1/($2\Delta x$)，即 30.122 cycles/mm。然后根据尺寸界限频率和 Nyquist 频率设计高斯低通滤波器，对形貌作滤波处理，将保留下的频谱作傅立叶逆变换即得到宏观形貌，两者相减进一步求得微观形貌，以实现宏微观形貌的分离。采用该方法对第 2.3.2 节所测试芯样的形貌进行分离，见图 2-20。基于不同光度立体三维重构算法的统计指标的计算结果见表 2-2 和表 2-3。

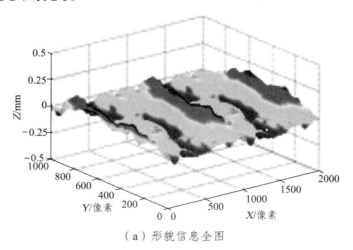

（a）形貌信息全图

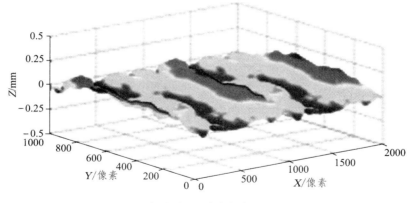

（b）宏观形貌信息图

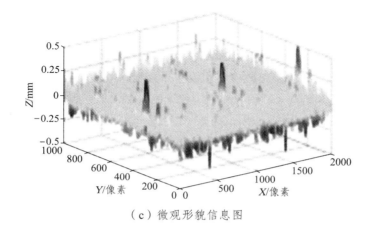

（c）微观形貌信息图

图 2-20　宏观和微观形貌分离效果图

表 2-2　不同算法的宏观形貌统计指标测试精度的对比

形貌获取方法	光源个数	AB 测试线		CD 测试线		平均绝对误差/mm		平均相对误差/%	
		MTD/mm	R_q/mm	MTD/mm	R_q/mm	MTD	R_q	MTD	R_q
三维坐标仪实测法	—	0.335	0.210	0.403	0.188	—	—	—	—
传统光度立体法	3	0.412	0.267	0.469	0.225	0.072	0.047	19.7	23.4
低秩恢复全局积分法	6	0.374	0.207	0.383	0.201	0.030	0.008	8.30	4.20
控制点插补面法（2 500 控制点）	6	0.335	0.210	0.403	0.187	0	0.0005	0	0.30

表 2-3　不同算法的微观形貌统计指标测试精度的对比

形貌获取方法	光源个数	AB 测试线		CD 测试线		平均绝对误差/mm		平均相对误差/%	
		MTD/mm	R_q/mm	MTD/mm	R_q/mm	MTD	R_q	MTD	R_q
三维坐标仪实测法	——	0.028	0.008	0.042	0.009	——	——	——	——
传统光度立体法	3	0.048	0.015	0.058	0.016	0.018	0.007	54.8	82.6
低秩恢复全局积分法	6	0.036	0.009	0.045	0.008	0.006	0.001	17.8	11.8
控制点插补面法（2 500控制点）	6	0.027	0.008	0.040	0.009	0.002	0	4.2	0

通过对比表 2-2 和表 2-3 中宏微观形貌统计指标 MTD 和 R_q 的测试精度，不难发现：传统光度立体三维重构法对宏观形貌统计指标的影响并不显著；而对于微观形貌的统计指标，传统光度立体三维重构算法则表现出较大的测试误差，对于 MTD 和 R_q 两个指标，其平均相对误差高达 54.8% 和 82.6%。而基于 2 500 个控制点的插补面修正算法无论是对于宏观还是微观形貌的统计指标，均表现出较高的测试精度。低秩恢复全局积分算法虽不像控制点插补面法那样具有出色的表现，但同传统光度立体三维重构算法相比，无论是对于宏观还是微观形貌，其统计指标的测试精度都具有很大程度地提高。对 MTD 和 R_q 两个指标，低秩恢复全局积分算法测试出的宏观形貌统计指标的平均相对误差为 8.3% 和 4.2%；而对于微观形貌的统计指标，其测试的平均相对误差由 54.8% 和 82.6% 分别减小到 17.8% 和 11.8%，其改善效果显著。考虑到最大平均相对误差只有 17.8%，在一个可以接受的范围之内，同时，为了进一步减少控制点测试的难度和控制点测试误差的引入，本研究最终选择低秩恢复全局积分修正算法作为最终的路面三维形貌的测试方法。该算法具有以下优点：

① 采用 6 个光源取代传统 3 光源，增加照射亮度的同时能够较好地避免照射盲区。

② 改进算法中取消了传统算法中的中值滤波去噪处理，中值滤波处理会使图像丢失过多细节信息，不利于微观形貌的提取。

③ 中值滤波算法并不能很好地解决沥青路面的高光和阴影等噪声，改进算法根据算法本身具有的低秩特性，能够很好地处理高光和阴影的影响。

2.4　本章小结

本章主要结论如下：

（1）本章对传统 3 光源光度立体三维重构的计算过程进行了详细的介绍，并指出传统的计算方法难以克服各种误差的影响，从而影响到最终的重构精度。针对法向量求解，本研究提出了 6 光源法和低秩矩阵恢复法两种法向量求解修正算法；针对三维重构算法，本研究提出了基于控制点加权法和基于控制点插补面法两种修正算法。

（2）通过实际测试结果的对比分析可知，在法向量求解方面，低秩矩阵恢复法要优越于 6 光源法；在三维重构方面，基于控制点插补面算法的精度要高于基于控制点加权算法。本研究进一步对不同控制点个数的插补面算法的重构精度进行分析比较，认为 2500 个控制点可以使测试精度达到 0.04 mm。

（3）考虑到控制点坐标信息测试难度大以及测试误差不易控制，本研究对比了不同算法下形貌统计指标的测试精度，发现传统 3 光源光度立体算法对宏观形貌统计指标的测试效果较好，而对微观形貌统计指标的测试精度则较差。相对于传统光度立体算法，低秩矩阵恢复全局积分修正算法对宏微观形貌的统计指标的测试精度均有很大程度的提高。考虑到在实际路面抗滑性能的评价中，路面形貌特性多被表达成统计指标的形式，同时也为了减少控制点的操作对测试结果的影响，本研究最终选择低秩恢复全局积分修正算法求解路面形貌信息。同传统 3 光源光度立体算法相比，该算法具有以下改进：使用 6 个光源代替原来的 3 个光源，以加强照射视角，避免照射盲区的产生；为了防止因图像细节信息的损失而影响到重构精度，传统算法中的中值滤波处理被剔除；基于光度立体算法成像系统本身具有的低秩特性，低秩恢复算法被采用，以消除噪声、高光点以及阴影区域等因素对测试系统的不利影响。

（4）遗憾的是，由于严格的光照条件限制性，本研究采用的改进光度立体技术主要是在室内光线可控的条件下进行的。同时，该技术对光源开关以及图像的拍摄均采用人工控制，势必造成测试效率下降。如何实现实地测量，以及连续操作和自动化控制，仍需进一步完善。

第 3 章

PART THREE

测量路面双目重构算法的改进与优化

双目重构技术是一种模仿人眼的双目摄像机视觉系统，通过双目摄像机对同一目标物体采集左右两幅图像，根据左右图像间的细微差异，使用图像处理的方法计算左右视图间像素点对的视差，根据严谨的几何关系求解目标物体表面的三维形貌信息的技术。本章通过分析双目重构技术的基本理论，以沥青路面三维形貌精确测量问题为研究对象，分别采用多条固定激光线分区域和单条移动激光线全局扫描两种约束模式，建立不同约束模式下的改进匹配算法，对传统双目重构技术加以改进，研究激光约束改进双目重构技术对路面三维形貌的测量效果。

3.1　双目重构技术的基本理论

　　得益于便携、数字化、分辨率高和自动化程度高等特点，双目重构技术在很多工业和人工智能领域发挥了重要作用[64]。双目重构技术依据计算机视觉原理，利用计算机编程，自动实现左右图像间同名像素点的立体匹配，计算视差矩阵，进而根据三角重构原理完成数字化三维形貌的重构与数据化存储，具体流程见图 3-1。其基本理论主要包括：摄像机投影、相机标定、图像校正、立体匹配和三维重构等内容。

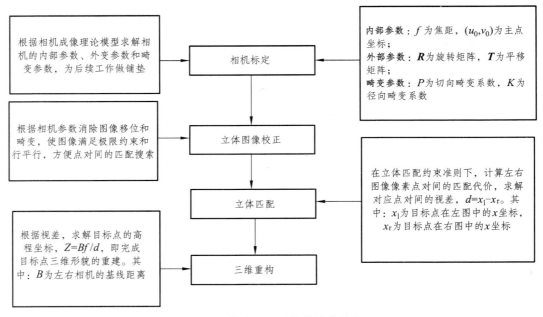

图 3-1　传统双目重构算法的流程

3.1.1　摄像机投影模型

　　摄像机投影模型涉及图像像素坐标系、图像物理坐标系、摄像机坐标系和世界坐标系等坐标系，以及不同坐标系之间的相互转换关系，见图 3-2。

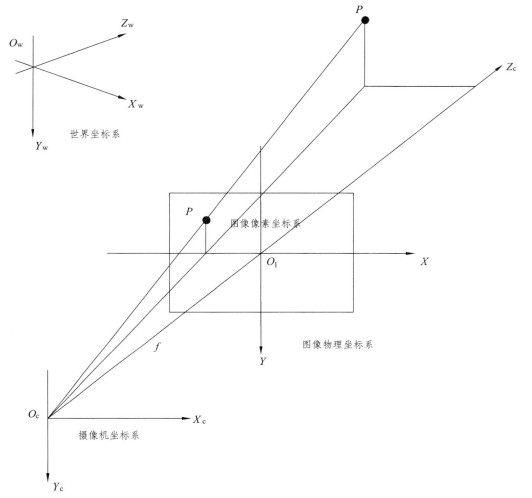

图 3-2 各坐标系间的位置关系

各个坐标系的具体含义如下:

(1)图像像素坐标系: 图像像素坐标系表示的是一个像素点的坐标在图像中的行数与列数, 单位为像素。图像像素坐标系很方便地指出了一个像素点关于原点和其他像素点之间的位置关系。

(2)图像物理坐标系: 图像物理坐标系可以利用物理单位描述像素点在图像中的位置, 还可以得到图像像素坐标系和图像物理坐标系之间的关系。将摄像机的主点定义为 (u_0, v_0), 根据单个像素在 X 轴和 Y 轴上的物理尺寸 d_x、d_y, 可以对式(3-1)进行变换得到矩阵表达式(3-2), 即两个坐标之间的位置关系。

$$\begin{cases} u = \dfrac{x}{\mathrm{d}x} + u_0 \\ v = \dfrac{y}{\mathrm{d}y} + v_0 \end{cases} \tag{3-1}$$

$$\begin{bmatrix} u \\ v \\ 1 \end{bmatrix} = \begin{bmatrix} \dfrac{1}{dx} & 0 & u_0 \\ 0 & \dfrac{1}{dy} & v_0 \\ 0 & 0 & 1 \end{bmatrix} \begin{bmatrix} x \\ y \\ 1 \end{bmatrix} \tag{3-2}$$

（3）摄像机坐标系：以摄像机为参照物建立的坐标系，其摄像机的光心为原点。

（4）世界坐标系：在拍摄过程中，摄像机和物体的位置是移动的，所以需要引入世界坐标系来作为参照。假设一点在世界坐标中的坐标为（X_w，Y_w，Z_w，1），在摄像机坐标中的匹配点坐标为（X_c，Y_c，Z_c，1），则利用这些数据和旋转矩阵 R、平移向量 T、零矩阵 $\mathbf{0}$ 和 4×4 矩阵 M，可以建立两者之间的联系。其关系式如下：

$$\begin{bmatrix} X_c \\ Y_c \\ Z_c \\ 1 \end{bmatrix} = \begin{bmatrix} R & T \\ \mathbf{0} & 1 \end{bmatrix} \begin{bmatrix} X_w \\ Y_w \\ Z_w \\ 1 \end{bmatrix} = M \begin{bmatrix} X_w \\ Y_w \\ Z_w \\ 1 \end{bmatrix} \tag{3-3}$$

在忽略畸变影响的前提下，摄像机最理想的投影模型为针孔成像，其特点是空间点、光心和像素点三点共线。假设 P 为空间点，其世界坐标为（X_w，Y_w，Z_w），p 为 P 点在像平面上的投影，其摄像机坐标、图像坐标和像素坐标分别为（X_c，Y_c，Z_c）、（x，y，z）和（u，v）。各坐标之间的关系满足公式（3-4）～公式（3-6）。

$$Z_c \begin{bmatrix} x \\ y \\ 1 \end{bmatrix} = \begin{bmatrix} f & 0 & 0 & 0 \\ 0 & f & 0 & 0 \\ 0 & 0 & 1 & 0 \end{bmatrix} \begin{bmatrix} X_c \\ Y_c \\ Z_c \\ 1 \end{bmatrix} \tag{3-4}$$

$$Z_c \begin{bmatrix} x \\ y \\ 1 \end{bmatrix} = \begin{bmatrix} f & 0 & 0 & 0 \\ 0 & f & 0 & 0 \\ 0 & 0 & 1 & 0 \end{bmatrix} \begin{bmatrix} R & T \\ \mathbf{0} & 1 \end{bmatrix} \begin{bmatrix} X_w \\ Y_w \\ Z_w \\ 1 \end{bmatrix} \tag{3-5}$$

$$Z_c \begin{bmatrix} u \\ v \\ 1 \end{bmatrix} = \begin{bmatrix} \dfrac{1}{dx} & 0 & u_0 \\ 0 & \dfrac{1}{dy} & v_0 \\ 0 & 0 & 1 \end{bmatrix} \begin{bmatrix} f & 0 & 0 & 0 \\ 0 & f & 0 & 0 \\ 0 & 0 & 1 & 0 \end{bmatrix} \begin{bmatrix} R & T \\ \mathbf{0} & 1 \end{bmatrix} \begin{bmatrix} X_w \\ Y_w \\ Z_w \\ 1 \end{bmatrix} = M_1 M_2 \begin{bmatrix} X_w \\ Y_w \\ Z_w \\ 1 \end{bmatrix} = M \begin{bmatrix} X_w \\ Y_w \\ Z_w \\ 1 \end{bmatrix} \tag{3-6}$$

式中：f 为相机的焦距；M_1 为摄像机内参矩阵；M_2 为摄像机外参矩阵；M 为透视投影矩阵。

3.1.2　相机标定

开展相机标定主要有两方面的原因：① 每个镜头在生产和组装过程中的畸变程度各不相同，通过相机标定可以校正这种镜头畸变；② 通过标定获取摄像机的内参矩阵和外参矩阵，进一步建立相机成像几何模型，通过获得的图像重构出三维场景。相机标定的目的就是建立摄像机图像像素位置与物体空间位置之间的关系，即世界坐标系与图像坐标系之间的关系。其方法就是根据摄像机模型，由已知特征点的坐标求解摄像机的模型参数，从而可以从图像出发恢复出空间点三维坐标，即三维重构。

1. 单目相机标定

对于单目相机标定，所要求解的参数包括 4 个内参数和 5 个畸变参数，以及外部参数旋转矩阵和平移矩阵。张氏标定法不需要特殊的标定物，只需要一张打印出来的棋盘格，为相机标定提供了很大便利，并且具有很高的精度。因此，本研究采用张氏标定法开展相机标定工作。上文中公式（3-6）已经给出了像素坐标系和世界坐标系下的坐标映射关系，假设标定棋盘位于世界坐标中 $Z_\mathrm{w}=0$ 的平面上，则该公式可以简化为公式（3-7）。

$$
Z_\mathrm{c}\begin{bmatrix} u \\ v \\ 1 \end{bmatrix} = \begin{bmatrix} f_x & \gamma & u_0 \\ 0 & f_y & v_0 \\ 0 & 0 & 1 \end{bmatrix}\begin{bmatrix} r_{00} & r_{01} & r_{02} & T_x \\ r_{10} & r_{11} & r_{12} & T_y \\ r_{20} & r_{21} & r_{22} & T_z \\ 0 & 0 & 0 & 1 \end{bmatrix}\begin{bmatrix} X_\mathrm{w} \\ Y_\mathrm{w} \\ 0 \\ 1 \end{bmatrix} = \begin{bmatrix} f_x & \gamma & u_0 \\ 0 & f_y & v_0 \\ 0 & 0 & 1 \end{bmatrix}\begin{bmatrix} r_{00} & r_{01} & T_x \\ r_{10} & r_{11} & T_y \\ r_{20} & r_{21} & T_z \end{bmatrix}\begin{bmatrix} X_\mathrm{w} \\ Y_\mathrm{w} \\ 1 \end{bmatrix}
$$

$$
= \begin{bmatrix} f_x & \gamma & u_0 \\ 0 & f_y & v_0 \\ 0 & 0 & 1 \end{bmatrix}\begin{bmatrix} r_0 & r_2 & t \end{bmatrix}\begin{bmatrix} X_\mathrm{w} \\ Y_\mathrm{w} \\ 1 \end{bmatrix} \tag{3-7}
$$

式中：$f_x=f/d_x$；$f_y=f/d_y$；γ 为相机制造误差产生的两坐标轴偏斜参数，通常很小，上文中矩阵运算取值为 0；f_x、f_y、γ、μ_0、v_0 表示 5 个相机内参；$\boldsymbol{R}=[r_1, r_2]$ 为旋转矩阵；$\boldsymbol{T}=[T_x, T_y, T_z]^\mathrm{T}$ 为平移矩阵；$\boldsymbol{R}$、$\boldsymbol{T}$ 表示 2 个相机外参。

令单应性（一个平面到另一个平面的投影映射）矩阵 $\boldsymbol{H} = \begin{bmatrix} f_x & \gamma & u_0 \\ 0 & f_y & v_0 \\ 0 & 0 & 1 \end{bmatrix}\begin{bmatrix} r_0 & r_2 & t \end{bmatrix}$，则有：

$$
Z_\mathrm{c}\begin{bmatrix} u \\ v \\ 1 \end{bmatrix} = \boldsymbol{H}\begin{bmatrix} X_\mathrm{w} \\ Y_\mathrm{w} \\ 1 \end{bmatrix} \tag{3-8}
$$

由式（3-8）可知，单应性矩阵 $\boldsymbol{H}$ 是一个 3×3 的矩阵，有 8 个未知量待解。$(X_\mathrm{w}, Y_\mathrm{w})$ 作为标定物的空间坐标，可以由设计者人为控制，是已知量。(u, v) 是像素坐标，可以通过摄像机获得。如此，对于一组对应点 $(X_\mathrm{w}, Y_\mathrm{w})$-$(u, v)$ 就可以获得两组方程。现在有 8 个未知量需要求解，所以至少需要 8 个方程、4 个对应点，便可求解单应性矩阵 $\boldsymbol{H}$。

张氏标定就是利用一张打印的棋盘格，然后对每个角点，标记其在像素坐标系中的像素点坐标，以及在世界坐标系中的坐标。张氏标定证明通过 4 组以上的点就可以求解出 $\boldsymbol{H}$ 矩阵的值。但是为了减少误差，使其具有更强的鲁棒性，一般会拍摄许多张照片，选取大量的角点进行标定。张氏标定法的具体过程如下：

（1）打印一张棋盘格标定图纸，将其贴在平面物体的表面。

（2）拍摄一组不同方向棋盘格的图片，可以通过移动相机来实现，也可以通过移动标定图片来实现。

（3）对于每张拍摄的棋盘图片，检测图片中所有棋盘格的特征点（角点）。定义打印的棋盘图纸位于世界坐标系 Z_w=0 的平面上，世界坐标系的原点位于棋盘图纸的固定一角。像素坐标系原点位于图片左上角。

（4）因为棋盘标定图纸中所有角点的空间坐标是已知的，这些角点对应在拍摄的标定图片中的角点的像素坐标也是已知的；所以如果得到 $N \geqslant 4$ 个匹配点对，就可以根据最大似然估计等优化方法得到单应性矩阵 H，当然匹配点对越多计算结果越鲁棒。

但在实际标定过程中，一般使用最大似然估计进行优化。假设拍摄了 n 张标定图片，每张图片里有 m 个棋盘格角点。三维空间点 X_j（X_w，Y_w，Z_w）经过相机内参和外参变换后得到二维像素 $x'(u,v)$，假设噪声是独立同分布的，基于棋盘格角点在像素坐标系下的实际值 x_{ij}，通过最小化公式（3-9），计算 $x'(u,v)$ 估计值的位置来求解最大似然估计问题。

$$\sum_{i=1}^{n} \sum_{j=1}^{m} \| x_{ij} - x'(M_1, R_i, T_i, X_j) \|^2 \qquad (3-9)$$

如果需要考虑摄像机镜头畸变的影响，则在公式（3-9）的实际求解过程中，将畸变参数也作为 $x'(u,v)$ 的变量代入上述函数一起优化，即可得到摄像机的畸变系数，完成对相机畸变的标定。

2. 双目相机标定

双目相机标定是在单目相机标定的基础上，进一步求解两相机的位置关系，如图 3-3。又根据公式（3-7）可知，左右摄像机与标定板之间的关系分别为公式（3-10）和公式（3-11）。

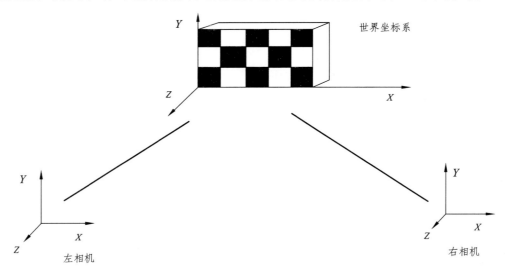

图 3-3 双目相机标定的位置关系

$$Z_{cl}\begin{bmatrix} u_1 \\ v_1 \\ 1 \end{bmatrix} = \begin{bmatrix} f_{xl} & \gamma_1 & u_{01} \\ 0 & f_{yl} & v_{01} \\ 0 & 0 & 1 \end{bmatrix}\begin{bmatrix} r_{11} & r_{21} & t_1 \end{bmatrix}\begin{bmatrix} X_w \\ Y_w \\ 1 \end{bmatrix} \qquad (3\text{-}10)$$

$$Z_{cr}\begin{bmatrix} u_r \\ v_r \\ 1 \end{bmatrix} = \begin{bmatrix} f_{xr} & \gamma_r & u_{0r} \\ 0 & f_{yr} & v_{0r} \\ 0 & 0 & 1 \end{bmatrix}\begin{bmatrix} r_{1r} & r_{2r} & t_r \end{bmatrix}\begin{bmatrix} X_w \\ Y_w \\ 1 \end{bmatrix} \qquad (3\text{-}11)$$

式中：下标 l 表示左相机；下标 r 表示右相机。

对公式（3-10）和公式（3-11）进行合并，可得到：

$$\frac{Z_{cl}}{Z_{cr}}\begin{bmatrix} f_{xl} & \gamma_1 & u_{01} \\ 0 & f_{yl} & v_{01} \\ 0 & 0 & 1 \end{bmatrix}^{-1}\begin{bmatrix} r_{11} & r_{21} & t_1 \end{bmatrix}^{-1}\begin{bmatrix} f_{xr} & \gamma_r & u_{0r} \\ 0 & f_{yr} & v_{0r} \\ 0 & 0 & 1 \end{bmatrix}\begin{bmatrix} r_{1r} & r_{2r} & t_r \end{bmatrix}\begin{bmatrix} u_1 \\ v_1 \\ 1 \end{bmatrix} = \begin{bmatrix} u_r \\ v_r \\ 1 \end{bmatrix} \quad (3\text{-}12)$$

式中：$\dfrac{Z_{cl}}{Z_{cr}} = \dfrac{Z_{cl}}{Z_{cl} + \Delta Z}$，$\Delta Z$ 为目标物体距离两相机在 Z 方向上的距离差值，如果物距足够大，则该表达式可近似为 1。于是，两相机之间转换的单应性矩阵 $\boldsymbol{H}'$ 可表达成公式（3-13）。

$$\boldsymbol{H}' = \frac{Z_{cl}}{Z_{cr}}\begin{bmatrix} f_{xl} & \gamma_1 & u_{01} \\ 0 & f_{yl} & v_{01} \\ 0 & 0 & 1 \end{bmatrix}^{-1}\begin{bmatrix} r_{11} & r_{21} & t_1 \end{bmatrix}^{-1}\begin{bmatrix} f_{xr} & \gamma_r & u_{0r} \\ 0 & f_{yr} & v_{0r} \\ 0 & 0 & 1 \end{bmatrix}\begin{bmatrix} r_{1r} & r_{2r} & t_r \end{bmatrix} \quad (3\text{-}13)$$

公式（3-13）中所有的参数变量均等同于单目相机标定的结果。通过对单目相机开展标定，将各相机的标定参数按照公式（3-13）进行组合，就可以方便地求解两相机间的相对位置关系，即可完成双目相机的参数标定。

3.1.3 图像校正

所谓图像校正，就是将双目得到的两幅图像摆正，使两幅图像的极线对齐，并消除图像畸变，如图 3-4。换而言之，校正就是改变由标定得到的两个相机的投影变化矩阵，使目标物体从世界坐标系投影到共面的图像像素坐标系（即像平面 R 上，从而实现图像对齐和消除畸变。

3.1.4 立体匹配

立体匹配是双目重构技术中最为重要的一步，其目的是找出待测试件在左右视图中的匹配单元，从而得到试件的视差图。视差图是指试件中某一点在左右相机中的位置差异。利用双目相机所获得的左右图像，寻找出左右图像中的同名像素点对，进而求解视差图的过程称为立体匹配。根据匹配单元的不同，立体匹配可以分为区域匹配、特征匹配和相位匹配等匹配方式。

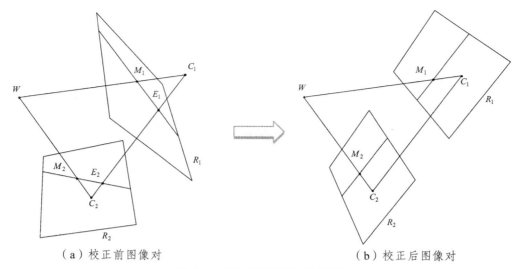

（a）校正前图像对　　　　　　　　　　　　（b）校正后图像对

图 3-4　双目相机校正过程示意

在寻找视差时，需要利用匹配代价来寻找左右图像的位置差异，得到的全部视差值被称作视差图。而常见匹配代价的衡量方式包括灰度绝对差、灰度均方差、截断灰度差、灰度差和、均方差和、灰度截断差和。令 $C(p, d)$ 表示左图像上的像素点 p 和右图像上的点 p_{-d} 之间当视差取 d 时的匹配代价，q 为 p 的邻域 N_p 中的像素点，$I_l(p)$ 和 $I_r(p)$ 分别为 p 点在左右相机图像中的灰度值，根据衡量标准的不同，匹配代价函数的计算有以下几种表达方式。

① 灰度绝对差：

$$C_{AD}(p, d) = |I_l(p) - I_r(p_{-d})| \tag{3-14}$$

② 灰度均方差：

$$C_{SD}(p, d) = [I_l(p) - I_r(p_{-d})]^2 \tag{3-15}$$

③ 截断灰度差：

$$C_{TAD}(p, d) = \{|I_l(p) - I_r(p_{-d})|, T\} \tag{3-16}$$

④ 灰度差和：

$$C_{SAD}(p, d) = \sum_{q \in N_p} |I_l(q) - I_r(q_{-d})| \tag{3-17}$$

⑤ 均方差和：

$$C_{SSD}(p, d) = \sum_{q \in N_p} [I_l(q) - I_r(q_{-d})]^2 \tag{3-18}$$

⑥ 灰度截断差和：

$$C_{STAD}(p, d) = \min\left\{\sum_{q \in N_p} |I_l(q) - I_r(q_{-d})|, T\right\} \tag{3-19}$$

当进行局部立体匹配算法时，假设视差为 d_p，D 为允许的视差集，则

$$d_p = \text{argmin} C(p, d), \quad d \in D \tag{3-20}$$

使用全局立体匹配算法时，立体匹配的视差即为能量函数取最小值时的视差值。

$$E(d) = E_{\text{data}}(d) + \lambda E_{\text{smooth}}(d) \tag{3-21}$$

其中：$E_{\text{data}}(d)$ 为当视差为 d 时左右视图的匹配程度；$E_{\text{smooth}}(d)$ 为平滑项，用于衡量视差。

3.1.5　三维重构

假设左右相机的投影矩阵分别为 $\boldsymbol{M}_l$ 和 $\boldsymbol{M}_r$，空间中的点 $P(X_w, Y_w, Z_w)$ 在双目相机中的投影点分别为 (μ_l, v_l) 和 (u_r, v_r)，可知

$$
\begin{cases}
Z_{cl} \begin{bmatrix} u_l \\ v_l \\ 1 \end{bmatrix} = \begin{bmatrix} m_{11}^l & m_{12}^l & m_{13}^l & m_{14}^l \\ m_{21}^l & m_{22}^l & m_{23}^l & m_{24}^l \\ m_{31}^l & m_{32}^l & m_{33}^l & m_{34}^l \end{bmatrix} \begin{bmatrix} X_w \\ Y_w \\ Z_w \\ 1 \end{bmatrix} \\[6mm]
Z_{cr} \begin{bmatrix} u_r \\ v_r \\ 1 \end{bmatrix} = \begin{bmatrix} m_{11}^r & m_{12}^r & m_{13}^r & m_{14}^r \\ m_{21}^r & m_{22}^r & m_{23}^r & m_{24}^r \\ m_{31}^r & m_{32}^r & m_{33}^r & m_{34}^r \end{bmatrix} \begin{bmatrix} X_w \\ Y_w \\ Z_w \\ 1 \end{bmatrix}
\end{cases} \tag{3-22}
$$

设 P 点在左右图像中的图像像素坐标分别为 (u_l, v_l) 和 (u_r, v_r)，在左右摄像机坐标系中的坐标为 (x_l, y_l, z_l) 和 $(x_l - B, y_l, z_l)$，由成像的几何关系可得

$$
\begin{cases}
u_l - u_0 = f_x \dfrac{x_l}{z_l} \\[4mm]
v_l - v_0 = f_y \dfrac{y_l}{z_l}
\end{cases} \tag{3-23}
$$

$$
\begin{cases}
u_r - u_0 = f_x \dfrac{x_l - B}{z_l} \\[4mm]
v_l - v_0 = f_y \dfrac{y_l}{z_l}
\end{cases} \tag{3-24}
$$

联立公式（3-23）和公式（3-24），求解可得

$$
\begin{cases}
X_{cl} = \dfrac{B(u_l - u_0)}{u_l - u_r} \\[4mm]
Y_{cl} = \dfrac{B f_x (v_l - v_0)}{f_y (u_l - u_r)} \\[4mm]
Z_{cl} = \dfrac{B f_x}{u_l - u_r}
\end{cases} \tag{3-25}
$$

根据公式（3-25）即可求出目标物体在摄像机坐标系中的三维坐标，完成三维重构。

3.2 双目重构算法的改进与优化

文献[28]将传统双目重构技术用于路面形貌的测量，受限于匹配精度的影响，其测量结果仅限于全局统计平均范畴下的宏观形貌，而对于局部单点测量或微观形貌，其测量结果并不理想。因此，本研究立足于双目三维重构技术，从原理出发，采用多条固定激光线分区域和单条移动激光线全局扫描两种约束模式对传统双目重构技术加以改进，重点解决如何强化匹配约束和提高匹配精度等问题，以实现沥青路面三维形貌的精确测量。

3.2.1 多条固定激光线分区域约束改进算法

为了改善传统双目重构技术对沥青路面三维形貌的测量精度，更好地服务于路面抗滑性能的评价，本研究在传统双目重构的基础上引入多条固定激光线约束，并基于多条固定激光线分区域约束模式，分别提出默认颜色、强化目标线、区域分割三种不同的匹配算法，以改善路面形貌数字化测量的效果。

激光线约束的引入主要是为了提高匹配精度。因此，基于激光线约束的改进算法的基本流程同传统双目重构算法一致，不同之处仅在于立体匹配环节。传统双目重构算法的立体匹配是根据图像灰度信息的特征统计量计算匹配代价。而基于激光线约束的改进算法是在传统匹配环节上增加激光线约束，探讨激光线约束下不同匹配模式对最终测量效果的影响。针对多条固定激光线分区域约束，本研究分别采用了默认颜色、强化目标线和区域分割三种匹配模式对双目重构算法进行改进，下文将详细阐述每种匹配模式的具体算法。

1. 默认颜色匹配模式下双目重构改进匹配算法

默认颜色匹配模式是指不对图像中的激光线做任何处理。该算法的具体流程同传统的双目重构算法完全一致。区别之处仅在于拍摄路面图像时，加入红色的激光约束线，形成激光线同路面间的自然颜色差；然后，根据自带颜色差的图像，计算匹配代价，完成相应点对间的立体匹配。该算法最大的特点就是操作简单，易于实现。

2. 强化目标线匹配模式下双目重构改进匹配算法

强化目标线匹配模式是分别对左右图像中的激光目标线进行识别，放大目标线的颜色灰度值，进一步增强目标线与路面场景的颜色差异，进而完成左右图像像素点对的匹配。该算法的匹配流程如图 3-5。

3. 区域分割匹配模式下双目重构改进匹配算法

区域分割匹配模式是利用多条激光线将待测目标区域分割成不同的子区域，在识别激光目标线的基础上，分别完成左右图像中每个对应子区域的分割和提取，求解每个子区域的匹配视差，并将这些匹配视差进行组合和叠加，得到整个待测目标区域的视差矩阵，最终根据视差矩阵完成三维形貌的求解。该算法的匹配流程见图 3-6。

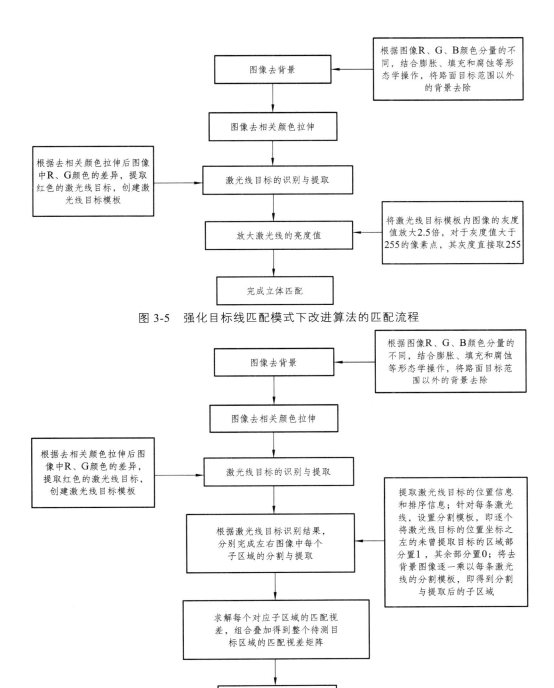

图 3-5　强化目标线匹配模式下改进算法的匹配流程

图 3-6　区域分割匹配模式下改进算法的匹配流程

3.2.2　单条移动激光线全局扫描约束改进算法

为克服过多激光线安装和识别的困难，实现双目重构算法对路面三维形貌的稠密精确测量，服务于路面功能的评价，本研究进一步引入单条移动的激光线，对待测目标开展全局扫描约束，建立视差替换、叠加合成、子区域分割和子区域分割质心强化不同匹配模式下的改进双目重构算法，旨在形成强制匹配，提高匹配精度，具体流程见图3-7。虽然改进算法和传统算法的处理流程大致相同，但两者在立体匹配环节却存在根本性的不同。在传统算法中，立体匹配是根据图像灰度信息的特征统计量计算匹配代价的；而改进算法却增加了激光线全局扫描约束，探讨在强制约束和不同匹配机制下稠密匹配效果的改善。下文将具体阐述视差替换、叠加合成、子区域分割和子区域分割质心强化四种不同匹配机制的具体方法及流程。

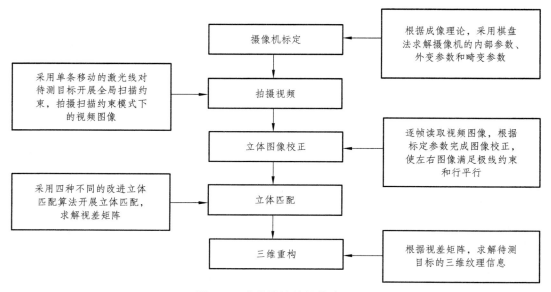

图 3-7 改进算法的操作流程

1. 视差替换模式下双目重构改进匹配算法

视差替换法是在第一帧视频图像完成校正后，即按照传统立体匹配算法完成左右图像的立体校正，求解待测区域的视差矩阵。然后，每读取一帧视频图像，对校正后的图像均开展激光线约束目标的提取。针对所提取的激光线约束，分别计算约束目标在左右图像中的像素坐标，根据像素坐标计算对应位置的理论视差，并对原视差矩阵中相同位置处的视差值进行替换。最终，生成激光线全局扫描约束修正后的视差矩阵，进而完成基于视差替换的改进立体匹配算法。该算法的处理流程见图3-8。

2. 叠加合成模式下双目重构改进匹配算法

叠加合成法是对校正后的视频图像逐帧开展激光线目标的识别与提取，并将全局扫描约束模式下提取的全部激光线约束统一集中到同一幅图像上。在此基础上，采用传统立体匹配算法对包含全部约束的图像进行立体匹配。叠加合成改进立体匹配算法的具体流程见图3-9。

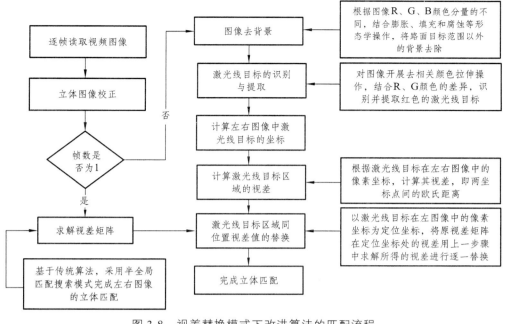

图 3-8 视差替换模式下改进算法的匹配流程

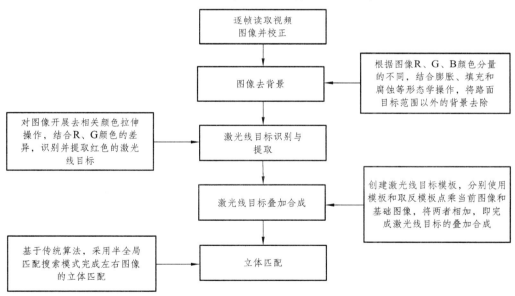

图 3-9 叠加合成模式下改进算法的匹配流程

3. 子区域分割模式下双目重构改进匹配算法

子区域分割法是在提取激光线目标的基础上，依据激光线的约束位置将待测目标分割成不同的子区域。将立体匹配的范围缩小至每个子区域，分别求解每个子区域的匹配视差，并将所有子区域的匹配视差加以组合叠加，最终得到整个待测目标的视差矩阵。子区域分割法的匹配流程见图 3-10。

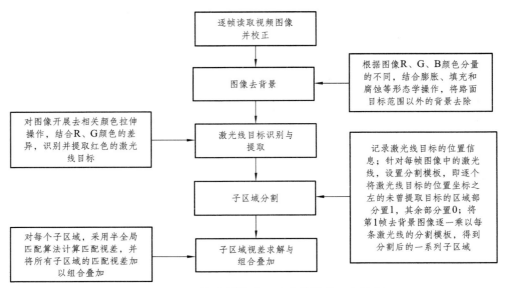

图 3-10　子区域分割模式下改进算法的匹配流程

4. 子区域分割质心强化模式下双目重构改进匹配算法

子区域分割质心强化法是对子区域分割法的进一步升级，为小面积子区域的精准匹配创造了更加有利的条件。子区域分割质心强化法的匹配流程同子区域分割法基本一致，不同之处仅在于子区域分割环节。为了更加清楚地划定子区域边界和实现子区域的精准匹配，对子区域边界处的激光线目标的质心取亮，其灰度值直接取 255。其匹配流程见图 3-11。

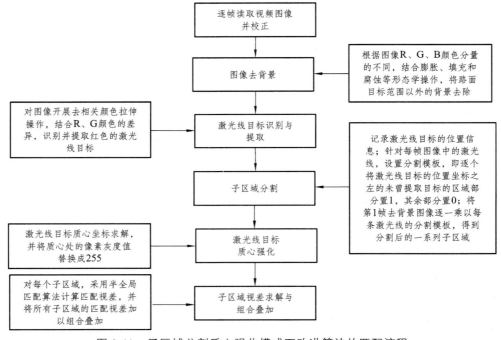

图 3-11　子区域分割质心强化模式下改进算法的匹配流程

3.3 基于双目重构算法的路面形貌的测量效果分析

3.3.1 改进双目重构算法设备的构造

1. 改进双目重构测试系统的构建及操作流程

改进的双目重构测试系统见图 3-12，自主加工试制而成，主要由主体装置和控制装置两部分组成。其中：主体装置包括支架、激光发生装置、双目摄像头、补强光源四部分，控制装置包括处理器、存储器、通信连接线、用户接口、运行程序等。

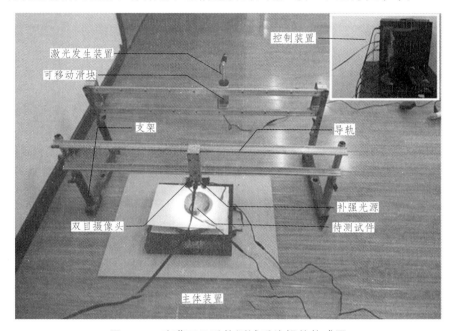

图 3-12　改进双目重构测试系统组件构成图

在主体装置中，支架由钢材通过自行加工制作而成，通过紧固螺栓与导轨相连；两条导轨共同组成 1 个滑行通道，供滑块自由滑行；滑块是连接激光发射器和双目摄像头的载体；激光发生装置为硬质软管强磁支架式直线发射器，由鑫坤扬科技有限公司提供，通过强磁吸附连接在一侧导轨的滑块上，扭转硬质软管可以自由调节激光线的入射方向；双目摄像头直接采用现有产品，由莱娜机器视觉科技有限公司提供，通过胶水粘贴在另一侧导轨位置固定的滑块上，它是将 2 个规格相同的镜头组装在同一块电路板上，以实现对同一目标图像的同时拍摄，其镜头外径为 15 mm，中心间距为 6 cm，分辨率及帧率为 2 560×960@24 帧/s；补强光源为中空环形光源，主要作用是保证不同光照条件下场景光线的相对均匀性，由广州利民电子公司提供，其内径为 16 mm，外径为 34 mm，工作电压为 24 V，功率为 3.5 W，亮度可通过旋钮手动调节，用 3 个以 120°均匀分布的紧固螺钉固定在双目摄像头前端。

在控制装置中，处理器采用内存为 16 GB 的 Intel i7-8700 CPU 对主体装置的操作、数据运算和处理进行控制；存储器为东芝存储器公司生产的 1TB 固态硬盘；通信连接线是保障控制装置同主体装置之间数据传输的通道；用户接口主要是指显示屏、鼠标和键盘等硬件；运行程序主要是指视频图像的采集程序和处理程序。

改进双目重构测试系统的操作流程：

① 打开补强光源，根据双目摄像头拍摄需要调节光照亮度。

② 使用棋盘法完成相机标定。

③ 放置待测试件，分别使用多条固定激光线或单条移动激光线对试件进行约束。同时，通过控制系统打开双目摄像头，完成激光线约束模式下图像或视频图像的拍摄。

④ 读取图像或视频图像，根据获得的相机参数，对图像或视频图像开展分割和校正。

⑤ 使用不同约束模式下改进匹配算法完成匹配操作，求解视差矩阵。

⑥ 基于视差矩阵，完成三维重构，最终实现待测试件表面三维形貌的获取与检测。

2. 三维形貌测量精度评价装置的加工及操作流程

现行常用的三维形貌测量精度评价的方法多采用高精度、高分辨率的测试设备（如高精度三维激光扫描仪和微型探针表面轮廓仪等）获取待测目标全部点位的三维形貌信息，然后采用统计平均后的结果进行测量精度的评价。这种测量精度的评价方法主要存在以下两个方面的不足：① 高精度、高分辨率的三维形貌测试装置构成复杂、价格昂贵、条件要求严苛，且需要专人保管，养护费用高。② 由于分辨率的不同、误差的干扰，不同测量方法所测得的点位形貌信息难以实现——对应。而统计平均的处理方式弱化了测试结果中的噪声成分，所得到的结果仅仅是扣除部分噪声后的全局精度，无形中提高了测试精度，并不是待评价测试方法中真实的测试精度。因此，本研究提供一种三维形貌测量精度的评价装置，使用较低的成本，就可以快速地实现对改进双目重构算法测量精度的真实评价。

三维形貌测量精度的评价装置见图 3-13，包括激光定位系统、点位测试系统和基座三部分。其中：激光定位系统包括若干点状激光定位装置，通过强力磁铁吸附在基座上；点位测试系统包括精度为 0.01 mm 的游标卡尺、可移动中空限位卡槽、固定件和支撑件；基座是放置待测试件、激光定位系统和点位测试系统的载体。

图 3-13 三维形貌测量精度的评价装置构造

其具体操作流程如下：

① 将待测试件平稳放置在基座上。

② 使用双目重构技术测试待测试件表面的视差数据或三维形貌数据。

③ 打开点状激光发射器，通过硬质软管调节入射方向，使用激光定位系统随机指定 7 个待测点位。同时，通过双目重构测试系统中的相机采集并识别由激光定位装置指定的待测点位的位置坐标，提取上一步骤中三维形貌在这些位置坐标下的视差数据或高程数据。

④ 根据 7 个待测点位的位置坐标，求解理论视差。同时，移开双目重构测试系统，将点位测试系统置于待测试件正上方，移动限位卡槽，使用游标卡尺逐个测定激光定位系统所指定待测点位的高程数据，记作理论高程。

⑤ 针对激光定位系统所指定的待测点位，对比上述两种方法所获取视差数据或高程数据的平均绝对偏差、最大绝对偏差、平均相对偏差、最大相对偏差，评价双目重构技术在获取路面三维形貌时的测试精度。

3.3.2 多条固定激光线分区域约束改进算法的测量效果分析

1. 不同匹配模式下改进算法测量过程分析

为了对比不同算法的三维重构效果，将路面现场钻芯芯样切割成 $\phi 10\ \text{cm} \times 3\ \text{cm}$ 的试件以备检测。本研究中选用 6 条激光线对待测目标进行约束，打开激光直线发射器，使用改进的双目重构测试系统完成激光线约束下试件图像的拍摄，见图 3-14。结合 MATLAB 软件编程，依次按照改进的双目重构测试系统的操作流程完成待测试件三维形貌的测试。其间视差匹配环节采用了默认颜色、强化目标线、区域分割三种不同的匹配算法。对于默认颜色匹配算法，无须特殊处理，仅仅依赖图像本体颜色差完成像素匹配；而对于强化目标线匹配算法，则需前后进行背景去除、激光线目标的识别与提取和放大激光线亮度值等操作，见图 3-15，最终通过放大激光约束线的颜色差异以实现左右图像间的像素匹配；至于区域分割匹配算法，在激光线目标线提取的基础上还需要进一步完成各个子区域的分割，见图 3-16，然后求解各对应子区域的匹配视差，完成子区域匹配视差的组合叠加，最终基于视差矩阵计算表面三维形貌。

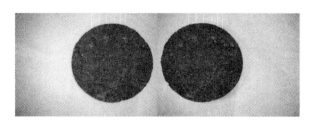

图 3-14 双目重构测试系统拍摄的激光线约束下待测试件原始图

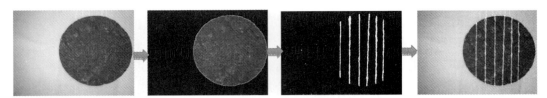

（a）原图　　　　　（b）去背景图　　（c）激光线目标识别与提取图　（d）激光线目标强化图

图 3-15　强化目标线匹配模式下左图像处理过程

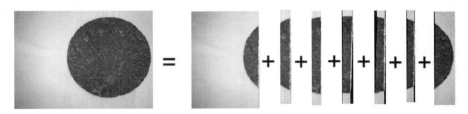

图 3-16　区域分割匹配模式下左图像中子区域分割与提取结果

图 3-17 给出了不同匹配模式下改进双目重构算法获取的三维形貌效果图。图 3-17（a）和图 3-17（b）分别为默认颜色匹配模式和强化目标线匹配模式下改进双目重构算法效果图，两者重构效果较为接近，均表现出较多构造峰，说明其匹配效果并不理想，仍含有一定量的噪声成分，特别在靠近边界区域，其噪声影响更为突出；相比之下，图 3-17（c）所示区域分割匹配模式下改进双目重构算法效果图，整体视觉效果良好，噪声成分大大减少，说明区域分割匹配算法取得了良好的匹配效果。为了进一步定量分析不同匹配模式下改进双目重构算法的测试效果，下文将采用三维形貌测量精度评价装置对测量结果进行检验。

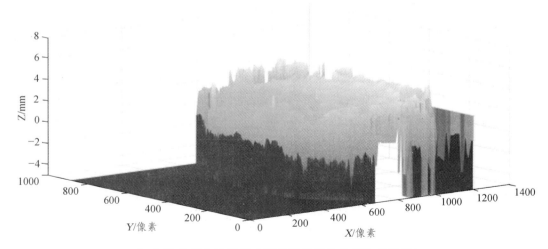

（a）默认颜色匹配模式下改进双目重构算法效果图

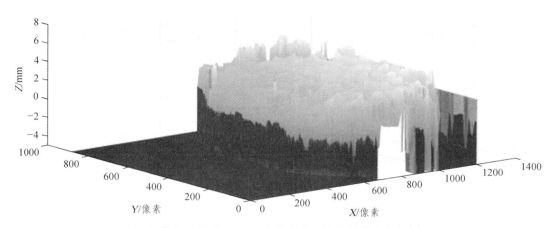

（b）强化目标线匹配模式下改进双目重构算法效果图

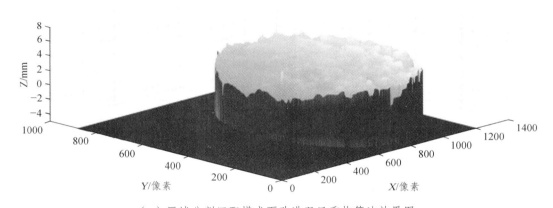

（c）区域分割匹配模式下改进双目重构算法效果图

图 3-17 不同匹配模式下改进双目重构算法获取三维形貌效果图

2. 三维形貌测量精度评价装置的检测结果

　　通过三维形貌测量精度评价装置在待测试件表面指定 7 个激光点位，由改进的双目重构测试系统拍摄图像，通过 MATLAB 软件编程，实现激光点位的识别、提取，见图 3-18。基于激光点位的提取结果，求解左图中激光点位的中心坐标。同时，通过精度为 0.01 mm 的游标卡尺测定激光点位的高程数据，以第 1 个激光点位为基准，计算不同激光点位间的高程差。计算结果见表 3-1。

| （a）原图 | （b）去背景图 | （c）提取的激光点位图 |

图 3-18　左图像中激光点位的提取过程

表 3-1　三维形貌测量精度评价装置的检测结果

序号	左图坐标/像素		右图坐标/像素		游标卡尺实测高程 /mm	高程差 /mm
	X	Y	X	Y		
1#	515	826	516	369	105.40	—
2#	441	755	442	300	105.68	0.28
3#	424	824	424	366	105.20	−0.20
4#	384	883	385	422	104.57	−0.83
5#	360	754	360	300	106.10	0.70
6#	525	890	526	430	104.66	−0.75
7#	492	942	493	483	104.86	−0.55

表 3-1 中，左右图像中激光点位的 X 坐标并非完全一致，部分数值相差 1 个像素，这是数据四舍五入取整的结果。左右图像在经图像校正后，同一个位置点位的行数变化在 1 个像素以内，表现出良好的行对齐，进一步验证了立体图像校正算法是有效的。

3. 不同匹配模式下改进算法测量结果的对比分析

使用改进的双目重构测试系统分别拍摄无激光线约束和有激光线约束两种情况下待测试件的原始图，并计算其表面三维形貌，共计 4 组三维形貌测试结果。其中，在有激光线约束时，采用了默认颜色、强化目标线、区域分割三种匹配算法对传统算法加以改进。针对激光定位系统所指定的待测点位，结合三维形貌测量精度评价装置的操作步骤，对比分析不同匹配模式下改进算法测量结果，对比结果见表 3-2。

表 3-2 中，针对激光定位系统指定的 7 个待测点位，无激光线约束的传统双目重构算法求解沥青路面三维形貌的平均绝对偏差为 0.35 mm，尽管统计平均结果在一定程度上无形中提高了测试精度，但传统双目重构算法整体表现出较差的测试精度，其平均相对偏差高达 48.19%。对于单点测试精度，传统双目重构算法测试的最大绝对偏差为 0.64 mm，最大相对偏差高达 140.00%，说明传统双目重构算法测试沥青路面三维形貌的单点测试精度严重不足。相比之下，无论是整体测试精度还是单点测试精度，有激光线约束的改进算法都不同程度地有所提高。相对于传统双目重构算法，三种匹配模式（默认颜色、强化目标线和区域分割）下双目重构算法的平均绝对偏差分别降低了 65.7%、74.3% 和 94.3%，其平均相对偏差分别由 48.19% 降至 9.64%、4.69% 和 3.99%。无论是整体测量精度还是单点测量精度，三种改进算法中都是区域分割匹配模式的测量效果最优，强化目

标线匹配模式次之，默认颜色匹配模式最差。但对于单点测量精度，强化目标线匹配模式相对于默认颜色匹配模式，其测量精度仅仅提升了 4.5%，提升空间有限。而对于区域分割匹配算法，其平均绝对偏差只有 0.02 mm，最大绝对偏差为 0.14 mm，即使是最大相对偏差也只是 45.00%，已经可以满足路面抗滑性能评价中微观形貌测量精度 0.5 mm 的要求。说明传统双目重构算法经激光线约束分区域改进后，其检测精度得到明显改善。

表 3-2　不同匹配模式下改进算法测量结果的对比分析

分项		指定激光点位序号							统计结果	
		1#	2#	3#	4#	5#	6#	7#	平均偏差	最大偏差
理论高程差/mm		—	0.28	-0.20	-0.83	0.70	-0.75	-0.55	—	—
无激光线约束的传统算法	测试高程/mm	105.31	105.68	105.39	105.12	106.22	105.13	105.08	—	—
	高程差/mm	—	0.37	0.08	-0.19	0.91	-0.18	-0.23	—	—
	绝对偏差/mm	—	0.09	0.28	0.64	0.21	0.57	0.32	0.35	0.64
	相对偏差/%	—	32.14	-140.00	-77.11	30.00	-76.00	-58.18	-48.19	-140.00
有激光线约束的改进算法	默认颜色 测试高程/mm	105.60	105.92	105.34	105.21	106.27	105.05	105.15	—	—
	高程差/mm	—	0.32	-0.26	-0.39	0.67	-0.55	-0.45	—	—
	绝对偏差/mm	—	0.04	-0.06	0.44	-0.03	0.20	0.10	0.12	0.44
	相对偏差/%	—	14.29	30.00	-53.01	-4.29	-26.67	-18.18	-9.64	-53.01
	强化目标线 测试高程/mm	105.60	105.92	105.32	105.19	106.27	104.92	105.15	—	—
	高程差/mm	—	0.32	-0.28	-0.41	0.67	-0.68	-0.45	—	—
	绝对偏差/mm	—	0.04	-0.08	0.42	-0.03	0.07	0.10	0.09	0.42
	相对偏差/%	—	14.29	40.00	-50.60	-4.29	-9.33	-18.18	-4.69	-50.60
	区域分割 测试高程/mm	105.60	105.92	105.31	104.91	106.27	104.82	105.15	—	—
	高程差/mm	—	0.32	-0.29	-0.69	0.67	-0.78	-0.45	—	—
	绝对偏差/mm	—	0.04	-0.09	0.14	-0.03	-0.03	0.10	0.02	0.14
	相对偏差/%	—	14.29	45.00	-16.87	-4.29	4.00	-18.18	3.99	45.00

4. 不同激光线约束数目对测量精度的影响

在照度测量仪的控制下，调节补强光源控制器，使双目摄像头正下方的光照强度维持在 340 lx ~ 360 lx。分别采用 0 条、2 条、4 条和 6 条激光线对待测试件进行约束，使激光线均匀分布在试件的表面。其中，0 条激光线约束代表无约束的传统双目重构算法。具体测量结果见表 3-3。

表 3-3 的结果表明，随着激光线约束数目的增加，无论是单点测量的最大偏差还是整体测量的平均偏差都表现出减小的趋势，说明激光线约束数目的增加有助于测量精度的提高。特别是 6 条激光线约束模式下的改进算法，其平均绝对偏差和最大绝对偏差仅有 0.02 mm 和 0.14 mm，该测量精度已经满足路面形貌测量小于 0.5 mm 的测试要求。相对于传统双目重构算法，使用 6 条激光线约束的改进算法的平均绝对偏差和最大绝对偏差分别减少了 94.3% 和 78.1%，即便是其平均相对偏差和最大相对偏差，也从 48.19% 和

140.00%分别降低到 3.99%和 45.00%，起到了良好的改善效果。

表 3-3 不同激光线约束数目下三维形貌的测量结果

分项		指定激光点位序号							统计结果	
		1#	2#	3#	4#	5#	6#	7#	平均偏差	最大偏差
参考高程差/mm		—	0.28	-0.20	-0.83	0.70	-0.75	-0.55	—	—
0条激光线约束	测试高程/mm	105.31	105.68	105.39	105.12	106.22	105.13	105.08	—	—
	高程差/mm		0.37	0.08	-0.19	0.91	-0.18	-0.23	—	—
	绝对偏差/mm	—	0.09	0.28	0.64	0.21	0.57	0.32	0.35	0.64
	相对偏差/%		32.14	-140.00	-77.11	30.00	-76.00	-58.18	-48.19	-140.00
	匹配算法运行时间/s	0.292 8								
2条激光线约束	测试高程/mm	105.35	105.77	105.38	105.14	106.3	105.14	104.74	—	—
	高程差/mm		0.42	0.03	-0.21	0.95	-0.21	-0.61	—	—
	绝对偏差/mm		0.14	0.23	0.62	0.25	0.54	-0.06	0.29	0.62
	相对偏差/%		50.00	-115.00	-74.70	35.71	-72.00	10.91	-27.51	-115.00
	匹配算法运行时间/s	3.433 7								
4条激光线约束	测试高程/mm	105.32	105.77	105.07	104.91	106.22	105.10	104.38	—	—
	高程差/mm		0.45	-0.25	-0.41	0.90	-0.22	-0.94	—	—
	绝对偏差/mm		0.17	-0.05	0.42	0.53	-0.39	0.15	0.42	
	相对偏差/%		60.71	25.00	-50.60	28.57	-70.67	70.91	10.65	70.91
	匹配算法运行时间/s	4.102 0								
6条激光线约束	测试高程/mm	105.60	105.92	105.31	104.91	106.27	104.82	105.15	—	—
	高程差/mm	—	0.32	-0.29	-0.69	0.67	-0.78	-0.45	—	—
	绝对偏差/mm		0.04	-0.09	0.14	-0.03	-0.03	0.10	0.02	0.14
	相对偏差/%	—	14.29	45.00	-16.87	-4.29	4.00	-18.18	3.99	45.00
	匹配算法运行时间/s	5.691 1								

应当注意到，并不是激光线约束数目越多越好。首先，激光线数目的增加会给激光线发射器的安装空间带来限制；其次，激光线过于密集时，会给激光线的正确识别和精准匹配带来困难；此外，匹配算法的运行时间也随激光线数目的增加表现出延长的趋势，对于 16 GB 内存 Intel i7-8750H CPU 硬件配置的笔记本电脑，6 条激光线约束下匹配算法的运行时间为 5.691 1 s，相对于传统算法增加了 5.398 3 s。综合效率和精度两个方面，使用 6 条激光线约束对传统双目重构技术加以改进，可以满足沥青路面三维形貌测量的需要，其精度可以满足小于 0.5 mm 局部形貌构造的测量。

5. 改进算法抗光干扰的能力分析

调节补强光源控制器，在照度测量仪的动态监控下，完成 5 lx、50 lx、240 lx、350 lx

和 3 000 lx 5 种光照条件的设置，分别代表室内昏暗、室内自然、自然光照 1、自然光照 2 和强光照射 5 种光照环境[65]。在每种光照条件下，分别采用 6 条激光线约束模式下基于区域分割改进匹配的双目重构算法测试沥青混合料试件表面的三维形貌。由于 3 000 lx 强光照射完全抑制了红色激光线的标记作用，无法完成激光线的目标识别和提取，从而造成该组数据缺失。其他光照条件下三维形貌的测量结果见表 3-4。

表 3-4　不同光照条件下三维形貌的测量结果

分项		指定激光点位序号						
		1#	2#	3#	4#	5#	6#	7#
参考高程差/mm		—	0.28	-0.20	-0.83	0.70	-0.75	-0.55
5 lx	测试高程/mm	105.61	105.91	105.61	105.28	105.57	105.09	105.19
	高程差/mm	—	0.3	0	-0.33	-0.04	-0.52	-0.42
	绝对偏差/mm	平均值 0.06		相对偏差/%	平均值 -52.19			
		最大值 -0.74			最大值 -105.71			
50 lx	测试高程/mm	105.61	105.90	105.32	104.88	106.30	104.84	105.14
	高程差/mm	—	0.29	-0.29	-0.73	0.69	-0.77	-0.47
	绝对偏差/mm	平均值 0.01		相对偏差/%	平均值 3.87			
		最大值 0.10			最大值 45.00			
240 lx	测试高程/mm	105.58	105.89	105.29	104.92	106.26	104.78	105.13
	高程差/mm	—	0.31	-0.29	-0.66	0.68	-0.80	-0.45
	绝对偏差/mm	平均值 0.02		相对偏差/%	平均值 3.48			
		最大值 0.17			最大值 45.00			
350 lx	测试高程/mm	105.60	105.92	105.31	104.91	106.27	104.82	105.15
	高程差/mm	—	0.32	-0.29	-0.69	0.67	-0.78	-0.45
	绝对偏差/mm	平均值 0.02		相对偏差/%	平均值 3.99			
		最大值 0.14			最大值 45.00			

表 3-4 结果表明，除了 3 000 lx 光照条件下改进算法失效外，5 lx 室内昏暗条件下的测量效果也不理想，其绝对偏差最大值达到 0.74 mm，相对偏差最大值更是高达 105.71%。而其他光照条件下，改进算法的测量结果基本保持一致，绝对偏差平均值相差仅有 0.01 mm，相对偏差平均值的差异也只有 0.51%。说明排除极端光照条件，改进双目重构算法能够在 50～350 lx 较大的光照范围内保持良好的稳定性，证明激光线约束改进双目重构算法具有良好的抗光干扰能力。

3.3.3　单条移动激光线全局扫描约束改进算法的测量效果分析

1. 不同激光线扫描速度对测量精度的影响

在沥青路面现场任意取一个 $\phi 10 \text{ cm} \times 3 \text{ cm}$ 的芯样，以此为待测目标，用以检验改进算法对路面三维形貌的测量效果。通过人工控制，使可移动滑块尽可能匀速滑移，完成对整个待测试件的全局扫描。当激光扫描线刚抵达试件时开始计时，直到激光扫描线完全通过待测试件完成扫描操作时止，记录整个过程所消耗的时间。使用试件直径除以扫描时间，可以预估出移动激光线大致的扫描速度。以子区域分割质心强化匹配模式下改进算法为例，本研究最终采集了 4.4 mm/s、3.2 mm/s、2.5 mm/s 和 2.0 mm/s 4 种激光线扫描速度下的视频图像，对比分析不同激光线扫描速度对三维形貌重构精度的影响，具体结果见表 3-5。

表 3-5　不同激光线扫描速度对测量精度影响的结果

激光线扫描速度/（mm/s）	指标		指定激光点位序号						
			$1^{\#}$	$2^{\#}$	$3^{\#}$	$4^{\#}$	$5^{\#}$	$6^{\#}$	$7^{\#}$
	基准视差/像素		457.29	460.32	459.22	455.88	457.02	456.62	456.34
	基准高程差/mm		—	-0.75	-0.48	0.35	0.07	0.17	0.24
4.4	视差/像素	测试值	457.06	459.00	458.75	456.88	457.25	456.69	456.00
		偏差	-0.23	-1.32	-0.47	1.00	0.23	0.07	-0.34
		偏差最大值	-1.32						
	高程差/mm	测试值	—	-0.48	-0.42	0.05	-0.05	0.09	0.26
		偏差	—	0.27	0.06	-0.30	-0.12	-0.08	0.02
		偏差最大值	-0.30		耗时/s		47.30		
3.2	视差/像素	测试值	457.00	459.06	458.81	456.06	457.00	456.94	456.00
		偏差	-0.29	-1.26	-0.40	0.18	-0.02	0.32	-0.34
		偏差最大值	-1.26						
	高程差/mm	测试值	—	-0.51	-0.45	0.23	0.00	0.02	0.25
		偏差	—	0.24	0.03	-0.12	-0.07	-0.15	0.01
		偏差最大值	0.24		耗时/s		71.86		
2.5	视差/像素	测试值	457.06	460.00	458.31	456.06	456.78	456.06	456.06
		偏差	-0.23	-0.32	-0.91	0.18	-0.24	-0.56	-0.28
		偏差最大值	-0.91						
	高程差/mm	测试值	—	-0.72	-0.31	0.25	0.07	0.25	0.25
		偏差	—	0.03	0.17	-0.10	0.00	0.08	0.01
		偏差最大值	0.17		耗时/s		105.46		
2.0	视差/像素	测试值	457.25	459.88	459.00	456.25	457.00	456.94	456.19
		偏差	-0.04	-0.44	-0.22	0.37	-0.02	0.32	-0.15
		偏差最大值	-0.44						
	高程差/mm	测试值	—	-0.65	-0.43	0.25	0.06	0.17	0.26
		偏差	—	0.10	0.05	-0.10	-0.01	0.00	0.02
		偏差最大值	0.10		耗时/s		130.73		

表 3-5 中，随着激光线扫描速度的降低，无论是视差最大偏差还是高程差最大偏差均有所改善，而对应的程序运行时间则出现显著的增加。当激光线扫描速度从 4.4 mm/s 降低到 2.0 mm/s 时，程序运行时间增加了 7.76 倍。可以理解当激光线扫描速度越慢，激光线在待测试件表面形成的有效约束就越多，就可以形成更好的强制匹配，而需要付出的

代价则是读取图像的帧数变大，程序运行时间增加。特别是当激光线扫描速度下降至 2.5 mm/s 以下时，其视差的最大偏差开始小于 1.0 个像素，高程差最大偏差也仅为 0.17 mm，已达到路面微观形貌 0.5 mm 精度要求。综合考虑测试精度和程序运行时间，本研究选择 2.5 mm/s 的激光线扫描速度作为最终的操作参数。若希望进一步缩短试验时间，提高程序的运行效率，则可以考虑使用抓拍帧率更大的高速摄像机，或提高控制装置中处理器的配置设置。

2. 不同改进匹配算法的测量过程分析

依照改进双目重构测试系统的操作流程，打开激光线发射器，以 2.5 mm/s 的移动速度完成对待测目标的全局扫描，并使用双目摄像头同步拍摄激光线扫描约束下的视频图像。配合计算机编程，逐帧读取视频图像并校正，对单帧图像中激光线目标进行识别和提取，见图 3-19。进而完成整个视频图像所有激光线目标的提取，形成激光线全局稠密约束，见图 3-20。最终，基于视差替换、叠加合成、子区域分割和子区域分割质心强化 4 种不同的立体匹配模式，使用改进双目重构算法完成对待测试件表面三维形貌的测量。不同算法的测量结果见图 3-21。

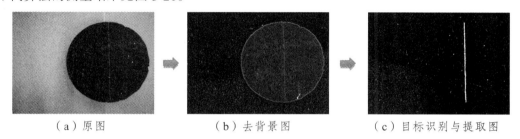

（a）原图　　　　　　　（b）去背景图　　　　　（c）目标识别与提取图

图 3-19　左视图单帧图像激光线目标识别与提取过程

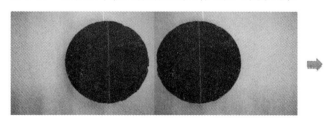

（a）单帧图像约束效果图

（b）全局扫描整体约束效果图

图 3-20　移动激光线全局扫描约束过程

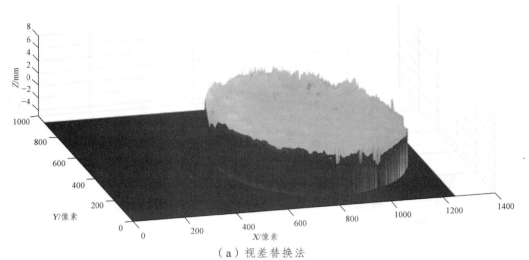

（a）视差替换法

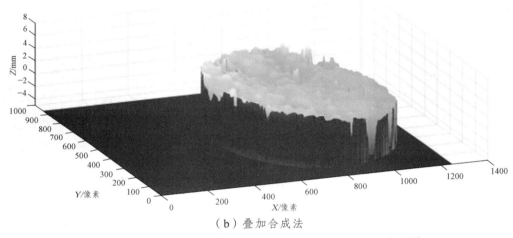

（b）叠加合成法

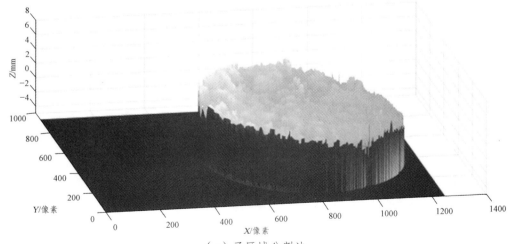

（c）子区域分割法

（d）子区域分割质心强化法

图 3-21　不同约束模式下改进算法测量效果图

　　图 3-19 给出了单帧图像激光线目标识别与提取的过程，每帧图像中最多只有 1 条激光线约束，避免了多条固定激光线之间的干扰，大大降低了激光线目标识别和提取的难度。图 3-20 通过拍摄单条激光线全局扫描约束下的视频图像，开展每帧图像约束线目标的累计叠加，既能克服多条固定激光发射器安装困难的难题，又可以形成良好的全局稠密的激光线约束。图 3-21 展示了不同约束模式下改进算法的测量效果图，其中视差替换法表面不平滑，细小构造峰多且漫布整个表面，说明视差替换法的匹配效果不理想，含有大量的噪声成分。相比之下，叠加合成法、子区域分割法和子区域分割质心强化法则有明显改善，整体视觉效果良好，但在局部特别是在靠近边界区域，仍有少量构造峰凸出。为了进一步定量分析不同改进算法的测试效果，下文将利用改进双目重构测试系统测量精度自主评价的功能，开展三维形貌测量精度的定量评价。

　　3. 三维形貌测量精度评价装置的检测结果

　　按照三维形貌测量精度评价装置的操作流程，在待测试件表面随机指定 7 个激光点位。通过 MATLAB 软件编程，完成激光点位识别与提取、基准视差求解、位置坐标求解等操作。激光点位的提取过程见图 3-22。此外，使用游标卡尺测定指定激光点位的高程数据，以 1# 激光点位为基准，计算不同激光点位间的高程差，作为基准高程差，计算结果见表 3-6。

　　由表 3-6 不难看出，针对同一指定的激光点位，左右视图的 X 像素坐标几乎相同，最大偏差仅有 1 个像素，其 1 个像素偏差的实质来自四舍五入的数据处理规则。结果表明，本研究所采用的图像校正算法是有效的，图像经校正后表现出良好的行对齐。由于图像具有行对齐的特性，在计算理论视差时，只需考虑像素点在列坐标位置的变化。表 3-6 中理论视差是依据激光点质心坐标位置进行的亚像素求解，结果保留两位小数。

（a）左视图激光点位提取过程图（原始图像、去背景图、提取结果图）

（b）右视图激光点位提取过程图（原始图像、去背景图、提取结果图）

图 3-22　指定的激光点位提取过程

表 3-6　测量精度评价装置的测试结果

序号	左图坐标/像素		右图坐标/像素		理论视差/像素	游标卡尺实测高程/mm	理论高程差/mm
	X	Y	X	Y			
1#	309	787	309	329	457.29	91.18	—
2#	476	663	475	203	460.32	90.43	-0.75
3#	302	665	302	206	459.22	90.70	-0.48
4#	582	751	582	295	455.88	91.53	0.35
5#	453	826	454	369	457.02	91.25	0.07
6#	342	903	342	447	456.62	91.35	0.17
7#	465	927	465	471	456.34	91.42	0.24

4. 不同匹配模式下改进算法测量结果的对比分析

基于理论视差和理论高程差，分别使用传统双目重构算法和 4 种改进双目重构算法求解待测试件表面的视差矩阵和三维形貌信息。按照改进双目重构测量系统测量精度自主评价的步骤，根据表 3-6 中指定待测点位的像素坐标，求解各算法在指定点位的实测视差和实测高程，计算视差和高程差理论值与实测值之间的平均偏差和最大偏差，进而完成不同算法间测量精度的对比分析，其结果见表 3-7。

表 3-7　不同匹配模式下改进算法测量结果的对比分析

算法	指标	指定激光点位序号						
		1#	2#	3#	4#	5#	6#	7#
	理论视差/像素	457.29	460.32	459.22	455.88	457.02	456.62	456.34
	理论高程差/mm	—	-0.75	-0.48	0.35	0.07	0.17	0.24

算法		指标		指定激光点位序号						
				1#	2#	3#	4#	5#	6#	7#
传统双目重构算法		视差/像素	实测值	457.69	457.50	458.00	456.44	457.63	456.81	455.81
			绝对偏差	0.40	−2.82	−1.22	0.56	0.61	0.19	−0.53
			平均值	−0.40		最大值		−2.82		
		高程差/mm	实测值	—	0.04	−0.08	0.31	0.01	0.20	0.46
			绝对偏差	—	0.79	0.40	−0.04	−0.06	0.03	0.22
			平均值	0.22		最大值		0.79		
		高程差相对偏差/%		—	−105.33	−83.33	−11.43	−85.71	17.65	91.67
		平均值		−29.42		最大值		−105.33		
改进双目重构算法	视差替换法	视差/像素	实测值	457.69	457.94	458.13	456.56	457.50	456.00	456.00
			绝对偏差	0.40	−2.38	−1.09	0.68	0.48	−0.62	−0.34
			平均值	−0.41		最大值		−2.38		
		高程差/mm	实测值	—	−0.06	−0.108	0.28	0.047	0.17	0.42
			绝对偏差	—	0.69	0.37	−0.07	−0.02	0.00	0.18
			平均值	0.19		最大值		0.69		
		高程差相对偏差/%		—	−92.00	−77.50	−20.00	−32.86	0.00	75.00
		平均值		−24.56		最大值		−92.00		
	叠加合成法	视差/像素	实测值	457.63	459.00	459.00	456.13	457.13	456.75	456.13
			绝对偏差	0.34	−1.32	−0.22	0.25	0.11	0.13	−0.21
			平均值	−0.13		最大值		−1.32		
		高程差/mm	实测值	—	−0.34	−0.34	0.37	0.12	0.2	0.37
			绝对偏差	—	0.41	0.14	0.02	0.05	0.03	0.13
			平均值	−0.13		最大值		0.41		
		高程差相对偏差/%		—	−54.67	−29.17	5.71	71.43	17.65	54.17
		平均值		10.85		最大值		71.43		
	子区域分割法	视差/像素	实测值	457.06	458.88	458.44	456.06	456.50	456.13	456.00
			绝对偏差	−0.23	−1.44	−0.78	0.18	−0.52	−0.49	−0.34
			平均值	−0.52		最大值		−1.44		
		高程差/mm	实测值	—	−0.45	−0.34	0.25	0.14	0.25	0.26
			绝对偏差	—	0.30	0.14	−0.10	0.07	0.08	0.02
			平均值	0.09		最大值		0.30		
		高程差相对偏差/%		—	−40.00	−29.17	−28.57	100.00	47.06	8.33
		平均值		9.61		最大值		100.00		
	子区域分割质心强化法	视差/像素	实测值	457.06	460.00	458.31	456.06	456.78	456.06	456.06
			绝对偏差	−0.22	−0.32	−0.91	0.18	−0.24	−0.56	−0.28
			平均值	−0.34		最大值		−0.91		

算法		指标		指定激光点位序号						
				1#	2#	3#	4#	5#	6#	7#
改进双目重构算法	子区域分割质心强化法	高程差/mm	实测值	—	−0.72	−0.31	0.25	0.07	0.25	0.25
			绝对偏差	—	0.03	0.17	−0.10	0.00	0.08	0.01
			平均值		0.03		最大值		0.17	
		高程差相对偏差/%		—	−4.00	−35.42	−28.57	0.00	47.06	4.17
			平均值		−2.79		最大值		47.06	

表 3-7 结果表明，在没有激光线约束的传统双目重构算法中，其像素绝对偏差和高程差绝对偏差的平均值分别为 0.40 像素和 0.22 mm；而视差绝对偏差的最大值却为 2.82 像素，高程差相对偏差的最大值更是高达 105.33%。尽管传统双目重构算法表现出一定程度的整体效果，但这是统计平均的结果。其高程差绝对偏差的平均值依旧是所有算法中最大的，特别是其局部单点测量误差过大，难以满足路面三维形貌的测量要求。在引入移动的激光线扫描约束后，不同约束模式下的改进算法均取得一定的改善效果，所有算法视差偏差的平均值均在 1 个像素以内，表面具有良好的整体测量效果。4 种改进算法中，改善效果最差的是视差替换法，其次为叠加合成法和子区域分割法，测量效果最好的是子区域分割质心强化改进算法。其中：视差替换法的视差绝对偏差的最大值为 2.38 像素，高程差绝对偏差的最大值大于 0.5 mm 为 0.69 mm，同样存在局部单点测量误差偏大的问题；叠加合成法和子区域分割法的高程差的最大偏差分别为 0.41 mm 和 0.30 mm，高程差相对偏差的最大值分别为 71.43% 和 100%，两者局部单点的测量精度要优于视差替换法，但依然有限，其原因可能在于这两种算法的局部精准有效匹配的能力仍然有限，特别是在子区域分割法中边界位置的匹配；至于子区域分割质心强化法，其视差绝对偏差的平均值和最大值均小于 1 个像素，高程差绝对偏差的平均值和最大值分别为 0.03 mm 和 0.17 mm，特别是其高程差相对偏差平均值只有 2.79%。综上所述，无论是整体测量精度还是单点测量精度，子区域分割质心强化改进算法均能表现出良好的测量效果。

3.4 本章小结

本章主要结论如下：

（1）本章对传统双目重构算法的理论过程进行了详细的阐述，并指出影响双目重构算法测量效果最大的阻碍在于左右图像同名像素点对的精准匹配。

（2）为了强化匹配约束和提高匹配精度，本研究分别采用多条固定激光线分区域和单条移动激光线全局扫描两种约束模式，建立了不同约束模式下的改进匹配算法。

（3）为了实现激光约束线的投射、图像或视频图像的拍摄，改进了双目重构测试系统并完成了三维形貌测量精度评价装置的加工，配合 MATLAB 软件编程，完成了相机标定、立体图像校正、背景分离、激光线目标的识别与分离、激光线目标的强化、子区域分割、目标线质心强化、不同约束机制下的立体匹配、三维重构等操作，最终实现了沥青路面三维形貌的测量，完成了点对点局部测量精度的真实评价。

（4）针对多条固定激光线分区域约束，提出默认颜色、强化目标线和区域分割匹配三种改进匹配算法。相比之下，默认颜色和强化目标线两种匹配算法的三维重构结果含有一定量的噪声成分，特别在靠近边界区域，其噪声较为突出；而区域分割匹配算法则取得了较好的重构效果，噪声成分大为减少。

（5）尽管统计平均处理方式能一定程度上提高测试精度，但传统双目重构算法在整体测试和单点测试上均表现出较差的测试精度；而多条固定激光线的引入则在一定程度上提高了整体测试和单点测试的精度，特别是 6 条激光线约束模式下区域分割改进匹配算法被证明是有效的。改进算法的测量精度随着激光线约束数目的增加而提高，但过多的激光线约束反而会给设施安装带来困难，造成算法运行时间延长，影响激光线目标的识别和匹配。三种匹配模式中，区域分割匹配算法的测量效果最优，强化目标线匹配算法次之，默认颜色匹配算法最差。特别是区域分割匹配算法取得了良好的测试效果，其整体测量精度的平均偏差只有 0.02 mm，单点测量精度的最大偏差只有 0.14 mm，已经可以满足路面抗滑性能评价中对微观形貌测量的精度要求。

（6）针对单条移动激光线全局扫描约束，提出视差替换、叠加合成、子区域分割和子区域分割质心强化 4 种改进匹配算法。单条激光线扫描约束的引入，有助于提高改进算法的测量精度，随着激光线扫描速度的降低，所形成有效激光线约束数目会增加，从而改善测试精度。但随之而来的是图像帧数变多，程序运行效率变慢。综合考虑，本研究最终选择 2.5 mm/s 的激光线扫描速度作为目标参考值。4 种改进算法中，子区域分割质心强化法的测量效果最优，叠加合成法和子区域分割法次之，视差替换法的改善效果最差。特别是子区域分割质心强化法，其视差偏差的平均值和最大值均小于 1 个像素，高程差绝对偏差的平均值和最大值分别为 0.03 mm 和 0.17 mm，其高程差相对偏差平均值只有 2.79%，已具有很好的整体测量和局部单点测量的精度，可以满足路面抗滑性能评价中对三维形貌测量的精度要求。

（7）改进双目重构算法具有良好的抗光干扰能力，能够在 50～350 lx 的光照范围内保持算法的稳定性。

第 4 章

PART FOUR

基于抗滑性能评价的
路面形貌指标的表征

本章在路面形貌数字化测量方法改进的基础上，主要针对光度立体改进算法所拍摄的图像以及其所测试的路面三维形貌，分别建立可以表征路面粗糙特性的二维纹理信息和三维形貌的表征指标。通过聚类分析和相关性分析对指标数据进行处理，以从不同类别的指标中初步优选出相关性高且具有代表性的评价指标用于表征路面的粗糙特性。同时，本章还对比分析了三维形貌评价指标与传统二维形貌评价指标的异同，以进一步说明对路面三维形貌进行测试和分析的必要性。

4.1　图像二维纹理信息指标表征

图像纹理是图像处理的一个重要方面。被作为显著的图像视觉特征之一的纹理信息特征，不仅依赖于目标物体的颜色和亮度，还反映出物体表面结构的组织特性和排列组合情况。Tamura 等[66]在人眼对纹理信息感知度量的心理学研究的基础上给出了 6 个纹理特征的表达，这些特征包括：粗糙度（Coarseness）、不平整度（Roughness）、方向度（Directionality）、对比度（Contrast）、规则度（Regularity）和线性度（Line likeness）。这些纹理特征很好地对应了人类视觉感知，在目标识别、纹理合成、医学影像、图像检测以及自动检测等方面得到了广泛应用。纹理信息特征作为图像分析中很重要的一种特征，同颜色、亮度、边界等图像特征有着本质的不同，其自身具有局部序列性、很强的抗光照突变和抗外界干扰特性等良好属性[67]。正是由于图像的二维纹理信息中包含着目标物体表面结构的粗糙度和不平整度等特征；同时，同图像三维重构技术相比，二维图像易于获取，操作简单，纹理信息指标求解的限制条件要求低，对操作环境变化的抗干扰能力强；因此，本研究进一步考虑了基于图像二维纹理信息的粗糙特性评价指标，以分析评价二维纹理信息指标对路面抗滑性能的影响。

尽管对纹理信息的研究工作已经有了 40 多年的历史，由于人类始终不能理解大脑对图像的识别机制，再加上纹理种类的不同和数量的繁多，所以一个精确而广泛被人类所认同的纹理定义始终未形成，而是需要根据应用情况的不同作出不同的定义。纹理信息既可以反映目标物体的颜色模式，也可以反映物体表面的粗糙性能。纹理分析主要是用于描述图像的区域特性，以直观定量地描述诸如图像的粗糙度、地质、形态、方向、分布等参数。当纹理信息被用于粗糙特性分析时，纹理信息可以被定义为反映像素空间分布属性的图像特征，主要表现为局部不规则的特性。纹理信息是由很多相邻且相互交错的纹理基元所构成的，是图像亮度值或者像素灰度值在局部范围内以不同的形式变化而产生的一种模式。

4.1.1　图像二维纹理信息特征提取的分类方法

纹理信息本身是复杂多样的，为了全面、透彻、清楚地对纹理信息进行分析、评价，首先需要提取纹理信息特征。针对不同的纹理信息、不同的分析目的，提取纹理信息特征的方法多种多样。对纹理信息特征提取方法进行分类，有助于更好地选择特征提取方法，有针对性地展开纹理信息研究。1973 年，Haralick 等[68]在研究纹理信息提取方法时将其分为结构方法和统计方法两种。1998 年，Tuceryan 等[69]在 Haralick 的基础上进一步将纹理信息特征提取方法分为 5 类：模型方法、信号处理方法、结构方法、几何形态学方法和统计方法。下面对这 5 种分类进行逐一介绍。

基于纹理模型类的提取方法首先假设纹理形成于某种分布模型，采用某种优化参数的估计方法，对建模后的纹理图像进行参数估计。这种参数估计来自二维纹理图像，因此，建立适当的图像模型在模型类方法的纹理特征的提取中至关重要。

基于信号处理类纹理提取方法，通常也被称为滤波方法。它是通过频域变换，分析图像中的能量特性，从而提取纹理特征值，用于鉴别纹理的种类。该方法主要被用于纹理的分类。

结构分析类纹理特征提取方法以某种特定的空间组合或排列组合为出发点，精确定义纹理的基本构成单元。该方法认为图像纹理中的纹理基元是按照某种特定的规则排列组合而成的。它通常包括两个过程：首先提取图像纹理信息中的纹理基元；然后寻找纹理基元的排列规则。这种方法要求所研究的图像纹理必须是规则的，也就是说结构分析类纹理特征提取方法适合于规则纹理，即人工合成纹理。对于自然纹理，结构分析方法就难以取得满意的效果。

几何形态学类分析方法是建立在严格的数学集合论理论基础上的特征提取方法。它主要由膨胀、腐蚀、开启和闭合四个基本代数运算算子所组成。由这些基本代数运算算子可以组合和推导出各种形态学的实用算法操作，使用这些操作可以方便地分析和处理图像纹理的信息特征。几何形态学类方法使用一个被称为结构元素的探针在图像中不停地移动，以收集图像中的纹理信息，分析各个部分之间的相互联系，从而了解图像纹理的结构特征。几何形态学可以较好地提取目标物体的面积、长度、宽度、矩形度、分形维数等特征参数。根据先验知识，本研究选择了对抗滑性能影响较为显著的裸露粗集料区域化面积比和纹理分形维数作为评价路面粗糙特性的特征参数。

统计方法类则是一类传统的纹理特征提取方法，也是在纹理信息研究中应用最早也最多的一类方法，其理论简单、易于实现。该方法从灰度空间分布和纹理基元形状特性的角度，应用统计学的方法研究和描述纹理图像中的统计特性。通过统计图像纹理信息的边界频域、空间频域以及空间灰度依赖关系等来分析和描述纹理特征。通常空间频率与纹理的粗糙程度密切相关，较高的空间频率意味着纹理比较细小，其包含的纹理基元相对较小；较低的空间频率则对应于粗糙的纹理，其纹理基元也较大，具有低频特性。此外，统计分析纹理提取方法还可以从空间灰度依赖关系的角度来描述和评价图像纹理信息特征。同结构类分析方法相比，统计类分析方法只是从整体上利用统计特征集来获取纹理特征描述纹理信息，并不是要求全面精确地获得纹理结构。

常用的统计类方法主要有[70]：自相关函数法、一阶统计方法和二阶统计方法等。其中，自相关函数法是以图像纹理的自相关系数作为评价指标以反映纹理的粗细程度，但是，这种方法很容易出现偏差，难以区分粗细程度完全不同但是相关系数较接近的两种纹理。同时，自相关函数法直接对灰度数据进行操作，对灰度级非常敏感。对于低灰度级纹理特征在周期性描述中所起的作用不容易被呈现；而对于高灰度级的作用又太明显，使得相关函数法在周期性纹理特性分析的应用中受到限制。一阶统计方法由于其统计参数较少，并不能很好地反映图像的纹理信息特征。图像灰度直方图是常用的一阶统计方法，该方法简单总结了图像纹理的统计信息，利用均值、方差、能量等指标来描述纹理特征，如分布范围较大的直方图表示图像的对比度较大。但是，这种一阶统计量往往难以反映图像纹理的空间分布情况，不能表达空间纹理的粗糙特性。二阶统计方法的统计量通常与目标物体的光滑度、粗糙度密切相关，相对于描述能力较差的一阶统计量，相同的二阶统计量的纹理却难以被人眼区别，能够较好地反映图像纹理的空间分布情况，其包含的信息量大，可以较好地对纹理信息特征进行描述。其中，灰度共生矩阵（Grey Level Co-occurrence Matrix）是最常用的二阶统计方法之一，它主要反映图像中不同灰度值在特定位置上出现的频率。

综上所述，在众多纹理信息特征提取分类方法中，模型方法、信号处理方法、结构方法并不适合本研究对表面粗糙特性的研究。本研究结合几何形态学类分析方法和统计类纹理分析方法，定义并测试基于图像的纹理信息特征参数，以表征路面粗糙特性。本研究选取的纹理信息特征参数主要包括基于几何形态学类分析方法的裸露粗集料区域化面积比和纹理分形维数，以及基于统计类纹理分析方法中灰度共生矩阵的统计特征量。

4.1.2 图像二维纹理信息粗糙特性的评价指标分析

通过上节对纹理特征提取的分类方法的阐述，本研究选择常用的统计类和几何形态学两类纹理分析方法，以裸露粗集料区域化面积比、分形维数、基于灰度共生矩阵统计特征量中的角二阶矩、逆差矩和熵等为评价指标来反映路面的粗糙特性，并以此为基础，分析基于二维图像的纹理信息特性同路面抗滑性能间的关系。

1. 基于可视化粗集料面积特性的纹理信息评价指标分析

根据摩擦学理论，附着分量和滞阻分量是轮胎与路面之间的摩擦力的主要组成部分。路面与轮胎之间的分子间作用力和黏着力是附着分量的主要来源，直接影响着路面的抗滑能力。沥青的存在是黏着力的主要影响因素，沥青砂浆相对面积越大，黏着力的合力就越大。粗集料面积分布情况不仅在一定程度上可以表现出路面宏观形貌和微观形貌的构造情况，还可以反映出路面沥青砂浆相对面积的大小。不难判断沥青区域的分布情况对路面摩擦力的形成有着较大的影响，由于细集料比表面积大，具有较大的表面活性，是富含沥青的主要载体，因此，本研究提出裸露粗集料区域化面积比的概念以区分混合料中的沥青包含区域和集料区域。裸露粗集料区域化面积比主要是排除沥青包含区域，其中沥青包含区域主要包括沥青本身和细集料区域两部分。本研究将路面裸露粗集料区域化面积比作为二维纹理信息指标之一分析路面的抗滑性能。下面将介绍如何获取路面裸露粗集料区域化面积比这一纹理信息指标。

裸露粗集料区域化面积比指标的提取流程见图 4-1。步骤如下：

① 在室内灯光照射条件下，获取路面图像。

② 对获取的图像进行预处理，先使用中值滤波器对原图像去噪，然后使用基于拉普拉斯变换的图像增强方法对图像进行锐化增强处理，以获得清晰化程度较高的细节和轮廓图。

③ 灰度化处理，本研究灰度化处理的基本思想是加权平均法，根据公式（4-1）对 R、G、B 三色分量进行加权平均得到较合理的灰度图像。

④ 灰度图像边界提取，根据图像中像素值变化的剧烈程度，利用 8 领域方法跟踪边界点，对边界图像作二值化处理，将边界点以外的点像素置 0。

⑤ 膨胀操作，使边界点闭合。

⑥ 填充处理，将边界线围成的闭合区域做填充处理，形成填充图像。

⑦ 腐蚀操作，将面积较小的区域消除，以消除图像的噪声、虚假信息和细集料区域。

⑧ 再次膨胀操作，使处理后的图像区域边界变得平滑、闭合。

⑨ 统计图像中闭合区域的面积 A_1。

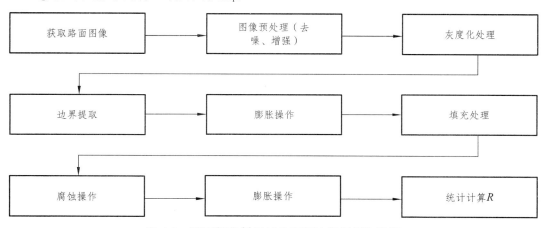

图 4-1　裸露粗集料区域化面积比指标提取流程

裸露粗集料区域化面积比的计算见公式（4-2）。

$$f(i,j) = 0.30R(i,j) + 0.59G(i,j) + 0.11B(i,j) \qquad (4\text{-}1)$$

式中：$f(i,j)$ 为图像（i,j）位置的灰度值；$R(i,j)$、$G(i,j)$、$B(i,j)$ 分别为图像（i,j）位置处的 R、G、B 三颜色分量。

$$R = \frac{A_1}{A_0} \qquad (4\text{-}2)$$

其中：R 为裸露粗集料区域化面积比；A_1 为图像中粗集料闭合区域的面积（像素）；A_0 为图像窗口的面积（像素）。

2. 基于分形维数的纹理信息评价指标分析

存在于自然界的物体，从整体来看是处处不规则的，而从不同尺度上来看却又是相似的，这种自相似性与标度不变性被称为分形特性。三维物体所映射的二维纹理图像同样也具有分形的特性，属于非线性的分形几何学，可以很好地解决长期以来欧氏几何学难以克服的难题。使用分形几何学理论分析纹理特征具有以下几方面的优点：

① 分形维数可以用来度量图像表面不规则的程度，它与人类视觉对图像表面粗糙程度的感知是一致的，通常分形维数同物体表面粗糙特性呈现正相关的变化规律。

② 分形维数反映了物体局部与整体之间的相似性，用分形维数来表达纹理信息特征，可以对纹理信息起到聚类的作用，用于纹理的分类。

③ 分形维数具有一定程度的尺度不变形、旋转不变性以及抗干扰性。

分形维数是分形几何中主要的度量工具，用于表征图像纹理信息特征，反映的是物理图像表面在不同尺度下的复杂情况。而关于分形维数的计算，其方法并不是唯一的。目前分形维数的计算方法主要有盒子维、自相似维、豪斯道夫维、容量维、信息维以及多重分形维数等。其中，盒子维数计算简单，定义形象易于理解，在图像处理领域中得到了最为广泛的应用。

盒子维数具体的计算方法如下：对于一幅图像而言，x、y 轴为像素坐标，z 轴为图像的灰度值。对于任意给定的一个尺度 L，将灰度曲面分解成为若干个大小为 L 的立法体盒子，令 N_L 为包含图像像素点的盒子总数，则 N_L 满足公式（4-3）。改变给定的盒子尺度 L 时，N_L 也随之改变，则分形维数 D 满足公式（4-4）。

$$N_L \propto L^{-D} \tag{4-3}$$

$$D = \lim_{n \to \infty} \frac{\lg N_L}{\lg 2^n} \tag{4-4}$$

其中：$L = 1/2^n$。

在计算盒子分形维数时，选择多种不同的度量尺度 L，就会产生多个相对应的 N_L 值。在二维坐标系统下，以 $1/\lg L$ 为横坐标，以 $\lg N_L$ 为纵坐标，即得到二维坐标系下 $\lg N_L$-$1/\lg L$ 的离散点，将离散点拟合成一条直线，利用最小二乘法求解该直线的斜率，即为分形维数 D。

3. 基于灰度共生矩阵的纹理信息评价指标分析

灰度共生矩阵方法是一种二阶统计类纹理分析方法。该方法描述了像素点相互之间存在的空间关系，通过统计满足特定灰度值以及特定位移关系间像素点对出现的频率来构造矩阵。该方法能够反映图像纹理信息变化幅度、相邻间隔和灰度方向，是分析图像中纹理局部模式和其排列规则的基础。因此，该方法在纹理信息分析中得到了广泛的应用。

灰度共生矩阵的含义如下：对于矩阵中第 i 行第 j 列的元素 $P(i, j, d, \theta)$，是指以灰度级 i 为起点，在给定的特定的方向参数下，出现灰度级 j 的概率。这里的方向参数由

d 和 θ 共同构成，d 为像素间隔，θ 为方向转偏角。由灰度共生矩阵的定义不难发现，该矩阵为 $L \times L$ 阶的对称矩阵，其中 L 为图像的灰度级数。为了计算方便，同时也为了获得详细的纹理局部细节信息，本研究中 d 取值为 1，θ 取值为 0°、45°、90°、135°。灰度共生矩阵的定义式如下[71]：

$$P(i, j, d, \theta) = \left\{ [(x, y), (x + \Delta x, y + \Delta y)] \middle| f(x, y) = i; f(x + \Delta x, y + \Delta y) = j \right\} \qquad (4\text{-}5)$$

式中：(x, y) 为图像像素点的坐标，x=1, 2, …, M，y=1, 2, …, N。

不同的纹理信息所对应的灰度共生矩阵也不同。通常而言：粗糙的纹理的相似区域较大，其灰度共生矩阵中较大的数值元素分布较均匀；细小纹理细节丰富，较大的元素则主要集中在对角线附近。灰度共生矩阵本身并不能很好地用于描述图像的纹理特征，需要从中提取特定的统计特征量用于表述不同纹理之间的差异性。Haralick[68]最早给出了 14 个灰度共生矩阵的二阶统计特征量，每一个特征量都表示一种物理意义。通过对这些统计特征量的对比，图像之间不同的纹理特征之间的差别能够被很好地表现出来。本研究主要希望通过灰度共生矩阵来表述纹理的粗糙特性，并不需要所有的统计特征量，因此，本研究只挑选出与粗糙特性相关的角二阶矩、逆差矩和熵三个统计特征量作为分析指标。

角二阶矩（ASM）的定义见式（4-6）：

$$f_1 = ASM = \sum_{i=1}^{L} \sum_{j=1}^{L} P(i, j) \qquad (4\text{-}6)$$

角二阶矩又被称为能量指标。它表示了图像纹理粗细程度和图像灰度的均匀程度，其值为灰度共生矩阵各元素之和，其值越小则纹理越细，图像灰度值分布越不均匀；反之亦成立。

逆差矩（IDM）也称为局部平稳性，定义如下：

$$f_2 = IDM = \sum_{i=1}^{L} \sum_{j=1}^{L} \frac{P(i, j)}{(i - j)^2 + 1} \qquad (4\text{-}7)$$

逆差矩同纹理的规则程度相关，其值越大，表明图像越易于描述清楚，其规律性就越强；反之，则意味着纹理较为繁杂，难以理清。

熵（Entropy，ENT）表示纹理的复杂程度，同时也暗含了图像的纹理信息量，可以用来反映图像内容的随机性强弱。其值越大，就意味着图像纹理的复杂程度就越高。熵的计算公式定义如下：

$$f_3 = ENT = -\sum_{i=1}^{L} \sum_{j=1}^{L} P(i, j) \lg P(i, j) \qquad (4\text{-}8)$$

本研究选用角二阶矩、逆差矩和熵三个统计特征参量对不同的图像纹理信息特征进行分析，具体流程如下：

① 将获取的图像作灰度级正规化处理，将原图像 256 灰度级正规化为 16 级灰度级，以减少矩阵求解的计算量。

② 计算图像的灰度共生矩阵，并提取角二阶矩、逆差矩和熵三个统计特征参数。

③ 计算 4 个偏转角方向上各个统计特征参数。

④ 为了减少不同方向对纹理信息特征的影响，计算不同方向上各统计特征参数的均值和方差，用于描述图像纹理信息特性。

4.2 路面三维形貌信息的指标表征

为了充分完整地表达物体表面的粗糙特性，国内外学者提出了许多指标参数。按照这些指标的物理意义和数学基础，这些特性指标可以被分为高度相关指标、波长相关指标、形状相关指标以及综合评价指标四类[72]。但是，在路面抗滑性能的分析过程中，目前被实际应用的形貌粗糙特性指标仅仅是一些简化的与高度相关的统计类指标，如人工铺砂试验的构造深度，环形形貌测试方法（CTMeter）的平均断面深度和轮廓均方根偏差等。这些简化指标并不能很好地反映表面整体形貌的方向特性和分布特性，从而使得路面丰富的形貌信息得不到有效的表达。为了更加完整有效地描述路面三维形貌的粗糙特性，本研究将从高度相关评价、波长相关评价、形状相关评价三个方面，分别归纳提出适合用于评价沥青路面形貌粗糙特性的表征指标，并逐一对这些表征指标的物理意义和计算方法进行详细的介绍。

4.2.1 高度方向相关的表征指标

高度方向相关的表征指标是与路面形貌的高度方向相关的评定参数，用于评价形貌的高度特性。它直接影响着轮胎弹性变形滞后能量损失、路面积水的排泄能力等，从而影响着路面的抗滑性能。在本研究中，轮廓算术平均偏差 R_a、轮廓均方根偏差 R_q、平均构造深度 MTD 和平均断面深度 MPD 4 个指标作为高度相关表征指标被选择用来分析路面形貌的高度特性，其具体的定义如下：

1. 轮廓算术平均偏差 R_a

轮廓算术平均偏差 R_a 被定义为取样范围内轮廓偏距绝对值的算术平均值，是最早被提出用于评价表面形貌粗糙特性的指标之一。它在统计平均的概念上将表面形貌的幅度分布取平均值，其统计意义是一阶原点绝对矩，在某种程度上反映了形貌轮廓幅度相对于基准线的离散程度。该指标由于易于理解且计算简单，被广泛地用于评价表面形貌的粗糙特性。其具体的计算表达式见公式（4-9）。

$$R_a = \frac{1}{m \times n} \int_0^n \int_0^m |z(x, y)| \mathrm{d}x\mathrm{d}y \qquad (4\text{-}9)$$

式中：$z(x_i, y_j)$为基于基准线的形貌高程信息；M、N分别为宽度和长度方向上的采样点数。

2. 轮廓均方根偏差 R_q

轮廓均方根偏差 R_q 被定义成取样范围内表面形貌轮廓偏距的均方根值，即公式（4-10）。参数 R_a 同样也是表示轮廓偏离基准线的程度，是数理统计中常用的一个特征参数，R_q 相当于数理统计中标准差的概念，反映了随机表面形貌轮廓幅值分布的标准差。轮廓均方根偏差 R_q 同轮廓算术平均偏差 R_a 属于同一类型，所不同的是轮廓均方根偏差 R_q 对轮廓幅值具有加权的效果，轮廓幅值越大对结果影响所占的权重就越大。有研究表明轮廓均方根偏差 R_q 与沥青路面抗滑性能间有着较好的相关性，可以用来表述沥青路面形貌的粗糙特性[73]。

$$R_q = \sqrt{\frac{1}{M \times N} \sum_{i=1}^{N} \sum_{j=1}^{M} [z(x_i, y_i)]^2} \qquad (4\text{-}10)$$

3. 平均构造深度 MTD

平均构造深度（mean texture depth，MTD）是指在取样范围内，轮廓各点到轮廓峰顶线距离总和的算术平均值，其具体的计算见公式（4-11）。其中，轮廓峰顶线（line of profile peaks）是指平行于基准线并通过轮廓最高点的线。同时，该指标也可以用体积参数进行表述。以铺砂法为例，将一定量体积 V 的砂子放置在路面测量位置上，然后小心地将砂子均匀地展开成一个圆形，其面积为 S，则平均构造深度 MTP 用体积法可以表达成公式（4-12）。公式（4-11）和公式（4-12）两种方法的计算原理完全一样，轮廓峰顶线实际上就是铺砂法中的展开后砂子的上表面。峰顶线与轮廓线之间的空间由砂子填充，由于砂子粒径的影响，砂子不能进入微观构造形貌区域。所以，该方法测试结果所对应的尺度为宏观形貌尺度，其并不能反映路面微观形貌特性。

$$MTD = \frac{1}{M \times N} \sum_{i=1}^{N} \sum_{j=1}^{M} \left[z_p(x_i, y_j) - z(x_i, y_j) \right] \qquad (4\text{-}11)$$

$$MTD = \frac{V}{S} \qquad (4\text{-}12)$$

式中：$z_p(x, y)$表示与空间形貌峰顶线所对应的最大值。

4. 平均断面深度 MPD

平均断面深度（mean profile depth，MPD）是随着路面宏观形貌构造直接检测设备（如激光断面仪、CTMeter 等）的出现而产生的路面粗糙特性的评定参数。世界道路协会路表特性技术委员会 PIARC 对路面抗滑性能研究发现，同 MTD 一样，MPD 同样显著影响着路面的抗滑性能，两者都可以作为路面形貌粗糙特性的表征参数。在计算 MPD 时，应将测量范围内路面的形貌轮廓平均分成两段，MPD 为两段最高峰平均值（h_1+h_2）/2 与中线值 h 的差值，见图 4-2，其计算见公式（4-13）。

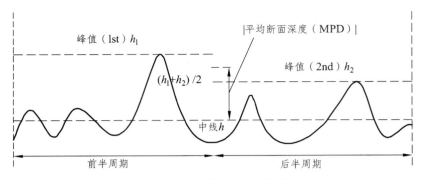

图 4-2　MPD 指标的计算示意

$$MPD = \frac{h_1 + h_2}{2} - h \qquad (4\text{-}13)$$

4.2.2　波长方向相关的表征指标

除高度方向外，路面形貌构造沿水平方向的间距、分布等特性同样是影响抗滑性能的关键。而传统的路面形貌特征参数主要是以高度相关的表征指标为主，很少涉及横向。Fwa 等[74]通过室内试验刻意将路表矿料设置成不同的间隙以构造成不同的波长特性，结果表明路表集料沿水平方向的波长特性对其摩阻力影响显著。遗憾的是，作者在该文献中仅仅通过试验设置了不同的矿料间隙，给出了波长特性会影响路面抗滑性能这样的定性描述，并没有针对不同形貌给出波长相关指标的计算方法。为了定量描述路面形貌在波长方向上的粗糙特性，本研究将在下文逐一介绍路面三维形貌在水平方向上与波长相关的表征指标。

1. 轮廓微观不平度的平均间距 S_m

对于二维形貌轮廓，轮廓微观不平度的平均间距 S_m 是指取样长度内轮廓与中线相交点的各个微观不平度间距（含一个轮廓峰和相邻轮廓谷的一段中线长度）的平均值，见公式（4-14），如图 4-3。对于三维空间，本研究将相应的长度平均值替换成面积平均值，以反映三维形貌的波长特性。S_m 提供了形貌轮廓表面的横向信息，反映了轮廓对中心线的交叉密度，对评价形貌轮廓的稳定性具有重要意义。

$$S = \frac{1}{p}\sum_{i=1}^{p} S_i \qquad (4\text{-}14)$$

式中：p 为不平度间距的统计个数；S_i 为第 i 个微观不平度间距。

2. 轮廓的单峰平均间距 S

二维形貌中，轮廓单峰平均间距 S 被定义为取样长度内轮廓的单峰间距（两相邻单峰最高点之间的距离在中线上的投影长度）的平均值，见公式（4-15），如图 4-4。同样对于三维空间也需要将相应的长度平均值替换成面积平均值。轮廓单峰平均间距 S 的统计意义明确，也是轮廓表面横向信息的主要评定参数，与微观不平度的平均间距 S_m 不同的地方就在于轮廓单峰平均间距 S 表征的是轮廓的峰密度，对评价轮廓的稳定性、耐磨性具有重要意义。

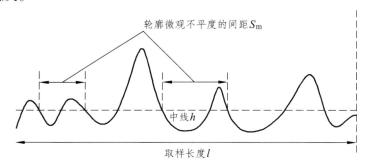

图 4-3　轮廓微观不平度的平均间距 S_m 示意

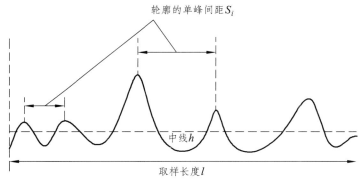

图 4-4　轮廓的单峰平均间距 S 示意

$$S = \frac{1}{p}\sum_{i=1}^{p} S_i \qquad\qquad (4\text{-}15)$$

其中：S_i 为第 i 个相邻单峰峰值点之间的距离。

3. 轮廓均方根波长 λ_q

轮廓均方根波长 λ_q 是轮廓均方根偏差 R_q 与轮廓均方根斜率 Δ_q 之比的 2π 倍，见公式（4-16）。轮廓均方根波长 λ_q 具有较好的稳定性，是对取样范围内形貌轮廓峰（或谷）的平均间距的一种度量，它与轮廓曲面波峰或波谷的波幅以及各自的空间频率有关[75]。

$$\lambda_q = 2\pi\frac{R_q}{\Delta_q}$$

$$\Delta_q = \sqrt{\frac{1}{m\times n}\int_0^n\int_0^m z'^2(x,y)\mathrm{d}x\mathrm{d}y}$$

$$\approx \sqrt{\frac{1}{(M-1)\times(N-1)}\sum_{i=1}^{N-1}\sum_{j=1}^{M-1}\left\{\left[\frac{z(x_{i+1},y_j)-z(x_i,y_j)}{\Delta x}\right]+\left[\frac{z(x_i,y_{j+1})-z(x_i,y_j)}{\Delta y}\right]\right\}^2} \qquad (4\text{-}16)$$

4. 表面粗糙面积比 R_s

为了反映形貌在波长方向的粗糙特性，本研究给出了表面粗糙面积比的概念。表面粗糙面积比 R_s 是指形貌表面相对于中值面的不平整度，用形貌表面的实际面积 A_1 与其名义面积 A_2（即形貌曲面在水平面上的投影面积）的比值来表示。当 $R_s=1$ 时，表明表面是光滑的平面，R_s 值越大说明表面越粗糙。R_s 的计算公式见式（4-17）和式（4-18）。

$$R_s = \frac{A_1}{A_2} \qquad (R_s \geqslant 1) \tag{4-17}$$

$$A_1 \approx (\Delta x \Delta y) \sum_{i=1}^{N-1} \sum_{j=1}^{M-1} \sqrt{1 + \left\{ \left[\frac{z(x_{i+1}, y_j) - z(x_i, y_j)}{\Delta x} \right]^2 + \left[\frac{z(x_i, y_{j+1}) - z(x_i, y_j)}{\Delta y} \right]^2 \right\}} \tag{4-18}$$

4.2.3 形状特性相关的表征指标

前两种评定参数分别从各自的层面考虑了形貌的粗糙特性，只能局部地反映轮廓的某些方面的特性。对高度和波长特性都相同的形貌，也有可能因为其形貌曲面峰（或谷）的形状不同，而出现不同的抗滑特性。因此，本研究在前两种评定参数的基础上，进一步引入形状相关的表征指标，它们大多是应用基于概率统计的理论和方法对表面构造几何形状作进一步的分析而引出的。

1. 轮廓偏斜度 S_k

轮廓偏斜度 S_k 是指取样范围内轮廓偏距的三次方的平均值，即公式（4-19）。该指标以轮廓基准线为参考，衡量形貌轮廓幅度分布偏离基准线的不对称性程度，受到离散的峰（或谷）的影响。当 $S_k=0$ 时，表示轮廓线以基准线对称分布；当 $S_k<0$ 时，表示轮廓谷尖锐、狭窄而轮廓峰圆滑、宽平；当 $S_k>0$，则表示轮廓谷宽平而轮廓峰尖窄。该指标能够很好地区分表面形貌轮廓的形状，可以反映轮廓的支撑能力以及稳定性。

$$S_k = \frac{1}{R_q^3} \cdot \frac{1}{M \times N} \sum_{i=1}^{N} \sum_{j=1}^{M} z^3(x_i, y_j) \tag{4-19}$$

2. 驼峰度 K_u

驼峰度 K_u 类似于轮廓偏斜度 S_k，表示轮廓曲面分布变化的尖峭程度，是轮廓曲面幅值的四阶中心矩与二阶中心矩的平方的比值，见公式（4-20）。驼峰度 K_u 以正态分布的曲面形状为基准，当形貌轮廓的偏距满足理想随机的正态分布条件时，$K_u=3$；当 $K_u>3$ 时，表明轮廓曲面幅度分布陡峭，称为尖峰态曲面；当 $K_u<3$ 时，轮廓曲面则被称为低峰态曲面，此时轮廓曲面分布较为平坦。

$$K_u = \frac{u_4}{u_2^2} = \frac{1}{R_q^4} \cdot \frac{1}{M \times N} \sum_{i=1}^{N} \sum_{j=1}^{M} z^4(x_i, y_j) \tag{4-20}$$

式中：u_4 和 u_2 分别为曲面形貌的四阶和二阶中心矩。

3. 平均倾斜角 θ_s

平均倾斜角 θ_s 表示形貌曲面空间的平均指向，它是将每个局部倾斜微小平面和水平面的夹角 α_k 先进行叠加，再求平均值计算得到的，见公式（4-21）。该指标综合了表面幅值和波长特性，反映了曲面轮廓各处的平均倾斜状态。

$$\theta_s = \frac{1}{p}\sum_{k=1}^{p}\alpha_k$$

$$\approx \frac{1}{(M-1)\times(N-1)}\sum_{i=1}^{N-1}\sum_{j=1}^{M-1}\left[\arctan\left|\frac{z(x_{i+1},y_j)-z(x_i,y_j)}{\Delta x}\right| + \arctan\left|\frac{z(x_i,y_{j+1})-z(x_i,y_j)}{\Delta y}\right|\right] \quad（4\text{-}21）$$

4. 轮廓均方根斜率 Δ_q

轮廓均方根斜率 Δ_q 为取样范围内轮廓曲面各点斜率的均方根值，其计算见公式（4-16）。该指标综合了表面幅值和波长两方面的信息，可以反映轮廓峰（或谷）的形状特性，与轮廓各处倾斜状态有关。该指标类似于平面倾斜角 θ_s，两者都表示曲面轮廓的平均倾斜状态，只不过轮廓均方根斜率 Δ_q 为轮廓斜率的二阶原点矩。

5. 表观各向异性度 K_a

为了描述形貌形状在不同方向的差异程度，本研究给出了表观各向异性度指标。表观各向异性度 K_a 反映了曲面形貌在不同方向上的几何粗糙特性的差异程度。K_a 的计算中包含了 $P_x(x,y)$ 和 $P_y(x,y)$ 两个参数，它们分别代表了沿 x 和 y 方向上二维形貌的粗糙特性参数，用它们的比值来反映形貌的各向异性度。在本研究中，这里的二维形貌的粗糙特性参数具体是指轮廓均方根斜率 Δ_q。K_a 的计算公式见式（4-22）。

$$K_a = \frac{1}{M\times N}\sum_{i=1}^{N}\sum_{j=1}^{M}\frac{\min(P_x(x_i,y_j),P_y(x_i,y_j))}{\max(P_x(x_i,y_j),P_y(x_i,y_j))}$$

$$= \frac{1}{M\times N}\sum_{i=1}^{N}\sum_{j=1}^{M}\frac{\min(\Delta_q(x=i),\Delta_q(y=j))}{\max(\Delta_q(x=i),\Delta_q(y=j))} \quad（4\text{-}22）$$

当 $K_a=1$ 时，表明表面呈各向同性；当 $0 \leqslant K_a < 1$ 时，说明表面呈各向异性，且随着 K_a 值的减小，各向异性的程度越明显。

6. 三维形貌分形维数

研究[76]表明沥青路面形貌存在着明显的分形特性，其形貌轮廓的分形维数可以用来表征轮廓形貌的自相似程度以及轮廓形貌的复杂程度。因此，本研究将沥青路面三维形貌的分形盒维数作为评价其表面粗糙特性的表征指标，以描述其对路面抗滑性能的影响。

为了区分三维形貌的分形维数与本章4.1.2节中二维图像亮度的分形维数，将三维形貌的分形维数记作 DD。三维形貌的分形盒维数的计算方法与二维图像纹理信息分形维数的计算方法相类似，唯一不同的地方在于，在 DD 的计算过程中，需要将 D 指标中原二维图像的亮度信息替换成三维形貌的高度信息。具体操作是：首先构造一些边长为 L 的立方体盒子，然后用这些盒子去覆盖三维形貌曲面，计算出与不同边长 L 相对应的三维形貌曲面相交的盒子的个数 N_L，绘制 $\lg N_L$-$1/\lg L$ 双对数曲线，分形维数 DD 即为双对数坐标系统中曲线的斜率，具体计算过程参考 4.1.2 节图像亮度分形维数 D 的计算步骤。

4.3　路面抗滑性能测试方法的选择

路面形貌数字化测量的主要应用之一是抗滑性能的评价，由此建立路面形貌指标同抗滑性能间的关系，以达到降低交通事故率和服务于交通安全的目的。路面抗滑性能的测试方法多种多样，按照其测试方法的不同通常分为定点式和连续式两类。考虑到连续式测量方法不仅价格昂贵且不易在室内测量，结合现有的试验设备，本研究选择切实可行、易于操作且可以实现室内测量的摆式摩擦系数仪（BPT）和动态旋转式摩擦系数测量仪（DF）用于实测路面的抗滑性能。其中，摆式摩擦系数仪（BPT）摆锤的滑移速度约为 10 km/h，该设备可以较好地反映车辆在低速行驶的条件下路面的抗滑性能，其值的大小主要取决于路面的微观形貌构造特性。因此，BPT 的测试结果可以在一定程度上反映路面微观形貌的优劣，常用于评估车辆在低速行驶条件下的路面抗滑性能。而动态旋转式摩擦系数测量仪（DF）却能够模拟 0～80 km/h 的行车速度，该设备具有测量速度快、便于携带等优点，且可以很好地测量不同行车速度下的路面抗滑性能，在高速的条件下能够较好地表达路面的宏观形貌信息。两种设备的测试原理及方法见下文。

4.3.1　摆式摩擦系数仪

摆式摩擦系数仪（BPT）由英国团队率先研发，它是根据能量守恒原理，让摆锤从一定高度自由下落，由于路面摩擦做功会造成摆臂在摆动过程中损失势能，因此可根据 BPT 面板摆针的位置来表达路面的抗滑性能。摆式摩擦系数仪的形状及构造如图 4-5 所示，摆式仪中摆锤及摆锤的连接部分总质量为（1 500±30）g，测量时摆在被测物体表面滑动的长度为（126±1）mm，摆锤的重心到摆锤的转动中心的距离为（410±5）mm。

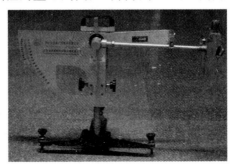

图 4-5　摆式摩擦系数仪

BPT 测试路面抗滑性能的具体步骤如下：

① 仪器调平。调整调平螺栓，使气泡居中。

② 仪器调零。先将表盘指针拨至右端与摆杆平行，让摆锤从水平位置自然释放。在未安装测试样品的情况下，释放开关，使摆锤向左带动指针摆动，观察指针是否指向表盘的零刻度线。如果指针不是正好指向零刻度线，则调节摆锤转轴上的调节螺母，重复前述操作直至指针正好指向零刻度线。

③ 通过调节摆式摩擦系数仪底座的高度，使摆锤橡胶滑块在路面上的滑动长度符合 126 mm 的规定。

④ 使用摆式摩擦系数仪对路面试样（本研究选用成型的车辙板作为测量试样）进行摆值的测量。每个试样在表面干燥和潮湿的状态下分别各测量 5 次，计算其平均值分别作为试样在干湿状态下的摩擦系数。5 个测试值中，相互偏差不得大于 3，取平均值作为最终的测试结果。

⑤ 温度修正。当路面温度不是 20 ℃ 时，需要对所测试的结果进行温度修正，换算成标准温度为 20 ℃ 的摆值。

4.3.2　动态旋转式摩擦系数测试仪

动态旋转式摩擦系数测试仪（DF），见图 4-6，主要由一个平行于测试表面的转盘和安装在转盘下方的 3 个橡胶滑块所组成[77]。三个测试橡胶块均匀分布在转盘上，当转盘高速旋转达到设定的旋转速度时，放下圆盘，让其与道路表面接触。通过设备中的扭矩传感器测量橡胶滑块与路面之间的摩擦力 F，则 $F=M/L$，其中 M 为测量所得的扭矩，L 为转盘的力臂。在路面摩擦力做功作用下，圆盘的旋转动能会逐渐损失殆尽。根据旋转动能损失的程度反算得到动摩擦系数值，$DF=F/W$，W 为橡胶滑块施加于路面上的正压力。在该设备中，橡胶滑块的质量尤为重要，其尺寸满足 6 mm×16 mm×20 mm，硬度（肖氏）为 58±2，施加在待测物表面的正压力为 150 kPa。

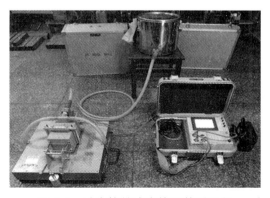

图 4-6　动态旋转式摩擦系数测量仪

在干燥和潮湿两种不同条件下，分别测试试样的动态摩擦系数，对同一测点连续测试 3 次，同一测点 3 次测试结果的差值不应大于 0.1 个单位，取平均值作为试验结果，精确至 0.01。

4.4 试样的制备

由于客观条件的限制，同时也为了减轻复杂的环境因素对试验误差的影响，本研究采用室内试验，制备成型 40 cm×45 cm×5 cm 的沥青混合料试样板。为进一步优选基于抗滑性能评价的形貌表征指标，本研究先后采用 6 光源低秩恢复全局积分修正算法、摆式摩擦系数仪和动态旋转式摩擦系数测试仪分别测试混合料试件的形貌和抗滑性能。考虑到混合料的级配和石料等因素会直接影响到路面的形貌，为了构造出不同的形貌，使试验样本具有多种形貌形式的组合，本研究选择了实际沥青路面面层中常用的 3 种级配：连续密级配沥青混凝土（Asphalt Concrete，AC）、沥青玛琋脂碎石（Stone Matrix Asphalt，SMA）和排水式开级配磨耗层（Open Grade Friction Concrete，OGFC）。为了体现形貌的变化情况，不同的级配分别选取不同的最大公称粒径。具体的混合料类型包括：AC-10、AC-13、AC-16；SMA-13、SMA-16；OGFC-13。同时，为了反映出不同微观形貌构成情况，本研究选择了石灰岩、玄武岩和钢渣三种集料用于试样的成型。各种混合料的级配构成见表 4-1。

表 4-1　各类沥青混合料试样的级配构成

		AC-10	AC-13		AC-16	SMA-13		SMA-16	OGFC-13
集料种类		S	S/X	G	S	S/X	G	S/X	S/X	G
油石比/%		5.6	5.3	5.1	5.2	6.0	5.7	5.8	4.5	4.4
纤维量/%		—	—	—	—	0.3	0.3	0.3	—	—
对应筛孔（mm）的质量通过率/%	0.075	6.8	5.8	5.1	5.8	10.6	9.3	10.7	4.5	3.9
	0.15	8.4	7.2	6.4	7.1	11.7	10.2	11.8	6.5	5.7
	0.3	10.1	8.6	7.6	8.4	12.5	11.1	13.1	9.2	8.4
	0.6	16.0	13.6	12.0	13.1	13.4	11.7	14.6	12.3	10.5
	1.18	24.3	20.5	18.1	19.6	14.7	12.9	16.1	14.0	12.3
	2.36	38.2	32.2	30.2	30.6	16.9	15.1	19.9	17.2	15.3
	4.75	72.2	54.4	53.0	52.0	29.3	27.8	26.2	24.1	22.5
	9.5	96	79.1	78.5	73.9	65.2	64.4	53.3	62.5	61.7
	13.2	100	95.0	94.8	93.6	91.6	91.4	78.1	95.0	94.9
	16.0	—	100	100	99.0	100	100	96.9	100	100
	19.0	—	—	—	100	—	—	100	—	—

注：集料种类中 S 表示石灰岩材质，X 表示玄武岩材质，G 表示钢渣材质。

表 4-1 中 AC 类型的级配所使用的沥青为普通石油沥青，而 SMA 和 OGFC 两种级配

的混合料则使用 SBS 改性沥青进行拌制。按照《公路沥青路面施工技术规范》（JTG F40—2004）的技术标准进行划分，这两种沥青分别属于 A 级 70#石油沥青和Ⅰ-D 类 SBS 改性沥青。由于钢渣细集料部分孔隙率较大，在拌制沥青混合料时因吸收较多沥青结合料而使得其经济性变差。因此，对于使用钢渣材质集料拌制的沥青混合料，其细集料部分均由玄武岩代替。此外，钢渣材质的密度要明显高于石灰岩和玄武岩。为了控制因不同材质引起的混合料级配的差异性，对于钢渣材质的沥青混合料，根据密度的不同，按照等体积法将其他材质替代成钢渣，从而造成钢渣材料与石灰岩、玄武岩等材料在级配质量通过率上的差异。

4.5　粗糙特性指标间的聚类和相关性分析

为了更好地避免众多粗糙特性评价指标在建立多元回归模型时出现多重共线性问题，同时也是为减小评价指标的个数以降低模型的复杂程度，本研究采用聚类分析和相关性分析，从众多粗糙特性的评价指标中优选出相关性高且具有代表性的指标，以实现降维的目的。

采用 6 光源低秩恢复全局积分修正算法对表 4-1 中的试件进行数据的采集，然后对采集的数据用 MATLAB 编程分别求解第 4.1.2 节中基于图像二维纹理信息的表面粗糙特性表征指标和第 4.2 节中基于路面三维形貌的表面粗糙特性表征指标。每个试件采集 2 个区域，每个采集区域的大小为 6.5 cm×8.6 cm。如果一次性对每个区域进行数据的处理，势必由于数据容量的巨大而造成普通个人计算机因内存的限制而难以容纳。因此，每个采集区域又被分割成 5 个偏小的处理区域（4 个顶点区域和 1 个中心区域）。这样对于每个指标而言，每个试件都会产生 10 个测量数据，将大于标准差 1.15 倍的数据剔除，取平均值作为该指标最终的测试结果，具体分布位置见图 4-7。

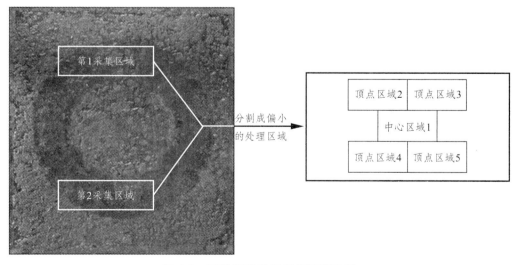

图 4-7　三维形貌数据采集区域示意

考虑到新成型的沥青混合料试件由于沥青薄膜的裹覆而影响到石料的实际形貌，在测量试件表面形貌之前，先将试件放置在加速磨耗仪上打磨一段时间。加速磨耗仪的具体构造及其相关介绍详见第 5 章。经室内试验论证后，本研究测试了 13 类沥青混合料试件经加速磨耗仪分别打磨 4 h 和 6 h 后的数据共 26 组。每组又包含了 14 个基于三维形貌和 5 个基于二维纹理信息的粗糙特性指标。

4.5.1　粗糙特性指标间的聚类分析

在缺乏先验知识的前提下，聚类分析从各个指标自身的数据出发，充分利用数据固有的诸多特性，判断不同指标之间的亲疏关系，从而达到分类的目的。该分类方法可以最大限度地避免因个人主观判断所导致的分类误差。本研究采用 SPSS 软件对获取的粗糙特性指标进行聚类分析。由 MATLAB 软件计算得到的打磨后沥青混合料试件的粗糙特性指标数据见表 4-2，由 SPSS 软件聚类分析得到的结果见图 4-8。

表 4-2　不同类型混合料试件的粗糙特性指标统计结果

指标	No.1	No.2	No.3	No.4	No.5	No.6	No.7	No.8	No.9
R_a	0.422 9	0.459 9	0.323 2	0.174 6	0.173 6	0.250 8	0.809 5	0.431 3	0.182 5
R_q	0.515 1	0.559 3	0.399 1	0.212 4	0.218 9	0.310 2	0.997 8	0.529 2	0.221 0
MTD	1.393 1	1.367 1	0.938 7	0.760 0	0.706 5	0.915 0	2.262 5	1.574 9	0.443 9
MPD	1.322 8	1.248 2	0.784 5	0.586 4	0.665 2	0.820 9	2.255 4	1.267 8	0.420 8
S_m	0.221 6	0.259 0	0.461 5	0.364 2	0.318 0	0.339 7	0.195 6	0.163 1	0.402 8
S	0.389 0	0.408 7	0.266 7	0.332 4	0.310 8	0.268 2	0.368 0	0.347 0	0.201 9
λ_q	2.797 3	2.671 2	4.347 7	2.133 4	2.154 7	3.333 4	5.403 4	3.072 3	3.453 5
R_s	1.511 7	1.606 5	1.161 4	1.181 4	1.191 4	1.162 4	1.518 4	1.452 8	1.079 5
S_k	0.019 7	0.075 7	−0.135 7	0.028 3	0.073 3	−0.006 3	−0.648 0	0.144 2	−0.501 8
K_u	2.403 4	2.282 9	2.805 5	2.489 3	3.144 6	2.565 2	2.644 2	2.628 4	2.561 2
θ_s	55.473 0	58.406 8	31.822 6	33.354 1	34.030 1	32.184 9	54.816 4	50.506 6	22.808 6
Δ_q	1.157 0	1.315 6	0.576 7	0.625 7	0.638 2	0.584 8	1.160 3	1.082 2	0.402 2
K_a	0.552 6	0.606 4	0.500 1	0.639 8	0.652 0	0.500 3	0.578 4	0.523 9	0.770 5
DD	2.199 5	2.230 6	2.153 7	2.229 6	2.211 7	2.179 4	2.139 0	2.176 6	2.172 8
D	2.358 3	2.365 0	2.279 8	2.392 0	2.341 7	2.276 4	2.418 8	2.402 8	2.258 4
R	0.024 7	0.136 6	0.708 6	0.078 4	0.289 5	0.741 7	0.195 2	0.456 2	0.370 5
ASM	0.066 6	0.068 7	0.089 9	0.064 6	0.088 1	0.108 2	0.075 8	0.087 6	0.097 1
ENT	3.015 8	2.991 0	2.705 7	3.048 4	2.779 6	2.567 8	2.901 8	2.742 8	2.622 1
IDM	0.935 3	0.934 1	0.961 6	0.924 4	0.943 6	0.963 2	0.950 9	0.961 6	0.967 1

指标	No.10	No.11	No.12	No.13	No.14	No.15	No.16	No.17	No.18
R_a	0.263 8	0.358 1	0.680 9	0.406 4	0.463 7	0.985 7	1.166 0	0.160 0	0.193 2
R_q	0.309 5	0.453 8	0.901 5	0.492 3	0.582 3	1.093 5	1.369 6	0.186 9	0.233 6
MTD	0.568 2	1.447 7	2.402 1	0.927 2	2.071 9	2.233 6	2.942 5	0.310 9	0.423 7
MPD	0.439 6	1.283 8	2.191 2	0.881 8	1.546 6	2.108 2	2.187 7	0.309 9	0.419 5
S_m	0.438 3	0.227 7	0.214 5	0.310 1	0.197 8	0.553 1	0.344 2	0.432 3	0.388 8
S	0.204 3	0.384 3	0.458 5	0.314 9	0.390 4	0.303 0	0.318 7	0.184 2	0.230 2
λ_q	5.570 9	3.086 4	3.986 2	4.085 3	4.083 6	5.829 9	5.278 4	5.117 3	6.593 8
R_s	1.062 3	1.383 9	1.759 5	1.250 8	1.339 1	1.525 2	1.881 9	1.029 8	1.032 0
S_k	−0.028 2	0.435 3	−0.447 8	−0.811 2	0.255 3	−0.092 2	−0.115 1	−0.341 1	−0.512 9
K_u	2.046 6	3.394 7	3.706 8	2.745 1	3.076 1	1.624 4	2.046 4	2.126 1	2.399 5
θ_s	19.198 1	48.608 6	64.577 1	37.853 6	44.155 0	55.023 3	68.541 8	13.915 4	15.230 2
Δ_q	0.349 0	0.923 8	1.420 9	0.757 2	0.895 9	1.178 5	1.630 3	0.229 5	0.222 6
K_a	0.453 2	0.538 4	0.498 0	0.623 7	0.577 6	0.537 1	0.547 4	0.534 0	0.527 4
DD	2.136 1	2.195 3	2.148 8	2.164 1	2.135 2	2.159 8	2.165 5	2.162 4	2.170 8
D	2.246 8	2.296 7	2.270 1	2.291 2	2.284 3	2.393 9	2.318 9	2.279 1	2.314 8
R	0.715 8	0.336 1	0.562 3	0.123 4	0.192 5	0.021 4	0.083 0	0.434 0	0.173 9
ASM	0.135 8	0.072 8	0.068 0	0.093 3	0.098 3	0.064 7	0.073 5	0.151 0	0.132 3
ENT	2.340 6	2.889 7	2.910 5	2.748 4	2.714 4	3.099 4	2.905 2	2.277 5	2.451 2
IDM	0.971 9	0.955 6	0.962 0	0.958 7	0.960 0	0.922 9	0.951 1	0.966 9	0.956 2

指标	NO.19	NO.20	NO.21	NO.22	NO.23	NO.24	NO.25	NO.26
R_a	0.338 0	0.516 6	0.767 2	0.720 8	0.719 1	0.687 0	0.295 5	0.236 0
R_q	0.414 5	0.638 4	0.962 6	0.853 2	0.925 2	0.831 5	0.355 2	0.289 6
MTD	1.122 8	1.238 8	2.334 1	1.719 3	2.556 8	1.821 3	0.968 4	0.626 3
MPD	0.894 4	1.132 3	2.275 7	1.484 4	2.211 1	1.817 7	0.832 7	0.614 2
S_m	0.288 4	0.438 6	0.183 5	0.213 8	0.589 8	0.100 7	0.275 0	0.176 5
S	0.295 8	0.363 5	0.358 9	0.442 0	0.231 2	0.473 1	0.322 6	0.375 6
λ_q	4.821 2	4.410 8	4.089 2	5.494 3	3.369 5	3.444 0	4.151 8	2.537 4
R_s	1.153 8	1.332 2	1.707 7	1.388 7	1.975 2	1.759 2	1.148 7	1.231 6
S_k	−0.025 8	−0.801 4	−0.306 2	−0.426 7	0.180 6	−0.264 9	0.070 1	−0.458 5
K_u	2.414 4	2.926 5	2.749 6	2.132 9	3.004 5	2.371 6	2.357 4	2.756 2
θ_s	31.752 8	43.816 1	60.343 5	48.514 5	72.033 6	63.963 9	31.497 7	38.268 3
Δ_q	0.540 2	0.909 4	1.479 0	0.975 8	1.725 3	1.516 9	0.537 6	0.717 1

指标	No.19	No.20	No.21	No.22	No.23	No.24	No.25	No.26
K_a	0.592 1	0.471 2	0.468 5	0.630 5	0.633 7	0.490 7	0.523 7	0.509 3
DD	2.152 7	2.152 1	2.163 2	2.144 3	2.181 4	2.171 2	2.165 9	2.219 5
D	2.271 1	2.312 0	2.303 3	2.244 7	2.549 7	2.279 2	2.266 6	2.285 0
R	0.298 6	0.426 7	0.236 9	0.820 0	0.028 2	0.580 6	0.713 5	0.542 1
ASM	0.094 5	0.083 3	0.068 8	0.084 9	0.051 5	0.068 9	0.102 9	0.093 1
ENT	2.666 6	2.796 6	2.939 7	2.720 6	3.538 0	2.907 9	2.572 9	2.671 4
IDM	0.964 2	0.953 6	0.953 8	0.969 0	0.837 0	0.959 7	0.965 9	0.961 2

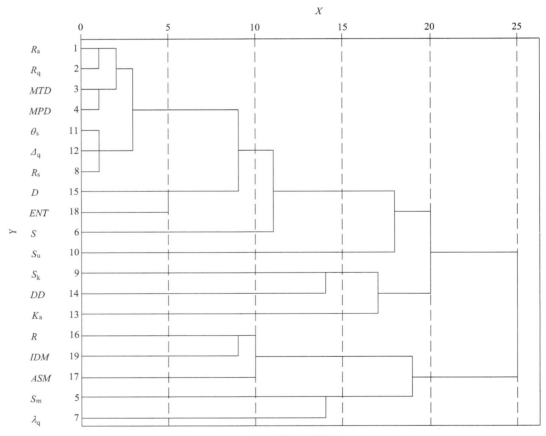

图 4-8　聚类分析树状图

从图 4-8 中可以看出，按照不同的亲疏关系，粗糙特性指标可以分成不同的类。为了便于数据的进一步分析，本研究将粗糙特性指标数据分成 4 类，即：R_a、R_q、MTD、MPD、θ_s、Δ_q、R_s、D、ENT、S、K_u 为第一类，S_k、DD、K_a 为第二类，R、IDM、ASM 为第三类，S_m、λ_q 为第四类。其中：第一类偏重于某一方向的粗糙程度；第二类偏重于形貌在空间中的形状构造；第三类偏重于二维的纹理信息情况；第四类偏重于形貌轮廓峰的密集程度。在对粗糙特性指标进行简单分类之后，下文将在聚类分析的基础之上对每一类指标进行相关性分析，以决定各个粗糙特性评价指标的取舍情况。

4.5.2 三维宏观形貌指标相关性分析

相关分析可以有效地揭示事物之间统计关系的强弱程度，本研究通过计算不同指标间的 Pearson 简单相关系数以反映不同变量之间统计关系的强弱。Pearson 简单相关系数 r 的计算见公式（4-23）。

$$r = \frac{\sum_{i=1}^{n}(x_i - \overline{x})(y_i - \overline{y})}{\sqrt{\sum_{i=1}^{n}(x_i - \overline{x})^2 \sum_{i=1}^{n}(y_i - \overline{y})^2}} \tag{4-23}$$

式中：n 为样本数；x_i、y_i 分别为两个变量的变量值；$\overline{x}$、$\overline{y}$ 分别为两个变量的期望。

通常，$|r| \geqslant 0.8$ 表明变量之间极强相关；$0.6 \leqslant |r| < 0.8$ 表明变量之间强相关；$0.4 \leqslant |r| < 0.6$ 表明变量之间中等程度相关；$0.2 \leqslant |r| < 0.4$ 表明变量之间弱相关；$|r| < 0.2$ 则表明变量之间极弱相关。

在聚类分析的基础上，按照第 2.3.4 节中宏微观形貌分离的方法对表 4-2 中 26 组形貌信息进行分离。对分离后的宏微观形貌信息分别按照聚类分组情况计算不同指标之间的相关系数。通过对指标间的相关性分析，初步优选出相关性好而具有代表性的指标，同时还可以更好地避免指标之间的多重共线性对回归模型精度的影响。由于聚类分析时第三类结果的三个指标均为图像二维纹理信息指标；因此，在对三维宏观形貌指标进行相关性分析时，主要针对第一类、第二类和第四类指标，分析结果见表 4-3 ~ 表 4-5。

表 4-3　第一类三维宏观形貌指标相关性分析结果

指标	BPN	DF_{60}	R_a	R_q	MTD	MPD	θ_s	Δ_q	R_s	S	K_u
BPN	1.00	0.17	0.54*	0.55*	0.55*	0.54*	0.42*	0.38	0.42*	0.42*	0.13
DF_{60}	0.17	1.00	0.20	0.19	0.21	0.25	0.18	0.22	0.23	0.23	0.13
R_a	0.54*	0.20	1.00	0.99*	0.93*	0.91*	0.86*	0.85*	0.85*	0.53*	0.28
R_q	0.55*	0.19	0.99*	1.00	0.95*	0.93*	0.89*	0.88*	0.88*	0.49*	0.29
MTD	0.55*	0.21	0.93*	0.95*	1.00	0.98*	0.96*	0.95*	0.95*	0.36	0.44*
MPD	0.54*	0.25	0.91*	0.93*	0.98*	1.00	0.96*	0.96*	0.96*	0.36	0.41*
θ_s	0.42*	0.18	0.87*	0.89*	0.96*	0.96*	1.00	0.99*	0.98*	0.22	0.48*
Δ_q	0.38	0.22	0.85*	0.88*	0.95*	0.96*	0.99*	1.00	0.98*	0.17	0.48*
R_s	0.42*	0.23	0.85*	0.88*	0.95*	0.96*	0.98*	0.98*	1.00	0.18	0.43*
S	0.42*	0.23	0.53*	0.49*	0.36	0.36	0.22	0.17	0.18	1.00	-0.19
K_u	0.13	0.14	0.28	0.30	0.44*	0.41*	0.48*	0.48*	0.43*	-0.19	1.00

注：*表示在 0.05 水平（双侧）上显著相关。

表 4-4　第二类三维宏观形貌指标相关性分析结果

指标	BPN	DF_{60}	S_k	DD	K_a
BPN	1.00	0.17	0.27	0.40*	−0.02
DF_{60}	0.17	1.00	−0.30	0.19	−0.10
S_k	0.27	−0.30	1.00	0.272	0.14
DD	0.40*	0.19	0.27	1.00	0.36
K_a	−0.02	−0.10	0.14	0.36	1.00

注：*表示在 0.05 水平（双侧）上显著相关。

表 4-5　第四类三维宏观形貌指标相关性分析结果

指标	BPN	DF_{60}	S_m	λ_q
BPN	1.00	0.17	−0.04	0.43*
DF_{60}	0.17	1.00	0.003	0.05
S_m	−0.04	0.003	1.00	−0.03
λ_q	0.43*	0.05	−0.03	1.00

注：*表示在 0.05 水平（双侧）上显著相关。

表 4-3 ~ 表 4-5 分别给出了第一类、第二类和第四类宏观形貌指标间的相关性分析结果。从表 4-3 中不难发现与摩擦性能指标[摆值（BPN）和测试速度为 60 km/h 时的动态旋转摩擦系数（DF_{60}）]相关性较好的指标主要有 R_a、R_q、MTD、MPD、θ_s、R_s 和 S 等。但是为了从众多指标中选择出具有代表性的表征指标，同时最大可能地避免多重共线性问题，就要求在选择指标的时候，不能仅仅只是简单地关注摩擦性能指标同形貌表征指标之间的相关特性，还需要更加深入地考虑各个形貌表征指标之间的相关特性。从表 4-3 中可以看出平均构造深度（MTD）不仅与摩擦性能指标之间具有显著的相关性，而且同其他的众多形貌表征指标（如 R_a、R_q、MPD、θ_s 等）之间也具有极强的相关特性；同时考虑到轮廓单峰平均间距（S）同摩擦性能指标之间也存在着显著的相关特性，而 S 与 MTD 之间的相关系数只有 0.36，属于弱相关；因此，基于表 4-3 的分析结果初步选择出平均构造深度（MTD）和轮廓单峰平均间距（S）作为第一类宏观形貌代表性表征指标用于后续进一步的研究。同理，根据表 4-4 和表 4-5 的分析结果，从中优选出既与摩擦性能指标显著相关，又与其他尽可能多的指标具有较强的相关性的指标作为代表性指标。经过对比，最终选择出轮廓偏斜度（S_k）、三维形貌分形维数（DD）和轮廓均方根波长（λ_q）分别作为第二类和第四类宏观形貌代表性表征指标。最终，本研究根据相关性分析结果初步优选出平均构造深度（MTD）、轮廓单峰平均间距（S）、轮廓偏斜度（S_k）、三维形貌分形维数（DD）和轮廓均方根波长（λ_q）5 个指标作为三维宏观形貌粗糙特性的表征指标用于后续宏观形貌粗糙特性的分析和评价。

4.5.3 三维微观形貌指标相关性分析

根据分离后的微观形貌信息计算各个三维微观形貌指标，然后基于聚类分析结果分别对第一类、第二类和第四类的三维微观形貌指标作相关性分析，分析结果见表 4-6～表 4-8。为了区分宏观形貌和微观形貌的表达，在宏观形貌指标符号后加数字"1"以表示对应的微观形貌指标，例如 MTD 表示基于宏观形貌的平均构造深度，$MTD1$ 则表示基于微观形貌的平均构造深度。

表 4-6　第一类三维微观形貌指标相关性分析结果

指标	BPN	DF_{60}	R_a1	R_q1	$MTD1$	$MPD1$	θ_s1	Δ_q1	R_s1	$S1$	K_u1
BPN	1.00	0.17	0.26	0.28	0.35	0.32	0.33	0.35	0.35	-0.20	0.23
DF_{60}	0.17	1.00	0.12	0.15	0.26	0.24	0.17	0.20	0.22	-0.37	0.35
R_a1	0.26	0.12	1.00	1.00*	0.92*	0.92*	0.98*	0.97*	0.97*	0.58*	-0.14
R_q1	0.28	0.15	1.00*	1.00	0.95*	0.95*	0.98*	0.98*	0.97*	0.56*	-0.06
$MTD1$	0.35	0.26	0.92*	0.95*	1.00	0.99*	0.92*	0.95*	0.92*	0.47*	0.23
$MPD1$	0.32	0.24	0.93*	0.95*	0.99*	1.00	0.92*	0.95*	0.93*	0.49*	0.21
θ_s1	0.33	0.17	0.98*	0.98**	0.92*	0.92*	1.00	0.99*	0.97*	0.48*	-0.07
Δ_q1	0.35	0.20	0.97*	0.98*	0.95*	0.95*	0.99*	1.00	0.99*	0.42*	-0.01
R_s1	0.35	0.22	0.97*	0.97*	0.92*	0.93*	0.97*	0.99*	1.00	0.384	-0.06
$S1$	-0.20	-0.37	0.58*	0.56*	0.47*	0.49*	0.45*	0.42*	0.38	1.00	-0.30
K_u1	0.23	0.35	-0.14	-0.06	0.23	0.21	-0.07	-0.01	-0.06	-0.30	1.00

注：*表示在 0.05 水平（双侧）上显著相关。

表 4-7　第二类三维微观形貌指标相关性分析结果

指标	BPN	DF_{60}	S_k1	$DD1$	K_a1
BPN	1.00	0.17	0.45*	-0.07	-0.28
DF_{60}	0.17	1.00	0.48*	-0.07	0.31
S_k1	0.45*	0.48*	1.00	-0.58*	-0.34
$DD1$	-0.07	-0.07	-0.58*	1.00	0.57*
K_a1	-0.28	0.31	-0.34	0.57*	1.00

注：*表示在 0.05 水平（双侧）上显著相关。

表 4-8　第四类三维微观形貌指标相关性分析结果

指标	BPN	DF_{60}	S_m1	λ_q1
BPN	1.00	0.17	0.01	-0.36
DF_{60}	0.17	1.00	-0.22	-0.28
S_m1	0.01	-0.22	1.00	-0.17
λ_q1	-0.36	-0.28	-0.17	1.00

首先对表 4-6～表 4-8 中同抗滑性能指标相关性相对较好的三维微观形貌指标进行筛

选，结果表明同抗滑性能指标相关性相对较好的第一类、第二类和第四类的微观形貌指标分别有：$MTD1$、$MPD1$、Δ_q1、R_s1、$S1$、K_u1、S_k1、K_a1，λ_q1。然后对同类指标间相关性极强的指标进行优选和剔除，以尽量避免多重共线性问题。经分析不难发现 $MTD1$、$MPD1$、Δ_q1、R_s1 之间存在极强的相关性，需要对这些指标做进一步筛选处理。通过对表4-6中结果的对比分析，最终选择平均构造深度（$MTD1$）、轮廓单峰平均间距（$S1$）和驼峰度（K_u1）作为第一类三维微观形貌的代表性表征指标；选择轮廓偏斜度（S_k1）和表观各向异性度（K_a1）作为第二类三维微观形貌的代表性表征指标；选择轮廓均方根波长（λ_q1）作为第四类三维微观形貌的代表性表征指标。这样就初步挑选出了 $MTD1$、$S1$、K_u1、S_k1、K_a1 和 λ_q1 共 6 个三维微观形貌的表征指标。

4.5.4　二维纹理信息指标相关性分析

在完成三维形貌指标的相关性分析之后，本研究进一步对二维纹理信息指标间的相关性进行了分析，从众多的二维纹理信息表征指标中优选出具有代表性的表征指标。二维纹理信息表征指标主要有：裸露粗集料区域化面积比（R）、纹理信息分形维数（D）、角二阶矩（ASM）、逆差矩（IDM）和熵（ENT）5 个指标。其具体的计算过程见 4.1 节中公式（4-1）~公式（4-8）。基于二维纹理信息指标的相关性分析结果见表 4-9。

表 4-9　二维纹理信息指标相关性分析结果

指标	BPN	DF_{60}	D	ENT	R	ASM	IDM
BPN	1.00	0.17	−0.08	0.14	−0.01	−0.14	0.05
DF_{60}	0.17	1.00	0.03	−0.08	0.30	0.18	−0.07
D	−0.08	0.03	1.00	0.78*	−0.16	−0.49*	−0.98*
ENT	0.14	−0.08	0.78*	1.00	−0.12	−0.92*	−0.81*
R	−0.01	0.30	−0.16	−0.12	1.00	0.07	0.13
ASM	−0.14	0.18	−0.49*	−0.92*	0.07	1.00	0.53*
IDM	0.05	−0.07	−0.98*	−0.81*	0.13	0.53*	1.00

注：*表示在 0.05 水平（双侧）上显著相关。

表 4-9 表明，所列举的二维纹理信息指标同抗滑性能指标之间的相关性均较差，这主要是因为图像的二维纹理信息所反映的是形貌在水平面上的投影，并不是真实意义下的三维实体形貌。而不同的三维形貌分布在水平面上的投影情况却有可能是相同的。相互比较之下，本研究选择裸露粗集料区域化面积比（R）和角二阶矩（ASM）两个同抗滑性能指标之间的相关性稍好一些的指标作为二维纹理信息指标的代表性指标用于后续的研究。

4.6　二维形貌指标与三维形貌指标的对比分析

得益于快速发展的表面测试技术，可用于测量沥青路面形貌的检测设备越来越多。

目前，常用的路面形貌检测设备有接触式表面轮廓仪、激光位移传感类测试系统、反射式光纤传感类测试系统以及体视显微镜等。这些设备大多数仅适用于直线方向上的二维形貌的测试或者通过多个二维形貌的切片叠加构造成简单的三维形貌。这种方式测试的形貌在精度上很难保证。曹平、陈国明、Zahouani等[20,78,79]都曾经使用这种直线式二维形貌测试仪对物体表面的形貌进行测试。这种测试方法测试速度慢，只适用于室内有限点数的检测，且仅用于直线测量，难以全面涵盖形貌的粗糙特性以实现高精度的三维形貌测量。

为了说明常见的二维形貌测试仪对形貌粗糙特性评价的不足，本研究对比了直线式二维形貌指标同三维形貌指标的差异。选择表 4-1 中石灰岩材质的 6 类沥青混合料，在打磨 4 h 之后分别测试其三维宏观形貌并计算出各自的平均构造深度（MTD）、轮廓单峰平均间距（S）、轮廓偏斜度（S_k）、三维形貌分形维数（DD）和轮廓均方根波长（λ_q）5 个指标。关于二维形貌指标则是在三维宏观形貌矩阵的基础之上取中央的十字交叉线，对这两条十字交叉线的形貌指标计算取平均值作为二维宏观形貌指标最终的取值结果。其对比情况见图 4-9。

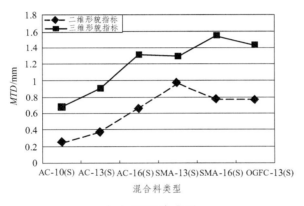

（a）MTD 变化图

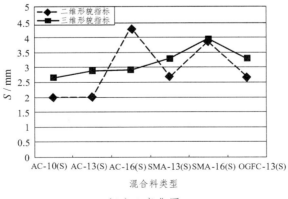

（b）S 变化图

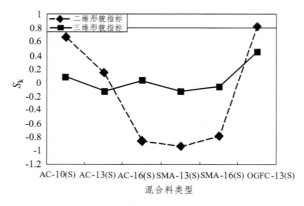

（c）S_k 变化图

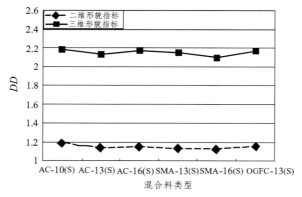

（d）DD 变化图

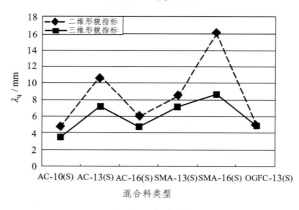

（e）λ_q 变化图

图 4-9　二维形貌指标和三维形貌指标变化情况对比

图 4-9 给出了二维形貌指标和三维形貌指标关于平均构造深度（MTD）、轮廓单峰平均间距（S）、轮廓偏斜度（S_k）、三维形貌分形维数（DD）和轮廓均方根波长（λ_q）5 个宏观形貌指标结果的对比。从 5 个指标的整体情况看，二维形貌指标同三维指标之间的差异性较大，尤其是轮廓单峰平均间距（S）和轮廓偏斜度（S_k）这两个指标。其中：

对于轮廓单峰平均间距（S），二维形貌指标和三维形貌指标之间的最大偏差达到49.0%；对于轮廓偏斜度（S_k），二维形貌指标和三维形貌指标之间的最大偏差达到103.3%。两者之间呈现较大程度的交错，无法显现出特定的规律趋势。轮廓偏斜度（S_k）反映轮廓线以基准线对称分布的程度，该指标能够很好地区分表面形貌轮廓的形状，可以反映轮廓的支撑能力以及稳定性。通过对二维形貌指标和三维形貌指标的对比，不难发现三维形貌指标的轮廓偏斜度（S_k）更集中于零值附近，也就意味着基于三维形貌指标的轮廓偏斜度（S_k）更趋于稳定，更能综合反映整体的形貌情况。而平均构造深度（MTD）、三维形貌分形维数（DD）和轮廓均方根波长（λ_q）这三个指标分别从不同的角度反映形貌的构成情况。其中：平均构造深度（MTD）越大表明形貌高度方向起伏变化越大；三维形貌分形维数（DD）越大表明形貌全局变化情况越复杂；轮廓均方根波长（λ_q）越大则表明形貌轮廓在波长方向的变化越缓和。从三个指标的定义情况可以较直观地反映出表面形貌的粗糙特性，对于平均构造深度（MTD）和三维形貌分形维数（DD）两个指标，其对形貌轮廓粗糙特性的影响刚好与轮廓均方根波长（λ_q）的作用相反。随着MTD和DD的增加，表面形貌的粗糙特性有增加的趋势。从图4-9（a）、图4-9（d）和图4-9（e）中可以看出：二维形貌指标参数所反映的粗糙特性总是小于三维形貌指标，即二维形貌指标参数在一定的程度上低估了实际形貌轮廓的粗糙特性。由于二维形貌指标差异性大，不能完整地描述表面形貌的全部粗糙特性信息，使得仅用二维形貌指标表征表面形貌的粗糙特性具有较大的误差和局限性。因此，本研究试图通过光度立体修正算法获取沥青路面数字化三维形貌信息，并以此为基础提取三维形貌表征指标用于评价路面的粗糙特性。这是很有必要的。

4.7　本章小结

本章主要结论如下：

（1）本章通过对图像二维纹理信息特征提取方法的介绍，指出图像的纹理信息特征也可以从一定程度上反映物体表面的粗糙特性。同时，针对路面抗滑性能的评价，本章给出了部分基于图像二维纹理信息的粗糙特性评价指标（如裸露粗集料区域化面积比、分形维数、角二阶矩、逆差矩和熵），并分别对这些指标的计算方法进行了详细的介绍。

（2）为了表达三维形貌的粗糙特性，本章分别从高度方向相关评价、波长方向相关评价和形状特性相关评价三个方面共提炼出了14个表面三维形貌粗糙特性的表征指标，并分别给出了其物理意义和计算方法。

（3）出于可行性和经济性的考虑，本章最终选择了摆式摩擦系数仪（BPT）和动态摩擦系数仪（DF）作为基于摩擦系数类评价方法用于实测路面的抗滑性能。

（4）通过聚类分析，本章将形貌指标分成4类。在归类的基础之上通过各个指标之间的相关性分析结果，本研究初步优选出平均构造深度（MTD）、轮廓单峰平均间距（S）、轮廓偏斜度（S_k）、三维形貌分形维数（DD）和轮廓均方根波长（λ_q）5个指标作为三维宏观形貌的代表性表征指标，选择出平均构造深度（$MTD1$）、轮廓单峰平均间距（$S1$）、驼峰度（K_u1）、轮廓偏斜度（S_k1）、表观各向异性度（K_a1）和轮廓均方根波长（λ_q1）6个指标作为三维微观形貌的代表性表征指标，选择出裸露粗集料区域化面积比（R）和角二阶矩（ASM）2个指标作为图像二维纹理信息的代表性表征指标。

（5）本章对比了图像二维形貌指标同三维形貌指标的差异，结果表明：二维形貌指标同三维形貌指标之间差异性很大，二维形貌指标不能完整地描述表面形貌的全部粗糙特性信息。同时，二维形貌指标参数在一定的程度上低估了路面形貌实际的粗糙特性，使得用二维形貌指标参数表征表面形貌的粗糙特性具有较大的误差和局限。因此，获取沥青路面数字化三维形貌信息，建立三维形貌粗糙特性表征指标是有必要的。

第 5 章

PART FIVE

数字化路面纹理形貌的
测量与衰变特性分析

本章在使用 6 光源低秩恢复全局积分修正算法测量数字化路面三维形貌的基础上，设计加工微型环道式室内加速磨耗仪，用来模拟实际中行车荷载对路面的作用，以研究沥青混合料表面形貌在磨耗过程中的衰变特性。在形貌粗糙特性指标变化的基础之上，本章根据灰色系统理论建立了形貌指标的衰变模型。同时，结合衰变模型参数的变化，进一步分析了影响路面形貌衰变的因素，探讨了矿料的种类、混合料的级配、最大公称粒径等因素对路面形貌衰变特性的影响。为长期有效地保持路面所需的抗滑性能，正确选择原材料，合理确定路面养护周期以及寻求基于抗滑性能的沥青路面设计方法等方面提供研究基础。

5.1 沥青路面抗滑性能衰变的特点

必要的抗滑性能是路面行车安全的基本保障。但是，随着道路使用过程中行车荷载以及外界环境的不断作用，不同路面的抗滑性能会有不同程度的衰减。路面能否在长期的使用过程中保持着良好的抗滑性能而不至于衰减过大影响到交通安全，是道路工作者所关心的焦点。沥青路面抗滑性能的衰变有别于其抗滑性能，两者的概念完全不同，前者是后者在时间上的延续。抗滑性能仅仅是某个时间节点上性能的表现，而抗滑性能的衰变则是抗滑性能在整个周期的变化情况。抗滑性能的衰变通常历时较长，具有以下特点：

5.1.1 影响因素众多

沥青路面在修建完成以后就被暴露在自然环境之下，长期经受车辆荷载、外界气候环境及自然条件的反复作用，使其不可避免地出现性能的衰变。在这个衰变的过程中，多种因素共同构成一个系统。对于路面抗滑性能而言，影响这个系统的因素主要包括：路面本体因素、车辆本体因素、气候环境因素以及外来介质因素等。

1. 路面本体因素

就路面自身而言，其本体因素主要包括：组成沥青路面的原材料（沥青和矿料）、沥青混合料的级配、混合料的体积特性、混合料力学性能以及路面所处的位置和线形等。

沥青作为一种黏弹性材料，本身并不耐磨。但是，其在路面通车初期裹覆在集料表面，对路面的微观形貌影响较大。作为胶结料的沥青，其对抗滑性能的影响主要反映在初期打磨阶段。而对于矿料来说，其性质直接决定了路面的宏观和微观形貌构造[80]。矿料的耐磨性能（磨光值、磨耗值）以及棱角性等都会影响到路面的抗滑特性。研究表明，在相同的施工条件下，不同磨光值的石灰岩、花岗岩和砂岩对路面抗滑的影响幅度可以达到30%甚至50%[81]。Haddock 等[12]采用了矿料的酸不溶残留物、毛体积密度、吸水率、磨耗值和坚固性等指标分别分析了石英、白云石、石灰石、长石等不同材质的矿料对抗滑性能的影响。结果表明：微乎其微的酸不溶残留物对石料的抗滑性能影响并不明显；

抗滑性能随着矿料的毛体积密度的减小、吸水率的增加、磨耗值的减小、坚固性的增加而增加。董昭[82]对比了不同材质的矿料对混合料抗滑性能衰减的影响，发现不同材质的矿料对混合料抗滑性能的衰减具有较大的影响。主要表现在，同石灰岩材质的混合料相比，对于棱角性、磨耗值均较高的岩浆岩材质混合料，其抗滑性能的衰减速率较慢且衰减的终值也较大。可见，在路面抗滑性能的中后期，矿料的品质具有决定性的作用。

路面凸出体的大小、分布、集料裸露程度等都在很大程度上取决于沥青混合料的级配类型和最大公称粒径。好的级配类型可以适当弥补由于矿料品质不足对混合料抗滑性能带来的影响。采用相对较好的骨架密实级配和骨架空隙级配可以明显改善混合料初期的表面构造，提高路面的抗滑性能。而且，随着后期行车荷载的增加，好的级配可以凭借混合料之间良好的嵌挤力和内摩阻力使混合料保持较高的稳定性从而使混合料保持着必要的抗滑性能。

孙洪利[83]利用自制的加速磨耗仪分析了矿料的种类、级配类型以及集料的规格等因素对沥青混合料抗滑性能衰减规律的影响，认为沥青混合料抗滑性能的衰减根据其表现规律可以划分为两个阶段：第一阶段为衰减初期阶段，其间抗滑性能指标降低较快，混合料初期的进一步压实变形是造成这一阶段变化的主要原因；第二阶段位于衰减的中后期，其间混合料抗滑性能的衰减速率逐渐降低，直至达到稳定，这一阶段的变化主要是由车轮对路面的磨耗和磨光所引起的。可见力学性能稳定的沥青混合料可减小初期的压实变形，有助于提高沥青路面在初期的抗滑性能。同时，孔隙率作为施工质量控制的关键指标之一，同样对沥青混合料的抗滑性能有着重要的影响。孔隙率大的沥青混合料有利于形成路面的宏观形貌构造，对提高混合料初期的抗滑性能较为有利。但是，孔隙率过大的混合料与轮胎的有效接触面积偏小，单位面积内混合料受到的摩擦力更加剧烈，从而容易造成混合料抗滑性能的衰变速率过快。因此，在混合料抗滑性能的设计上既要保证混合料初期的纹理形貌构造，又要考虑到混合料抗滑性能的耐久性，合理选择沥青混合料的目标孔隙率。

位于不同路段的沥青混合料所承受的来自轮胎的摩擦应力，会因公路线形、车辆类型以及车辆行驶状态的不同而有所差异。相对于细集料而言，粗集料会因承受着更高的应力而被打磨得更快。Chelliah 等[84]通过调查发现沥青混合料的易磨光程度会因道路线形的不同而有所差异，通常位于交叉口和曲线路段的路面较直线路段明显更容易被磨光。

2. 车辆本体因素

车辆本体因素主要有：轮胎特性、行车速度和车辆类型等。其中，轮胎特性主要由轮胎类型、胎压、轮胎饰纹以及胎面完整度等部分构成。

根据其结构类型的不同，目前市场上的轮胎可以分为斜交线轮胎、子午线轮胎以及带束斜交轮胎三大类型。三种结构类型的轮胎中，子午线轮胎对抗滑性能的提高最为显著；由于揩拭运动的存在，斜交线轮胎对路面摩擦力的提升空间并不大；带束斜交线轮胎的摩擦性能则介于斜交线轮胎和子午线轮胎之间。

对于胎压而言，偏低的轮胎充气压力，不仅会产生较大的弹性变形，增加滞阻分量，还有助于增加轮胎与路面间的接触面积，进而提高摩擦力黏着分量。但是，在考虑胎压的时候，并不是胎压越低越好，对于特定的地表条件，同时还要兼顾地表的情况而选择出合适的胎压。

胎面饰纹主要有三方面的特性，即饰纹类型、饰纹密集度和饰纹深度，这三个方面都会对路面的抗滑性能产生影响。轮胎饰纹对改善路面抗滑性能具有双重作用：为轮胎提供有效接触面积，增加轮胎附着能力；对接触区积水，面花纹可以成为轮胎的排水通道，对轮胎的抗水滑能力有较大的影响。

胎面完整度主要反映了其磨损情况。轮胎的磨损不仅会使得饰纹深度发生改变，降低其排水能力；还会导致其切向刚度增大，改变摩擦力的方向，使摩擦力阻滞分量降低，导致轮胎在路面上的摩擦力有所降低。

对于抗滑性能的衰变，行车速度的影响主要表现在：高速行驶的车辆对路面的冲击力较大，使路面的纹理形貌遭到一定程度的破坏，从而影响到路面的抗滑性能；对于潮湿的路面状态，高速行驶的车辆由于路面与轮胎之间的路表水来不及排除而成为润滑剂，使得路面的抗滑性能被严重地削弱，影响行车安全；高速行驶会直接导致轮胎磨损加剧，特别是在刹车或转向时更为严重。因此，在高速行车速度下，路面抗滑性能的衰变速率也相对较快。

不同的车辆类型，其轴载有所不同，相对于普通的小汽车，货车的轴载更大，施加于路面的竖向作用力也就越大，对路面的磨耗也就越严重，从而影响路面抗滑性能的保持。

3. 气候环境因素

气候环境的影响因素主要包括温度季节变化和降雨两个方面。通常条件下，随着温度的升高，轮胎和路面之间的摩擦系数会减小。而对于季节变化而言，季节改变是温度变化的另一种体现，一年四季温度交替往返变化，使得轮胎和路面间摩擦系数也呈现出正弦型交替往返的周期性改变。而降雨这一因素则带有明显的季节性，在干燥的季节中，沥青路面与轮胎之间的摩擦作用以磨光为主。到了雨季，路表水一方面表现出清洗的作用将路表的污染物清除，使路面露出干净的表面，恢复了路表的部分粗糙度，在一定程度上缓解了纹理形貌的衰变；另一方面，雨水的润滑作用会影响到轮胎与路面的接触，降低车辆行驶的安全性。

4. 外来介质因素

这里的外来介质主要是指水、冰雪以及污染物等。当路面有积水时，在水膜润滑的作用下，尽管轮胎与路面仍然接触，但是其摩擦力会有所降低。而当路面存在较厚积水时，如果接触区内的水不能及时排除，轮胎与路面间将会产生动力水润滑，从而使轮胎与路面部分或完全失去接触，引起部分或完全水滑现象，降低行车安全。

路面积雪除了影响纹理形貌构造外，还会改变轮胎与路面的接触状态，造成轮胎部分或完全与积雪接触，从而降低轮胎和路面间的摩擦力。而当路面结冰时，路面纹理构造将被覆盖。接触面在压力和摩擦的作用下将形成一层薄薄的水膜，使得路面抗滑力急剧下降，严重影响交通安全。

车辆在路面留下的橡胶粒、油污，以及其携带的泥土、工业粉尘等都是影响路面抗滑性能污染物的组成部分。它不仅影响了路表纹理构造，还会堵塞路表的排水通道，使路面的排水能力降低，影响车辆的高速行驶性能。润滑油的存在，直接改变路面接触状态，显著降低轮胎和路面间的摩擦系数，影响路面抗滑性能。

5.1.2 随时间变化且历时较长

沥青路面抗滑性能的衰变行为是随时间变化的长期过程，是随时间延续的变化量，集中反映了各个不同时刻沥青路面抗滑性能的变化情况。正如前文所述，抗滑性能的衰变同某一时刻的抗滑性能是有区别的。显然，研究整个周期的演变历程比仅仅研究某一时候的具体性能更具有现实意义。这个衰变演化历程贯穿路面整个服务周期，其抗滑性能始终处于动态变化中。研究这个动态中的变化规律，可以更好把握造成影响的关键性因素，完善基于抗滑性能的沥青路面的设计方法。Kane 等[85]引入 Wehner-Schulze 加速磨耗仪用于模拟车辆荷载对路面的磨损，通过室内模拟观察到：在整个试验周期内，沥青混合料的摩擦系数先增后减并最终趋于平稳。造成这种现象的主要原因是，在打磨的初期阶段，由于集料表面沥青膜的裹覆作用，混合料初期纹理形貌构造不明显，造成初期摩擦系数偏小；随着打磨过程的进行，表面的沥青膜被逐渐移除，沥青混合料的摩擦系数也开始逐渐升高；但是，随着打磨作用的进一步深入，设备对集料的磨光和磨耗作用使得沥青混合料的摩擦系数逐渐降低并最终趋于稳定。

5.1.3 基于摩擦系数的评价标准普适性差

摩擦系数是现行最常用的抗滑性能评价指标，其常见的测试方法有 BPT、DF 和 SFC 测试系统。虽然，这些测试方法具有各自的优点，如：BPT 具有调试方便、操作简单、室内外均可使用等优点；DF 便于携带、测试速度快和测量结果重复性好；SFC 测试系统可以实现连续检测，且不影响正常交通。但是，其各自无法避免的缺点又大大限制它们的普适性，如：BPT 只能定点测量，测试速度慢，且测试结果误差大，受人为因素影响较大，重复性较差。DF 出于人员安全的考虑，需要封闭交通，影响其他车辆正常通行；测试设备需要配备经久耐用的电源，特别是对室外操作，持续供电成为设备长时间运转的一大阻碍；室内试验需要配备额外的试件磨具，常用的车辙板试件由于尺寸限制无法配套使用。SFC 测试系统的缺点在于难以在室内实现，且测试设备价格昂贵。

除了测试方法影响到摩擦系数指标的普适性外，摩擦系数本身具备的条件限制性，也使得摩擦系数在不同的测试环境下具有较大的差异性，正是由于这些差异性造成了不同类型的摩擦系数之间相关性较差，进而影响到该评价标准的普适性。摩擦系数的条件限制性主要体现在干湿状态依赖性和速度依赖性两个方面。干湿状态依赖性主要是指路面处在不同的干湿条件下，摩擦系数变化较大，路表水的存在会减小轮胎与路面的接触面积，甚至形成黏弹性动力水润滑，从而造成摩擦系数在不同干湿条件下出现较大的差异。速度依赖性是指摩擦系数随着测试速度的增加有减小的趋势，在不同的测试速度下摩擦系数不尽相同。其中，BPT 的测试结果反映了低速条件下路面的抗滑性能，它主要反映的是路面的微观形貌状况，一般只适合应用到等级较低、车速较慢的路面上。而高速条件下的摩擦系数不仅包含了微观形貌变化，还包括了宏观形貌的变化。在处理抗滑性能衰变问题时，速度就成了关键因素，其直接决定了路面微观和宏观形貌各自在抗滑性能中的权重。

前文分析了基于摩擦系数指标的路面抗滑性能评价方法存在诸多不足，考虑到纹理形貌特性是影响路面抗滑性能的关键因素，本研究将以纹理形貌指标为对象进一步探讨其衰变特性。

5.1.4　现场调查法和室内模拟法的统一有待进一步完善

对路面抗滑性能衰变特性的研究方法有现场调查法和室内模拟法两种。其中：现场调查法通过调查实际路况来直观描述使用过程中的路面在各种环境因素的综合作用下抗滑性能的衰变情况。该方法得到的结果是路面在实际使用环境下的真实写照。但是，现场调查法耗资大，气候条件和干湿状态等因素难以控制。特别是在测试点的选择上，受人为因素影响较大，不同测试点的变异性也受到施工水平的影响。通常要使路面的抗滑性能趋于一个相对稳定的水平，一般需要 2 ~ 5 年，获取整套数据的周期较长。室内模拟法则是以室内模拟为主，相比之下，具有耗资省、周期短、试验条件易控等优点。该方法可以较好地控制各种影响因素和对各种影响因素的影响情况，也可以很好地分析，在较短的时间内就可以得到路面抗滑性能的衰变数据。但是，室内模拟法缺点就在于不能很好地模拟路面使用过程中的复杂环境因素和车辆因素，跟实际情况相比，仍有一定的差距。尽管室内模拟试验具有诸多优势，但是如何保证室内模拟试验同实际相吻合以及试验设备的稳定性仍需要进一步的探讨。目前，国内外尚没有一套完整成熟的室内加速磨耗试验方法用于模拟路面的实际磨耗情况。

根据实际的试验条件和研究目的，出于室内模拟法具有条件可控、测试效率高、投资消耗低等优点，本研究本着科学、经济、实用的理念，借鉴前人开发路面加速磨耗仪的经验，设计室内加速磨耗仪，用以研究不同因素对路面纹理形貌衰变特性的影响。

5.2　室内加速磨耗试验仪的设计

5.2.1　常见加速磨耗仪概述

尽管国内外诸多学者尝试研制开发室内的沥青混合料加速磨耗仪，但是目前尚没有一套完全成熟的标准设备和方法。虽然这些磨耗设备的类型和参数各异，但是得到的沥青混合料的抗滑性能衰变规律却类似。

霍明[86]基于车辙仪的原理开发了室内加速磨耗仪。尽管该设备操作简单，温度可控，但是其碾压的轮迹带只有 5 cm 宽，给摩擦性能指标的测量带来困难。同时这类设备采用曲柄连杆导致轮子在运动的过程中不是匀速运动，会出现中间快两端慢的现象，这对试验的均匀性和稳定性造成了一定的影响。

美国密歇根州交通运输部开发的 MDOT 轨道磨耗仪，由一台电机通过横梁带动两个磨耗轮，其中每个磨耗轮可以分别承受约 2.2 kN 的竖向荷载。MDOT 轨道磨耗仪属于大型足尺寸的环道试验，该设备每转动 50 万次采集一次数据，整个测试周期为 400 万次，一次试验时间大约持续 3 个月。该试验可以较好地模拟实际路面的磨耗效果。遗憾的是，造价高、耗时、占地等不足严重限制了其进一步的推广使用。

柏林大学开发出的 Wehner-Schulze 加速磨耗仪是一种室内模拟的加速磨耗设备，该设备将 3 个橡胶锥以 120°的夹角分别安装在一个旋转圆盘上，橡胶锥与试件的接触压力为 0.4 MPa，滑移率为 0.5% ~ 1.0%，以此来模拟小汽车类型的轮胎对路面的磨光作用。该设备同时包含了模拟加速磨耗和动摩擦系数测试两大体系。其中，动摩擦系数测试体系借助于安装在另一个旋转圆盘上的 3 个橡胶滑块得以实现，其原理类似于动态旋转摩擦系数测试仪。Do 等[77]采用该设备对 3 条试验路进行追踪检测，发现实际路面摩擦系数的变化规律同采用 Wehner-Schulze 加速磨耗仪的模拟情况相接近。尽管该设备大大降低了试验时间，也取得了较满意的试验结果，但是该设备所采用的橡胶锥与实际汽车轮胎还是存在较大的差距，并不能真实地反映轮胎对路面的磨损情况。

为了更加真实地模拟实际路面的磨损情况，长安大学沙爱民课题组[81,82,87]使用橡胶轮胎代替橡胶锥，使摩擦效果更接近实际的滚动摩擦，同时增加了调速控制器和自动转速记录装置。该设备将 4 块 30 cm×30 cm×5 cm 的车辙板拼接在一起，同时将磨光轮迹带增加到 9 cm，既更加真实地模拟了路面磨损情况，又给试件抗滑性能数据的采集留下了充足的空间。但是，该设备轮胎的旋转直径同动态旋转摩擦系数仪的测试直径并不匹配，且 4 块试件的摩擦轮迹各占整个轮迹带周长的 1/4，每块试件的轮迹无法构成完整的圆周。因此，该设备无法使用动态旋转摩擦系数仪测试沥青混合料试件动态摩擦系数的变化，从而无法模拟沥青混合料在高速行车条件下抗滑性能的衰变特性。

5.2.2　微型环道式室内加速磨耗仪的设计与开发

基于前人的研究，本研究自行设计并研发微型环道式室内加速磨耗仪。调整加速磨耗仪的旋转半径，将磨耗设备的旋转直径改为 30 cm，该尺寸同动态旋转摩擦系数仪的旋转半径相同。这样，在不影响模拟车辆轮胎真实作用的前提下，使抗滑性能数据的测试更加全面。既可以测试低速运行条件下的抗滑性能，又可以测试高速运行状态下的动态摩擦系数。改进后的微型环道式加速磨耗仪见图 5-1，它主要由框架、喷水系统、驱动控制系统、轮组加载系统、试件五部分组成。

图 5-1　室内加速磨耗仪构造

　　喷水系统是在橡胶轮胎与试件之间喷洒自来水，不但可以冷却橡胶轮胎，降低轮胎的磨耗，还可以不断地清洗磨损橡胶粉末和路面磨损物，以增加磨光效果。

　　驱动控制系统采用 86BYG250D 型步进电机，机身长 145 mm，轴径 14 mm，电机功率为 200W，转矩 8.5 N·m，步距角 1.8°。全密封设计使得该电机可以轻松应对灰尘、水蒸气等复杂使用环境，进而减轻外部因素对电机性能的干扰。此外，该电机提升了机芯材料的耐高温等级，采用 A 级耐高温耐大电流专业材料，以保证其运转过程中的扭力充足，使电机长时间持续运转。相对于普通的伺服电机，步进电机可以开环控制，即通过驱动器信号输入端输入的脉冲数量和频数实现电机的角度和转速控制，无须反馈信号。步进电机配合驱动器使用，可以实现很小的步进角，控制更精确。与步进电机配套的 NMRV040 型涡轮蜗杆减速机，减速比为 1：20。减速机为方箱外形，优质铝合金压铸造箱体，具有散热性能优良、承载能力大、传动平稳、宁静无噪、安全可靠、效率高等优点。文献[81]认为可以采用轮胎磨耗量评价加速磨耗仪的磨耗效果，并根据阿查德磨耗定律推导了轮胎磨耗量公式，见公式（5-1）。

$$R_w = KM^{2.3}R^{-2.3}V^{4.6} \tag{5-1}$$

式中：R_w 为轮胎磨耗量；K 为比例系数，与轮胎的刚度成反比；R 为设备旋转的半径；M 为分配到轮胎上的惯性质量；V 为试验轮胎的前进速度。

　　从公式（5-1）中不难发现，轮胎磨耗量同磨耗仪的旋转半径和运行速度密切相关，适当地提高磨耗仪的运行速度是提高加速磨耗效果的一个不错的途径。本研究在确保加速磨耗仪安全使用的前提下，通过探索性尝试，最终确定采用 720 r/h 的转速进行加速磨耗试验。

轮组加载系统首先应该确定轮胎的类型，本来使用空心充气轮胎更接近实际路面情况，但是，考虑轮胎需要承受 0.7 MPa 的荷载，空心充气轮胎在运行过程中会造成温度增加，反复运行容易造成爆胎或出现磨损严重而更换频繁。本研究经过反复权衡最终选择邵氏硬度为 70～75 A 的六寸静音实心橡胶轮胎，轮子的直径为 150 mm，胎面宽 50 mm。与空心轮胎相比，该实心轮胎不仅耐磨，同时还具有更好的吸振、减震效果，以减轻系统配重的冲击力。考虑到 50 mm 的轮迹宽度难以满足拍照以及摩擦系数测试的要求，本研究将轮胎轮迹带的分布形式设计成图 5-2，通过轮胎的错位重叠，使最终的轮迹宽度达到 80 mm。轮组加载系统另一个重要的问题就是加载问题，为了使系统最终的加载达到 0.7 MPa，本研究借助复写纸和坐标纸的测量方式，通过反复试验调整配重钢材，最终配重荷载加到 130 kg，此时轮胎的接地面积为 10 mm×45 mm。

图 5-2　加速磨耗仪的轮迹分布

普通的 30 cm×30 cm×5 cm 的沥青混合料车辙试件，由于尺寸问题难以满足动态旋转摩擦系数仪的测试要求，因此，磨耗试件的成型尺寸有待重新设计。在设计沥青混合料试件尺寸的时候，需要同时考虑两个问题：① 满足动态摩擦系数测试的需求；② 沥青混合料试件能够被很好地压实成型。为此，本研究结合现有的试验条件，同时参照动态旋转摩擦系数仪的测试尺寸，自制加工钢质模具。选择与沥青混合料四点弯曲疲劳试验设备配套的轮碾成型仪，用来进行沥青混合料试件的压实成型，沥青混合料试件最终被加工成 45 cm×40 cm×5 cm 的试板。

5.3　路面形貌衰变模型的分析与构建

5.3.1　沥青路面抗滑性能衰变模型的相关研究

在沥青路面抗滑性能领域，研究者们对摩擦系数指标的衰变规律进行了广泛研究。正如前文的叙述，摩擦系数指标存在条件依赖性强、普适性差等不足。因此，本研究希望通过对相对成熟的摩擦系数衰变模型的回顾，逐渐过渡到几乎空白的纹理形貌衰变特性的模型研究，通过对路面摩擦系数衰变模型相关研究的归纳总结，为建立基于纹理形貌指标的衰变模型提供研究思路。

前人的研究大多是基于回归分析理论采集大样本数据进行回归拟合，分析摩擦系数随轴载次数的演化规律，进而给出基于摩擦系数指标的路面抗滑性能的衰变模型。其中，杨众等[88]在建立模型时，重点关注了路面摩擦系数的衰变速率和衰变终值，认为在特定的条件下，路面抗滑性能衰变速率同路面抗滑性能的比值不变，且该比值被定义为衰变相对百分比梯度，见公式（5-2）。

$$b_{BPN} = \frac{\mathrm{d}(BPN^*)/\mathrm{d}N}{BPN^*} \tag{5-2}$$

其中：b_{BPN} 表示摆值衰变相对百分比梯度；N 表示行车荷载作用次数；$\mathrm{d}(BPN^*)/\mathrm{d}N$ 代表摆值的衰变速率；摆值 BPN^* 代表摆值的衰变落差，其定义见公式（5-3）。

$$BPN^* = BPN - BPN_1 \tag{5-3}$$

式中：BPN 表示试验过程中某一时刻路面的摆值；BPN_1 则表示路面摆值最终稳定时的终值。

公式（5-2）可以进一步变形为如下形式：

$$BPN^* = a_{BPN}\mathrm{e}^{-b_{BPN}N} \tag{5-4}$$

此处：a_{BPN} 为摆值最大衰变幅度，$a_{BPN} = BPN_0 - BPN_1$，BPN_0 表示路面的初始摆值。整理公式（5-3）和公式（5-4）可得

$$BPN = (BPN_0 - BPN_1)\mathrm{e}^{-b_{BPN}N} + BPN_1 \tag{5-5}$$

公式（5-5）即为最终的沥青路面抗滑性能衰变模型，该模型的好处在于既考虑了路面抗滑性能的初值，又可以得到路面抗滑性能的终值，通过抗滑性能衰变相对百分比梯度，就可以评价不同条件下沥青路面抗滑性能的衰变速率。但是，该模型需要较多的数据样本。同时，该模型并不能完全反映沥青路面抗滑性能衰变的整个周期，该模型对沥青路面初期阶段由于沥青膜的磨光而造成抗滑性能提高的变化，并不能给出很好的解释。

黄云涌等[89]则通过车辙直道试验对 AC、SMA 以及 SAC 等不同级配类型沥青混合料的抗滑性能指标同轴载作用次数的关系曲线进行拟合分析，最终给出对数模型和指数模型两种模型用于分析沥青混合料抗滑性能指标的衰变特性，这两种模型分别见公式（5-6）和公式（5-7）。

$$对数模型：y = A\ln x + B \tag{5-6}$$

$$指数模型：y = Ce^{Dx} \tag{5-7}$$

式中：y 为摩擦系数（摆值）；x 为标准轴载作用次数；A、B、C、D 分别为经验系数。

李天祥[87]通过室内加速磨耗试验，分别采用对数模型和指数模型回归拟合了 AC、

SMA 及 OGFC 等级配类型混合料抗滑性能的变化规律。结果表明，两种模型的相关系数普遍较大，均可以较好地描述抗滑性能指标的衰变规律。但是，该模型忽略了沥青混合料抗滑性能初值的影响，不能体现初值点的情况。

通过对抗滑性能中摩擦系数衰变模型的归纳，可以看出常用的模型都是采用回归分析的方式拟合抗滑性能同轴载次数的变化关系，这种拟合方式通常需要较多的数据点，对于旋转速度只有 720 r/h 的加速磨耗需要很长的时间去获得大量的拟合数据。如何使用较少的数据点数获得沥青混合料抗滑性能的衰变模型成为本章研究的一个难点和重点。

5.3.2　表征指标衰变模型的构建

从前文的分析可以发现，公式（5-5）、公式（5-6）以及公式（5-7）可以较好地模拟沥青混合料抗滑性能的衰变特性。但是，这些模型都是以数据拟合回归的方式建立的，需要大量的数据点的采集以保证模型的精度。实际上，很难对每种类型的沥青混合料都采集大量的试验数据用于回归模型的分析，但使用小样本数据进行拟合回归势必影响最终的拟合效果。为了节省加速磨耗仪的打磨时间，解决小数据样本的建模问题，本研究引入灰色系统理论。

灰色系统理论最突出的贡献就在于，对信息不是完全已知的小样本、贫信息系统，也能进行很好地建模。该理论是通过对小样本已知数据进行分析、整理以及优化，从中得出系统的演化规律，描述系统的发展状态。灰色的不确定性主要体现在系统的随机性和模糊性两个方面，而这些贫信息、不确定性等特点又普遍存在于现实生活中的各个系统，从而决定了这一理论在现实生活中具有广泛的应用空间。

基于光滑性、离散函数、灰色关联等概念，灰色系统理论定义了灰导数和灰微分方程，从而使建立离散数据序列的微分方程型动态模型成为可能。由于这种模型属于本征灰色系统的基本模型，是非唯一的、近似的，故又被称为灰色模型（Grey Model）。

应用灰色系统理论进行模型的建立，主要存在以下特点：

①对不确定量用灰色数学处理，将其处理成灰数，使之量化。

②灰色系统能处理贫信息系统，对样本的大小和分布特性等并不苛求，不盲目地追求大样本量或典型分布。灰色预测模型同回归分析、时间序列分析等概率统计模型要求大量的资料数据不一样，它只要求较短的观测资料即可。

③可以根据提供的已知少量信息，充分挖掘其潜在价值，探寻系统的演化机制。灰色系统要处理的关键问题在于如何使灰色系统白化、模型化和优化。灰色系统理论是利用时间序列确定微分方程的参数。它并不是简单地将观测数据处理成随机过程，而是把这些数据视作随时间变化的灰色量，通过累加生成和累减生成逐步使灰色量白化，从而建立出相应的微分方程模型。

灰色系统预测为灰色系统理论重要的内容之一，是一种单因素趋势外推的预测方法。它通过微分方程的表达方式，揭示了系统运行状态变化的连续过程。它不再是从历史数据中苦苦寻求回归统计和概率分布的统计方法，而是将观测到的数据序列进行加工，得到有规律的声称数据列。然后对声称数据列建立相应的微分方程，得到系统动态预测模型 GM(n, h)用于预测系统未来的发展趋势和状态。其中：GM 表示 Grey Model；h 表示变量的个数；n 表示微分方程的阶数。GM(1, 1)模型作为灰色预测模型中最常用的模型，具有表达式简洁、建模过程简单、便于求解等优点，而被广泛应用到工业、农业、矿产资源等多个领域。它是一个近似差分方程和微分方程的模型，具有差分、微分和指数兼容等性质，突破了一般建模方法大样本需求的局限性。下文将对 GM(1, 1)模型的建立和求解过程作出详细的介绍。

原始数据序列 $X^{(0)}$ 为 GM(1, 1)的建模序列。其中，$X^{(0)}$ 的表达式见公式（5-8）。对原始数据序列 $X^{(0)}$ 做一次累加生成处理，生成一次累加生成序列（1-AGO）$X^{(1)}$，其计算见公式（5-9）。同时，构造背景值函数[也称 $X^{(1)}$ 的紧邻均值（MEAN）]生产序列，其表达见公式（5-10）。

$$X^{(0)} = (x^{(0)}(1), x^{(0)}(2), \cdots, x^{(0)}(n)) \tag{5-8}$$

$$X^{(1)} = (x^{(1)}(1), x^{(1)}(2), \cdots, x^{(1)}(n)) \tag{5-9}$$

其中
$$x^{(1)}(k) = \sum_{i=1}^{k} x^{(0)}(i), \quad k = 1, 2, \cdots, n$$

$$Z^{(1)} = (z^{(1)}(2), z^{(1)}(3), \cdots, z^{(1)}(n)) \tag{5-10}$$

其中
$$z^{(1)}(k) = 0.5x^{(1)}(k) + 0.5x^{(1)}(k-1), \quad k = 2, 3, \cdots, n$$

GM（1，1）灰微分方程模型的定义如下：

$$x^{(0)}(k) + az^{(1)}(k) = b, \qquad k = 2, 3, \cdots, n \tag{5-11}$$

其中：a 为发展系数；b 为灰色作用量。公式（5-11）的白化方程形式为公式（5-12）。令 $\hat{a}$ 为待估计参数向量，即 $\hat{a} = (a, b)^{\mathrm{T}}$，则灰微分方程模型（5-11）的最小二乘估计参数满足公式（5-13）。

$$\frac{\mathrm{d}x^{(1)}}{\mathrm{d}t} + ax^{(1)} = b \tag{5-12}$$

$$\hat{a} = (\boldsymbol{B}^{\mathrm{T}}\boldsymbol{B})^{-1}\boldsymbol{B}^{\mathrm{T}}\boldsymbol{Y}_n \tag{5-13}$$

式中：

$$\boldsymbol{B} = \begin{bmatrix} -z^{(1)}(2) & 1 \\ -z^{(1)}(3) & 1 \\ \cdots \\ -z^{(1)}(n) & 1 \end{bmatrix}, \qquad \boldsymbol{Y}_n = \begin{bmatrix} x^{(0)}(2) \\ x^{(0)}(3) \\ \cdots \\ x^{(0)}(n) \end{bmatrix} \tag{5-14}$$

则 GM(1, 1)灰色微分方程公式（5-11）的解（也称为时间响应序列）为：

$$\hat{x}^{(1)}(k+1) = [x^{(1)}(1) - \frac{b}{a}]e^{-ak} + \frac{b}{a}, \quad k = 1, 2, \cdots, n \qquad (5\text{-}15)$$

取 $x^{(1)}(1) = x^{(0)}(1)$ ，则有

$$\hat{x}^{(1)}(k+1) = \left[x^{(0)}(1) - \frac{b}{a}\right]e^{-ak} + \frac{b}{a}, \quad k = 1, 2, \cdots, n \qquad (5\text{-}16)$$

在（5-16）的基础上进行累减生成（IAGO，累加生成的逆运算），见公式（5-17）。

$$\hat{x}^{(0)}(k+1) = \hat{x}^{(1)}(k+1) - \hat{x}^{(1)}(k), \qquad k = 1, 2, \cdots, n \qquad (5\text{-}17)$$

由公式（5-16）可知，GM(1, 1)模型描述的演化规律取决于常数 a 和常数 b。通常发展系数 a 决定了数据列变化的剧烈程度，a 的绝对值越小，数据列的变化就越平缓，反之亦然。而 a 和 b 的值又依赖于 $X^{(0)}$ 和 $Z^{(1)}$ 两个序列。即背景值函数 $z^{(1)}(k)$ 的构造公式（5-10）是产生模型误差的关键因素之一。为了分析背景值函数产生误差的原因，对公式（5-12）在区间 $[k\text{-}1, k]$ 上进行积分，得：

$$\int_{k-1}^{k} \frac{\mathrm{d}x^{(1)}}{\mathrm{d}t}\mathrm{d}t + a\int_{k-1}^{k} x^{(1)}\mathrm{d}t = b \qquad (5\text{-}18)$$

即

$$x^{(0)}(k) + a\int_{k-1}^{k} x^{(1)}\mathrm{d}t = b \qquad (5\text{-}19)$$

其中：$x^{(0)}(k) = x^{(1)}(k) - x^{(1)}(k-1)$ 。对比公式（5-19）和公式（5-11）可知，用公式（5-11）的解来逼近 $x^{(1)}(k)$ ，其误差来源于公式（5-10），即用公式（5-10）代替 $\int_{k-1}^{k} x^{(1)}(t)\mathrm{d}t$ 所致。

为了减少原始数据列 $X^{(0)}$ 和背景值 $Z^{(1)}$ 的误差对 GM(1, 1) 模型精度的影响，本研究在求解出灰微分方程模型（5-11）的最小二乘估计后，进一步采用二次拟合估计对 GM(1, 1) 模型进行优化。将公式（5-16）改写成：

$$\hat{x}^{(1)}(k+1) = De^{-ak} + E \qquad (5\text{-}20)$$

式中：D 为 $x^{(0)}(1)$ 与 E 的差值，$D = x^{(0)}(1) - E$；E 为灰作用量与发展系数之比，$E = \frac{b}{a}$。根据公式（5-13）估计的 a 值、$X^{(0)}$ 以及 $X^{(1)}$ 对参数 D 和 E 作最小二乘估计，得到新的参数 $\hat{D}$ 和 $\hat{E}$ ，即：

$$X^{(1)} = \boldsymbol{G}\begin{bmatrix} \hat{D} \\ \hat{E} \end{bmatrix} \qquad (5\text{-}21)$$

其中：$\hat{D}$ 和 $\hat{E}$ 分别为参数 D 和参数 E 的二次拟合估计值。常数 $\boldsymbol{G}$ 则满足：

$$\boldsymbol{G} = \begin{bmatrix} e^0 & e^{-a} & \cdots & e^{-a(n-1)} \\ 1 & 1 & \cdots & 1 \end{bmatrix}^{\mathrm{T}} \qquad (5\text{-}22)$$

求解 $\hat{D}$ 和 $\hat{E}$ ，见公式（5-23）。

$$\begin{bmatrix} \hat{D} \\ \hat{E} \end{bmatrix} = (\boldsymbol{G}^{\mathrm{T}}\boldsymbol{G})^{-1}\boldsymbol{G}^{\mathrm{T}}X^{(1)} \tag{5-23}$$

将参数 $\hat{D}$ 和 $\hat{E}$ 代入公式（5-20）即得到二次拟合改进 GM(1, 1)模型，即

$$\hat{x}^{(1)}(k+1) = \hat{D}\mathrm{e}^{-ak} + \hat{E} \tag{5-24}$$

从公式（5-24）中不难看出，采用二次拟合改进 GM(1, 1)模型分析纹理形貌指标的衰变特性涉及三个参数，这三个参数分别是发展系数 a、累加生成序列变化幅度差 $\hat{D}$ 和累加生成序列终值 $\hat{E}$。这三个参数有着明确的物理意义，其中：参数 a 表示数据序列衰变速率的快慢，其绝对值越大就意味着模型的衰变速率就越快，纹理形貌指标的稳定性就越差；参数 $\hat{D}$ 是一次累加生成序列 $X^{(1)}$ 的初值和终值之差，通常模型的衰变速率越大，累加生成序列就会很快达到终值，被累加到累加生成序列 $X^{(1)}$ 中的原始数据列的成分就越少，最终 $X^{(1)}$ 序列变化幅值 $\hat{D}$ 的绝对值也就越小；参数 $\hat{E}$ 反映了累加生成序列 $X^{(1)}$ 的最终状态，$\hat{E}$ 的绝对值越大往往意味着指标的最终值也就越高。

为了评价所建立的 GM(1, 1)模型的分析精度以及预测精度，后续的检验工作是必不可少的。对 GM(1, 1)模型的检验方法有三种：残差检验、关联度检验和后验差检验。只有检验误差在规定的范围内，所建立的模型才能用于系统的分析和预测，否则应对模型进行残差修正。尽管三种方法的原理有所不同，但是它们的计算结果却是高度一致的。其中，后验差检验法利用统计方法，同时考虑了基于残差的方差比和小残差概率两个指标。重要的是，后验差检验法明确给出了检验判别表，用于模型精度的判别。因此，本研究最终选择了后验差检验法用于改进 GM(1, 1)模型的精度检验。

后验差检验的计算步骤如下：

① 计算原始数据序列的平均值，即

$$\overline{x}^{(0)} = \frac{1}{n}\sum_{i=1}^{n}x^{(0)}(i) \tag{5-25}$$

② 计算原始数据序列的均方差：

$$S_1 = \left\{ \frac{\sum\limits_{i=1}^{n}[x^{(0)}(i)-\overline{x}^{(0)}]^2}{n-1} \right\}^{1/2} \tag{5-26}$$

③ 计算残差的均值：

$$\overline{\Delta} = \frac{1}{n}\sum_{i=1}^{n}\Delta^{(0)}(i) \tag{5-27}$$

其中：$\Delta^{(0)}$ 为绝对残差序列，$\Delta^{(0)} = \{\Delta^{(0)}(i), i=1,2,\cdots,n\}$，$\Delta^{(0)}(i) = \left| x^{(0)}(i) - \hat{x}^{(0)}(i) \right|$。

④ 计算残差的均方差：

$$S_2 = \left\{ \dfrac{\displaystyle\sum_{i=1}^{n}[\Delta^{(0)}(i) - \overline{\Delta}]^2}{n-1} \right\}^{1/2}$$

(5-28)

⑤ 计算方差比 C：

$$C = \dfrac{S_1}{S_2}$$

(5-29)

⑥ 计算小残差概率 P：

$$P = P\{|\Delta^{(0)}(i) - \overline{\Delta}| < 0.6745S_1\}$$

(5-30)

基于上述计算，参照检验判别表（表 5-1），就可以完成模型精度等级的判断了。

表 5-1　后验差检验判别表

小残差概率 P	方差比 C	模型精度
>0.95	<0.35	优
>0.80	<0.50	合格
>0.70	<0.65	勉强合格
≤0.70	≥0.65	不合格

5.4　数字化路面纹理形貌的测量及衰变特性试验方案的设计

为了建立沥青混合料纹理形貌指标衰变模型，进而由纹理形貌衰变特性参数的不同找出影响纹理形貌指标的主要因素，本研究在第 4 章沥青混合料试件类型的基础之上选择出可以满足本章研究目的的级配类型。考虑到既要减少试验量，又要最大限度地反映出不同因素对混合料抗滑性能的影响，本研究最终选择出 AC-13、SMA-13、SMA-16、OGFC-13 四种级配作为本章混合料试件的设计级配，这样既可以反映不同级配的影响，又可以反映不同最大公称粒径的影响。四种级配的构成见表 4-1。为了进一步体现不同矿料类型对抗滑性能衰变特性的影响，本章同第 4 章一样选择了石灰岩、玄武岩和钢渣三种矿料用于试样的成型。由于粒径在 16 mm 以上的钢渣材料非常少，钢渣材质的沥青混合料不包括 SMA-16 级配类型；同时考虑到空隙率较大的钢渣细集料会吸收较多的沥青结合料从而影响经济性；因此，对于钢渣材质级配中的细集料部分，由玄武岩质的细集料代替。在集料的性能指标中，影响沥青混合料抗滑性能主要指标有磨耗值、磨光值以及棱角性等，其中棱角性主要是指细集料的棱角性。因此，本研究也对三种集料的这些指标进行了测试，测试结果见表 5-2。

表 5-2　不同集料指标的测试结果

检测项目	粗集料			细集料		试验方法
	石灰岩	玄武岩	钢渣	石灰岩	玄武岩	
磨耗值/%	18.6	12.4	11.0	—	—	T 0321—2005
磨光值（BPN）	43	62	67	—	—	T 0317—2005
棱角性/s	—	—	—	38.2	46.4	T 0345—2005

这样共 11 组沥青混合料试件被成型，用于路面纹理形貌指标衰变特性的研究。采用室内微型环道式加速磨耗仪分别对这 11 组沥青混合料试件进行打磨。为了选择沥青混合料纹理形貌指标的测试周期，本研究首先选取 SMA-13（S）、SMA-13（X）和 AC-13（S）三种沥青混合料试件做试探性测试。前 6 h 每隔 2 h 测试 1 次混合料试件的摩擦系数（摆值 BPN 和动态摩擦系数 DF_{60}），即 0 h、2 h、4 h、6 h 共 4 次。当试件被打磨到 6 h 以后每隔 4 h 测试 1 次，直到摩擦系数趋于稳定时为止。BPN 和 DF_{60} 的测试结果分别见图 5-3 和图 5-4。

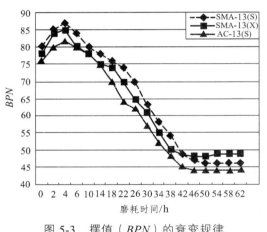

图 5-3　摆值（BPN）的衰变规律

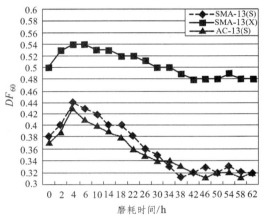

图 5-4　动摩擦系数 DF_{60} 的衰变规律

图 5-3 和图 5-4 表明，随着加速磨耗仪打磨作用的进行，沥青混合料的摩擦系数并不是一直呈现衰减的趋势。根据摩擦系数的演变规律，可以将打磨过程中混合料抗滑性能的衰变情况分成两个阶段。第一阶段位于打磨作用的初期阶段（对于本研究的加速磨耗仪而言，即打磨作用的前 4～6 h）。这一阶段中，无论是摆值 BPN 还是动摩擦系数 DF_{60} 都会有上升的趋势。这主要是由于初期阶段，裹覆在集料表面的沥青薄膜被逐渐打磨，露出集料的纹理形貌，使得混合料的抗滑性能有所提高。第二阶段属于打磨过程的中后期，混合料的表面逐渐被磨光和磨耗，使得混合料的抗滑性能逐步衰减并最终趋于稳定。

纵观整个衰变周期，沥青混合料的抗滑性能的衰减主要集中在前 38 h 的过程中，这个过程中混合料的抗滑性能衰变较大，约占整个衰减幅值的 80%。在室内模拟过程中，对本研究试验方案，每增加一次打磨次数，加速磨耗仪就需要额外运转 4 h。这样一来，打磨 11 组沥青混合料试件就需要很长的时间。为了尽量节省试验时间，本研究在接下来的试验中只将试件打磨到 38 h 就停止打磨试验。同时，考虑到前 4 h 里，沥青膜裹覆着集料表面的纹理形貌，对试件纹理形貌指标的获取会造成一定的影响。此外，前 4 h 里抗滑性能出现增加的现象，会增加抗滑性能衰变模型的构建难度。因此，本研究从第 4 h 开始测试试件的纹理形貌指标和摩擦系数指标，从第 6 h 开始就每隔 4 h 测试一次数据直到第 38 h 截止。这样对于每一组沥青混合料试件需要测试 10 组数据，即 4 h、6 h、10 h、14 h、18 h、22 h、26 h、30 h、34 h、38 h 各一组数据。其中，SMA-13（X）沥青混合料分别打磨 0 h、6 h 和 38 h 后的效果图见图 5-5。

（a）0 h 效果图　　　　　　（b）6 h 效果图　　　　　　（c）38 h 效果图

图 5-5　SMA-13（X）加速磨耗效果图

对各组打磨后的试件，用热风机吹干表面水分，然后使用 6 光源低秩恢复全局积分修正算法测定试件打磨区域的数字化二维纹理和三维形貌信息。数字化二维纹理和三维形貌信息的测量均选择 10 个测试区域，相关指标的计算是将大于标准差 1.15 倍的测试区域的数据剔除后取算术平均值，具体操作见第 4.5 节。对于三维形貌信息的测量，进一步按照第 2.3.4 节中宏观和微观形貌分离的方法，分离得到宏观形貌和微观形貌，以分别计算宏观形貌标准和微观形貌指标，用于后续的分析和评价。

5.5　数字化路面形貌指标衰变特性分析

在第 4 章分析的基础上，本研究最终选择用于评价路面粗糙特性的纹理形貌指标包括：5 个三维宏观形貌指标、6 个三维微观形貌指标和 2 个二维纹理信息指标。如果对本章中 11 种沥青混合料所有纹理形貌指标全部分别建立纹理形貌指标的衰变模型，势必造成大量的篇幅浪费。通过第 4.5 节中相关性分析结果不难发现：无论是在宏观形貌指标中，还是在微观形貌指标中，平均沟造深度（MTD 或 $MTD1$）都是既同摩擦性能之间有着较好的相关性，且是众多指标中最具有代表性的表征指标。因此，本节主要是对宏观形貌指标（MTD）和微观形貌指标（$MTD1$）的衰变特性建立衰变模型，以分析不同因素对形貌指标衰变特性的影响，从而为下一章节抗滑性能同纹理形貌粗糙特性指标之间关系模型的建立提供研究基础。之后本研究再从三种材质的沥青混合料中选择出最常用的石灰岩质混合料，用于分析其他形貌指标的衰变特性，以全面反映形貌指标在衰变过程中的变化情况。

5.5.1 平均构造深度指标衰变模型的建立

考虑到 GM(1, 1)模型要求数据序列 $X^{(0)}$ 满足等时距、相连、不得跳跃的要求，而本研究在提取沥青混合料试件形貌指标的时间间隔并不完全一致，因此，本研究在进行三维形貌指标衰变模型建立的时候剔除 4 h 时刻的形貌指标数据。这样对于每一类沥青混合料试件，用于建立衰变模型的数据只有 9 组（从打磨 6 h 开始，每间隔 4 h 取一组，直到 30 h 截止）。对本研究中的 11 种沥青混合料试件，分别提取试验周期内的宏观形貌指标 MTD 和微观形貌指标 $MTD1$ 作为原始数据序列。按照二次拟合改进 GM(1, 1)模型的建立步骤，对每一种沥青混合料试件的 MTD 和 $MTD1$ 分别进行模型参数的求解，并对各自的模型进行后验差检验，以评价模型模拟的精度。其中，关于宏观形貌指标 MTD 的衰变模型的求解结果见表 5-3，关于微观形貌指标 $MTD1$ 的衰变模型的求解结果见表 5-4。

表 5-3　宏观纹理形貌指标 MTD 衰变模型求解结果

试件类型	参数|a|	参数|$\hat{D}$|	参数|$\hat{E}$|	P	C	模型精度
SMA-16（S）	0.059 7	21.047 4	22.193 4	1.000 0	0.106 7	优
SMA-13（S）	0.056 6	20.980 6	22.134 2	1.000 0	0.092 3	优
OGFC-13（S）	0.083 6	21.093 6	23.386 2	1.000 0	0.111 1	优
AC-13（S）	0.065 5	14.644 7	15.638 2	1.000 0	0.181 9	优
SMA-16（X）	0.016 1	97.508 7	96.577 5	1.000 0	0.346 8	优
SMA-13（X）	0.015 9	66.542 0	68.069 5	0.888 9	0.435 3	合格
OGFC-13（X）	0.046 5	37.589 3	39.536 7	0.888 9	0.405 9	合格
AC-13（X）	0.036 2	12.959 0	12.432 2	0.777 8	0.647 1	勉强合格
SMA-13（G）	0.008 9	148.897 7	150.230 0	1.000 0	0.261 5	优
OGFC-13（G）	0.014 4	154.902 0	157.125 8	1.000 0	0.145 1	优
AC-13（G）	0.008 9	91.676 1	92.511 5	1.000 0	0.157 9	优

表 5-4　微观纹理形貌指标 MTD1 衰变模型求解结果

试件类型	参数|a|	参数|$\hat{D}$|	参数|$\hat{E}$|	P	C	模型精度
SMA-16（S）	0.046 0	2.800 9	2.923 2	1.000 0	0.245 5	优
SMA-13（S）	0.064 2	2.630 1	2.839 6	1.000 0	0.295 6	优
OGFC-13（S）	0.061 9	3.634 9	3.856 8	1.000 0	0.077 8	优
AC-13（S）	0.066 1	2.116 6	2.301 3	1.000 0	0.248 5	优

试件类型	参数$\lvert a \rvert$	参数$\lvert \hat{D} \rvert$	参数$\lvert \hat{E} \rvert$	P	C	模型精度
SMA-16（X）	0.023 1	6.817 8	6.975 0	0.888 9	0.569 0	勉强合格
SMA-13（X）	0.049 7	2.836 1	3.004 5	1.000 0	0.261 7	优
OGFC-13（X）	0.080 9	2.697 9	2.890 9	1.000 0	0.228 8	优
AC-13（X）	0.048 0	0.880 6	0.818 0	0.778 0	0.595 9	勉强合格
SMA-13（G）	0.039 0	4.747 2	4.912 5	1.000 0	0.367 5	合格
OGFC-13（G）	0.021 5	11.861 8	12.122 8	1.000 0	0.121 0	优
AC-13（G）	0.078 8	1.547 0	1.696 4	1.000 0	0.151 1	优

从表 5-3 和表 5-4 的分析结果可以看出：二次拟合改进 GM(1,1)模型的模型精度除了极个别为勉强合格以外，大部分的模型精度等级为优，说明该模型可以较好地反映宏观形貌指标和微观形貌指标的衰变特性。为了进一步分析不同因素对形貌衰变特性的影响，接下来本研究以形貌指标 MTD 和 $MTD1$ 为例，详细地分析不同因素对衰变模型参数的影响。

1. 矿料的种类对形貌衰变特性的影响

本研究中选用了石灰岩、玄武岩和钢渣三种材质的矿料，从表 5-2 矿料指标参数的测量结果可以看出：从石灰岩到玄武岩再到钢渣，其磨耗值逐渐减小，磨光值逐渐增大，表明钢渣的抗磨性能要好于玄武岩、石灰岩。为了更直观地分析不同矿料种类对沥青混合料纹理形貌指标衰变特性的影响，由二次拟合改进 GM(1,1)模型求解的参数变化规律被绘制成图，见图 5-6 和图 5-7。考虑到所有纹理指标原始数据序列的初值 $x^{(0)}(1)$ 远小于累加生成序列的终值 $x^{(1)}(n)$，所以，参数 $\lvert \hat{D} \rvert$ 和参数 $\lvert \hat{E} \rvert$ 的值相接近。因此，绘制的图形中仅给出了参数 $\lvert a \rvert$ 和参数 $\lvert \hat{D} \rvert$ 的变化情况。

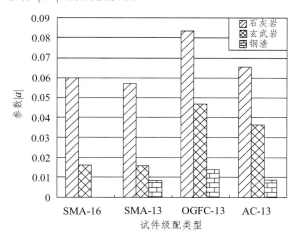

（a）衰变模型参数$\lvert a \rvert$的变化规律

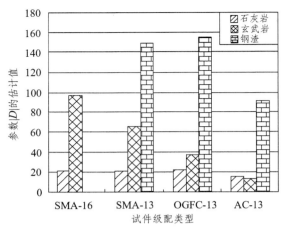

（b）衰变模型参数 $|\hat{D}|$ 的变化规律

图 5-6　*MTD* 指标衰变模型参数随矿料种类的变化情况

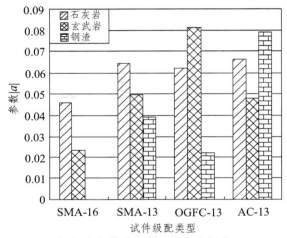

（a）衰变模型参数 $|a|$ 的变化规律

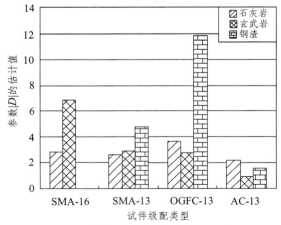

（b）衰变模型参数 $|\hat{D}|$ 的变化规律

图 5-7　*MTD*1 指标衰变模型参数随矿料种类的变化情况

图 5-6 表明不同的矿料种类对沥青混合料宏观形貌指标衰变模型参数影响较大。对于 SMA-13、OGFC-13 和 AC-13，当矿料从石灰岩变成钢渣，三类混合料的模型参数 $|a|$ 分别降低 84.3%、82.8% 和 86.4%。这就意味着，沥青混合料宏观形貌指标衰变模型的衰变速率会随着矿料抗磨耗或抗磨光性能的增加而降低。模型参数 $|\hat{D}|$ 随着矿料抗磨耗或抗磨光性能的增加而增加，同样说明这一点。参数 $|\hat{D}|$ 的增加同时也说明混合料宏观形貌指标的衰变终值也会随着矿料抗磨耗或抗磨光性能的增加而增加。

从图 5-7 可以看出，不同的矿料种类会影响到混合料微观形貌指标的衰变规律，微观形貌的变化幅度并不像宏观形貌指标那么有规律，分析原因可能是除了矿料种类这一因素外，还存在其他更为重要的影响因素（如磨耗仪的打磨作用、级配类型等）。观测模型参数 $|a|$ 的变化，可以发现 SMA 级配类型沥青混合料的微观形貌指标的衰变速率随着矿料抗磨耗或抗磨光性能的增加而降低。模型参数 $|\hat{D}|$ 值变化的规律性同样不强，但是整体上大致表现出随矿料抗磨性能的增加，$|\hat{D}|$ 值有增大的趋势。说明混合料 $MTD1$ 指标的衰变终值大致有随着矿料抗磨性能提高而增加的趋势。

综上所述，不同种类的矿料会影响到沥青混合料形貌指标的衰变特性，特别是对于宏观形貌指标的衰变特性。宏观形貌指标的衰变速率会随着矿料抗磨耗、抗磨光性能的增加而降低，而宏观形貌指标的衰变终值则表现出相反的规律。不同种类的矿料对微观形貌指标的影响则要复杂得多，尽管变化规律不如宏观形貌指标那么显著，但大体上表现出与宏观形貌指标相似的规律。

2. 级配对形貌衰变特性的影响

三种级配 AC、OGFC、SMA 被选择用于本节的分析，它们分别代表着悬浮密实型、骨架空隙型和骨架密实型三种结构类型。其中：第一种结构表现为细集料含量多，粗集料悬浮于细集料之中，这种成分组成使得其力学特性表现为密实度大、内聚力高，但稳定性差；第二种结构隶属于开级配，表现为细集料较少，粗集料彼此挤压形成连通孔隙，其空隙率是三种级配中最大的，内摩阻力大，高温稳定性好；最后一种级配归属于间断密级配，是前两种级配类型的组合体，它既有相当数量的粗集料形成骨架，又有足够的细集料填充空隙提供必要的内聚力。因此，第三种结构的沥青混合料既具有较高的黏聚力，又保持着较大的内摩阻力，从而使得该种结构的密度、强度和稳定性都是三种结构中最好的。不同级配类型引起的沥青混合料试件形貌指标衰变模型参数的变化见图 5-8 和图 5-9。

通过图 5-8 中模型参数 $|a|$ 的变化情况可以看出：对宏观形貌指标而言，三种级配中，OGFC 衰变的速率最大，其次是 AC 类悬浮密实型级配，衰变速率最小的是 SMA 类骨架密实型级配。分析原因可能是 OGFC 类空隙率较大，实际与轮胎的接触面积则较小，这样就造成其实际的接地压力要高于其他类型的混合料，从而加速了形貌的衰变速率。同时较大的孔隙率会大大提高宏观形貌的尺度，从而使得轮胎与试件之间的摩擦作用有所增强。加之大空隙结构使混合料失去侧向应力的保护作用，进一步降低了沥青混合料在

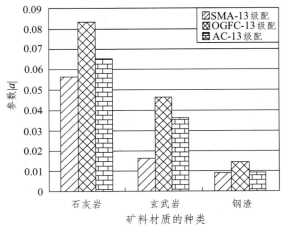

（a）衰变模型参数|a|的变化规律

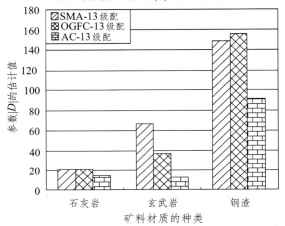

（b）衰变模型参数$|\hat{D}|$的变化规律

图 5-8 *MTD* 指标衰变模型参数随级配类型的变化情况

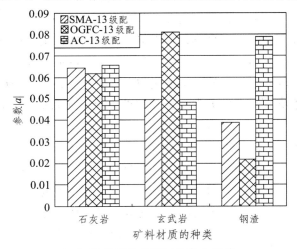

（a）衰变模型参数|a|的变化规律

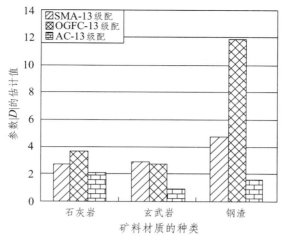

（b）衰变模型参数 $|\hat{D}|$ 的变化规律

图 5-9　*MTD*1 指标衰变模型参数随级配类型的变化情况

综合摩擦作用下的稳定性能。参数 $|\hat{D}|$ 的变化说明在同种材质的条件下，AC 类悬浮密实型级配的宏观形貌终值最小，主要是因为悬浮密实型级配混合料的稳定性不如骨架型级配。

图 5-9 则说明对于宏观形貌指标和微观形貌指标的衰变特性，级配类型对带来的影响是完全不同的。微观形貌指标 *MTD*1 的衰变速率并没有表现出特殊的规律性，说明级配类型对混合料微观形貌衰变速率的影响较小。至于微观形貌指标的最终稳定性同宏观形貌指标相类似，由参数 $|\hat{D}|$ 的变化可以看出，微观形貌衰变终值最小的同样是 AC 类级配。

3. 最大公称粒径对形貌衰变特性的影响

本研究选择了沥青表面层最常用的两种最大公称粒径 13 和 16，其中 SMA-13 属于细粒式沥青混合料，SMA-16 属于中粒式沥青混合料。不同最大公称粒径对沥青混合料形貌指标衰变模型参数的影响见图 5-10 和图 5-11。

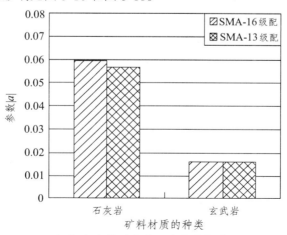

（a）衰变模型参数 $|a|$ 的变化规律

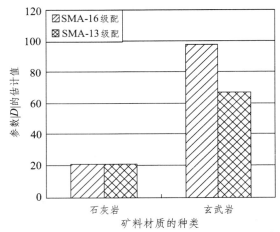

（b）衰变模型参数 $|\hat{D}|$ 的变化规律

图 5-10　*MTD* 指标衰变模型参数随最大公称粒径的变化情况

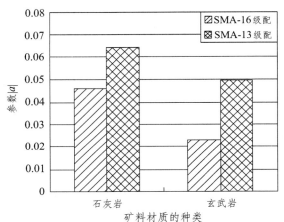

（a）衰变模型参数 $|a|$ 的变化规律

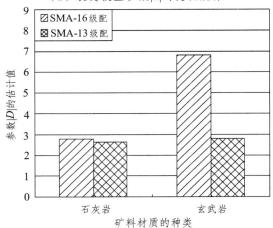

（b）衰变模型参数 $|\hat{D}|$ 的变化规律

图 5-11　*MTD*1 指标衰变模型参数随最大公称粒径的变化情况

从图 5-10 中参数|a|的变化情况可以发现：对于同种材质的沥青混合料，最大公称粒径偏大的混合料，其宏观形貌指标衰变速率略大于最大公称粒径偏小的混合料。如果单就其模型参数 $|\hat{D}|$ 而言，对于耐磨性能较差的石灰岩质材料，不同最大公称粒径的混合料的衰变终值之间的差异性并不大；而对耐磨性能较好的玄武岩质材料，最大公称粒径偏大的混合料其衰变终值要高于最大公称粒径偏小的混合料。这也说明了对于耐磨性能较好的石料，适当提高其最大公称粒径有助于提高混合料的抗滑性能终值，从而改善混合料的抗滑性能。

然而，从图 5-11 中不难看出，最大公称粒径对于混合料微观形貌指标的影响完全不同于宏观形貌指标的规律。微观形貌指标的衰变速率反而随着最大公称粒径的减小而增加，这可能是因为宏观形貌构造的磨耗过程中会生成新的微观形貌构造。正是由于最大公称粒径较大的混合料，其宏观形貌构造受到的磨耗力更大，更有利于生成新的微观形貌构造，从而降低了微观形貌指标的衰变速率。但是，就参数 $|\hat{D}|$ 而言，较大的最大公称粒径有助于维持较大的微观形貌指标 $MTD1$ 的衰变终值。

5.5.2 其他形貌指标衰变模型的分析

上文仅从平均构造深度这一指标的角度分析了形貌指标的衰变特性，为了更加全面地分析形貌的变化规律，本节将针对石灰岩这一材质的沥青混合料试件的其他形貌指标衰变模型参数的变化情况进行详细的探讨。表 5-5 和表 5-6 分别给出了其他宏观形貌指标和其他微观形貌指标衰变模型参数的求解结果。

表 5-5 其他宏观纹理形貌指标衰变模型求解结果

宏观指标	试件类型	参数|a|	参数 $|\hat{D}|$	P	C	模型精度
S	SMA-16（S）	0.008 6	429.655 7	0.888 9	0.418 9	合格
	SMA-13（S）	0.017 4	171.225 4	0.777 8	0.505 1	勉强合格
	OGFC-13（S）	0.031 8	125.863 3	1.000 0	0.201 9	优
	AC-13（S）	0.005 7	521.449 0	0.777 8	0.552 5	勉强合格
S_k	SMA-16（S）	0.144 4	1.892 6	1.000 0	0.393 4	合格
	SMA-13（S）	0.022 5	3.734 6	0.777 8	0.586 0	勉强合格
	OGFC-13（S）	0.313 4	0.483 0	0.777 8	0.556 8	勉强合格
	AC-13（S）	0.126 2	1.425 1	0.888 9	0.440 8	合格
DD	SMA-16（S）	0	2.236 9	0.001 0	0.000 2	不合格
	SMA-13（S）	0	5.539 8	0.000 1	0.000 1	不合格
	OGFC-13（S）	0	1.847 5	0.000 1	0.000 1	不合格
	AC-13（S）	0	1.695 2	0.000 1	0.000 0	不合格
λ_q	SMA-16（S）	0.032 6	244.296 4	1.000 0	0.347 6	优
	SMA-13（S）	0.008 5	731.866	0.888 9	0.399 4	合格
	OGFC-13（S）	0.044 6	147.693 3	1.000 0	0.151 4	优
	AC-13（S）	0.017 5	330.743 7	0.777 8	0.577 6	勉强合格

表 5-6　其他微观纹理形貌指标衰变模型求解结果

微观指标	试件类型	参数 $\lvert a \rvert$	参数 $\lvert \hat{D} \rvert$	P	C	模型精度
$S1$	SMA-16(S)	0.004 1	28.127 4	0.888 9	0.477 0	合格
	SMA-13(S)	0.002 3	49.962 9	0.888 9	0.492 5	合格
	OGFC-13(S)	0.005 2	25.973 6	1.000 0	0.387 4	合格
	AC-13(S)	0.012 2	11.103 8	0.777 8	0.469 4	勉强合格
$K_{u}1$	SMA-16(S)	0.027 3	238.439 7	1.000 0	0.181 3	优
	SMA-13(S)	0.020 0	382.544 2	1.000 0	0.432 7	合格
	OGFC-13(S)	0.030 2	179.904 6	0.777 8	0.527 9	勉强合格
	AC-13(S)	0.026 0	205.324 0	1.000 0	0.389 7	合格
$S_{k}1$	SMA-16(S)	0.139 7	0.292 5	0.777 8	0.587 7	勉强合格
	SMA-13(S)	0.268 6	0.139 5	0.888 9	0.390 3	合格
	OGFC-13(S)	0.121 3	0.859 3	1.000 0	0.389 4	合格
	AC-13(S)	0.090 6	0.581 9	0.777 8	0.627 4	勉强合格
$K_{a}1$	SMA-16(S)	0.008 8	79.613 2	0.888 9	0.384 8	合格
	SMA-13(S)	0.004 0	183.136 0	0.888 9	0.491 8	合格
	OGFC-13(S)	0.008 4	82.969 3	0.888 9	0.375 0	合格
	AC-13(S)	0.001 3	568.971 1	0.777 8	0.639 8	勉强合格
$\lambda_{q}1$	SMA-16(S)	0.007 3	25.256 6	0.888 9	0.431 5	合格
	SMA-13(S)	0.002 5	70.025 9	0.888 9	0.372 8	合格
	OGFC-13(S)	0.001 3	147.794 1	0.888 9	0.426 2	合格
	AC-13(S)	0.001 3	154.346 5	0.777 8	0.639 7	勉强合格

　　从表 5-5 中结果可以看出：除了三维分形维数（DD）指标以外，其他宏观形貌指标衰变模型的检验结果都在可以接受的范围内。分析原因可能是 DD 指标是三维形貌粗糙特性形状指标中的综合指标，综合反映了高度方向和波长方向上的形貌粗糙特性的变化。而高度方向相关指标和波长方向相关指标对抗滑性能的作用方向又正好相反。正是由于这种方向相反的综合作用才使得指标最终的变化规律较差，波动性较大，从而使得二次拟合改进 GM(1, 1)模型不再适用。在这些宏观形貌指标中，除了轮廓偏斜度（S_k），其他指标的衰变速率均要低于平均构造深度指标（MTD）。这一现象说明了，轮胎的磨耗作用对影响纹理形貌稳定性的 S_k 指标最为敏感，其次是高度方向相关指标 MTD。通过数据整体变化情况的分析，可以得知这些宏观形貌指标的衰变特性类似于 MTD 指标：仍然是OGFC 的衰变速率最大；最大公称粒径偏大的混合料的衰变速率要略大于最大公称粒径偏小的混合料。单就衰变终值层面而言，SMA 和 OGFC 级配类混合料的衰变终值要优于AC 级配类型，更有利于抗滑性能的保持。

表 5-6 中的后验差检验结果表明所有的微观形貌指标的模型精度都在可以接受的范围之内。分析表 5-6 中的数据可以看出，在微观纹理形貌指标中，除了影响纹理形貌轮廓稳定性指标（S_k1）以外，其他指标的衰变速率均小于 $MTD1$ 指标。同宏观形貌指标相类似，微观形貌指标中，轮胎的磨耗作用对微观形貌的 S_k1 和 $MTD1$ 两个指标也是最敏感的。所有指标中，除了 $S1$ 指标，其他微观形貌指标，尤其是 S_k1 和 K_a1 两个指标，表现出 SMA 或 OGFC 级配类型混合料的衰变速率要大于 AC 级配，这也说明了骨架级配类型的混合料在微观形貌层面，其轮廓幅度分布的不对称程度和各向差异程度较大，更容易受到摩擦作用的影响。

5.6 路面图像二维纹理信息指标衰变特性分析

至于路面图像二维纹理信息指标，由于图像的二维信息所反映的是形貌在水平面上的投影情况，并不是真正的形貌在三维空间中的分布情况，从而导致图像二维纹理信息指标同抗滑性能指标之间的相关性均较差，并不能实际反映路面抗滑性能的衰变特性。因此，本章仅对二维纹理信息指标的变化情况作解释说明，不再进一步进行模型的建立和分析。

通过前一章的分析可知，图像的二维纹理信息指标同抗滑性能指标的相关性较差。其携带的信息为形貌在水平面上的投影信息，受集料的颜色、环境照明、相机的因素影响较大。考虑该类指标并不能真实反映路面的抗滑状态，再次建立该类指标的衰变模型用来指导抗滑性路面的设计，意义不大。因此，本节内容仅对图像二维纹理信息指标在加速磨耗试验过程中的变化情况进行描述，并加以说明。图 5-12 和图 5-13 分别给出了SMA-13（S）、OGFC-13（S）和 AC-13（S）三种级配类型混合料的图像二维纹理信息指标[裸露粗集料区域化面积比（R）和角二阶矩（ASM）]在加速磨耗过程中的变化趋势。

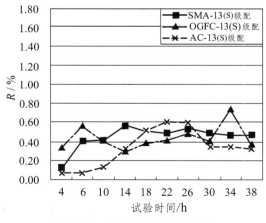

图 5-12　R 指标的演变趋势图

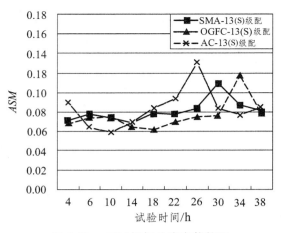

图 5-13　ASM 指标的演变趋势图

从图 5-12 和图 5-13 中可以看出，在加速磨耗的过程中无论是 R 指标还是 ASM 指标，都存在反复的波动性。造成这种波动性的结果主要有两方面的原因：一是集料表面的沥青膜的影响；二是集料在打磨的过程中重新生成新的表面纹理。其中沥青膜的影响主要是在试验的前期阶段，而集料的磨耗作用则是在试验的中后期阶段。以 R 为例，在 4~6 h 时，黏附在粗集料表面的局部沥青斑点被逐渐打磨，从而使得 R 指标有增大的趋势。随着之后试验的进行，轮胎的磨耗作用逐渐显现。集料表面的纹理形貌不断地往返于打磨和生成之间。集料表面被磨碎或打磨而生成新的集料表面，从而使得粗集料区域化面积在图像中重新被分割。而分割边界在打磨的作用下会再次趋于统一，造成 R 指标在中后期的打磨过程中呈现出波动现象。从 ASM 指标的定义可知，ASM 指标代表了图像纹理粗细程度以及图像灰度的均匀程度，其值越小则纹理越细，图像灰度值分布越不均匀。图5-13 表明在加速磨耗的过程中，由于沥青膜和集料表面的磨耗作用，ASM 指标尽管在局部存在波动性，但是其整体表现出上升的趋势，说明混合料试件形貌轮廓的复杂程度越来越低，逐渐变得均匀，这一整体趋势的发展情况同沥青混合料试件实际的变化情况相一致。

5.7　本章小结

本章主要结论如下：

（1）影响沥青路面抗滑衰变特性的因素众多，而传统的摩擦系数评价体系存在限制条件多、普适性差等问题。为了建立基于纹理形貌粗糙特性指标的抗滑性能评价体系，本研究设计了微型环道式室内加速磨耗仪，以模拟实际行车荷载对路面的打磨作用。这样既可以较好地控制试验条件，又可以增加试验速度、缩短试验周期。

（2）传统基于大样本数据量的回归拟合统计类建模方法并不适用于本研究中加速磨耗试验下的纹理形貌衰变模型的建立。为此，本研究引入基于灰色系统理论中以小样本、贫信息系统为研究对象的二次拟合改进 GM(1, 1)模型，用于分析沥青混合料试件纹理形貌指标的衰变特性。该模型并不是直接对观测数据进行处理，而是对处理后得到的声称数据列建立相应的微分方程。该模型参数的物理意义明确，其中：发展系数 a 反映了数据列的衰变速率；参数 $\hat{D}$ 反映了一次累加生成序列 $X^{(1)}$ 的初值和终值之差；参数 $\hat{E}$ 则代表了累加生成序列 $X^{(1)}$ 的最终状态。通过建模和后验差检验分析，结果表明，除了宏观形貌指标中的三维分形维数（DD），其他指标均表现出较好的模拟效果。分析原因可能是 DD 指标中方向相反分量的综合作用，使得其最终的变化规律较差，波动性较大。

（3）为了分析不同因素对形貌衰变特性的影响，本研究采用二次拟合改进 GM(1, 1)模型分别分析了不同因素对宏观形貌指标和微观形貌指标中的平均构造深度指标（MTD 和 $MTD1$）的衰变规律的影响。其中，不同矿料种类对混合料衰变特性的影响主要体现在以下几点：

① 就宏观形貌层面而言，沥青混合料的形貌指标的衰变速率会随着矿料耐磨性的增加而降低，且矿料的耐磨性越强，最终的衰变终值也会越高。

② 就微观形貌层面而言，由于磨耗过程中新的微观形貌始终在不断地生成，使得其衰变特性变得复杂。特别是其指标衰变速率的规律性较差，但其衰变终值大致有随着矿料抗磨性能提高而增加的趋势。

（4）级配类型对形貌指标（MTD 和 $MTD1$）衰变特性的影响主要体现在：

① 对于宏观形貌，OGFC 型沥青混合料指标衰变的速率最大，其次是 AC 类级配，衰变速率最小的是 SMA 类级配。但是，AC 类混合料指标的衰变终值却是最小的，主要是因为 AC 类混合料的稳定性不如骨架型级配。

② 对于微观形貌，微观形貌指标 $MTD1$ 的衰变速率并没有表现出特殊的规律性。但至于其衰变终值，则表现出同宏观形貌指标相类似的规律，同样是 AC 类混合料最小。

（5）最大公称粒径对沥青混合料形貌指标（MTD 和 $MTD1$）衰变特性的影响则表现出：

① 对于宏观形貌而言，最大公称粒径偏大的混合料其指标衰变速率略大于最大公称粒径偏小的混合料。在衰变终值上，对于耐磨性能较差的石灰岩质材料，不同最大公称粒径对衰变终值的影响并不大；而对耐磨性能较好的玄武岩质材料，最大公称粒径偏大的混合料其衰变终值要高于最大公称粒径偏小的混合料。

② 对于微观形貌而言，微观形貌指标的衰变速率反而随着最大公称粒径的减小而增加，这也可能是宏观形貌构造在磨耗过程中生成新的微观纹理构造所造成的。

（6）本章对石灰岩质沥青混合料的其他形貌指标的衰变特性进行了建模分析，结果表明：

① 在宏观形貌指标层面，其他指标的衰变特性的变化规律类似于平均构造深度指标：仍然是 OGFC 类混合料的衰变速率最大；最大公称粒径偏大的混合料的衰变速率要略大于最大公称粒径偏小的混合料。在众多指标中，除了 S_k 以外，其他的指标的衰变速率均要低于 MTD，说明轮胎的磨耗作用对影响形貌稳定性的 S_k 和 MTD 指标最为敏感。但就衰变终值而言，SMA 和 OGFC 级配类混合料的衰变终值要优于 AC 级配类型，更有利于

抗滑性能的持久保持。

②在微观形貌指标层面，其衰变特性要复杂得多。轮胎的磨耗作用对微观形貌中 S_k1 和 $MTD1$ 指标衰变速率的影响最为显著。

（7）图像的二维纹理信息指标并不能反映抗滑性能的真实情况，亦不能反映抗滑性能真实的衰变特性。所以，本章仅仅对图像二维纹理信息指标的变化规律作了简单分析和描述，并没有对其衰变特性进行深入的建模和分析。通过 R 指标和 ASM 指标的变化情况可以看出：在加速磨耗的过程中，R 指标和 ASM 指标都存在反复波动现象。造成这种波动性的原因是集料表面的沥青膜的影响以及集料表面被打磨生成新表面的影响。其中，沥青膜的影响主要集中在试验的前期阶段，而集料的磨耗作用则体现在试验的中后期阶段。对于 ASM 指标而言，尽管在局部上存在波动性，但是其整体仍表现为上升的趋势，说明在衰变过程中，沥青混合料形貌轮廓的复杂程度在降低，ASM 指标的这种整体变化趋势同沥青混合料试件纹理形貌指标的变化情况相一致。

第 6 章

PART SIX

基于数字化形貌的路面
抗滑性能关系模型的建立

本章采用摩擦学理论和多元回归分析法从理论分析和经验回归两个角度分别讨论了纹理形貌粗糙特性指标同路面抗滑性能间的关系。在此基础之上，进一步建立了基于纹理形貌粗糙特性的路面抗滑性能的评价体系，为沥青路面抗滑性能的评价提供了新的方法和思路。该评价体系避免了摩擦系数评价体系普适性差的问题，直接依赖于路面纹理形貌的粗糙特性，易于实现，更加简化了不同评价指标之间的统一。

6.1 路面形貌对抗滑性能影响机理的分析

6.1.1 接触界面摩擦力的产生机理和组成

频发的交通事故促使人们展开了对路面抗滑性能和交通事故的调查和分析，并开始探索和认识路面抗滑力的形成机理及其影响因素。只有充分认识和了解路面抗滑力形成机理，才可能进一步探索其在减少交通事故率等方面的可行性措施，保障交通参与者的生命财产安全。路面摩擦系统区别于传统机械摩擦系统的特点是它涉及路面本体、车辆本体、交通使用群体、交通管理群体以及气候环境等多个方面，情况多变，影响因素复杂。研究者们曾尝试使用来自不同学科的理论来解释路面摩擦系统中轮胎与路面接触区域摩擦力的形成机理。这些学科理论涉及机械摩擦学理论、分子作用理论、汽车动力学以及流体动力润滑理论等。

为了解释摩擦的形成，人们曾提出机械啮合理论，后来又提出了分子作用理论。随着研究的不断深入，直到 20 世纪 30 年代，在机械啮合理论和分子作用理论基础上，人们终于从机械-分子联合作用的角度建立了较为完善的固体摩擦理论，以解决摩擦学理论研究严重不足的迫切性问题。轮胎摩擦学是研究相对运动时发生在车辆轮胎与路面相互作用表面间的摩擦、润滑和磨损，以及三者间相互关系的基础理论和实践的一门科学。高弹性轮胎与路面之间的摩擦特性是复杂的。首先，黏弹性体的橡胶轮胎与完全弹性体的金属材料不同，其摩擦力随着实际接触面积、垂直荷载、温度和滑移速率等因素的改变而变化。其次，由于轮胎和路面两者的弹性模量差距较大，从而使得两者接触时产生的变形不一致。此外，同一般的机械摩擦不同，路面摩擦系统的摩擦系数受到温度、车速、荷载、路面平整度以及路面湿度等因素影响，它不再是一个常数，而是以上各种复杂因素的一个非线性函数。如果忽略其非线性而将其近似处理成常数将产生巨大的误差。基于这些认识，结合轮胎摩擦学的基础知识，Moore[90]将路面和轮胎之间的摩擦力定义成公式（6-1）。

$$F = F_{a} + F_{b} + F_{vis} + F_{wea} \tag{6-1}$$

式中：F 为摩擦总力；F_{a} 为附着分量，主要是由界面黏着效应和分子-机械作用而引起的；F_{b} 为滞阻分量，是由轮胎弹性变形滞后造成能量损失而引发的摩擦力；F_{vis} 和 F_{wea} 分别为轮胎因橡胶材料的黏弹性和磨损脱落而产生的摩擦力。而在正常情况下，F_{vis} 和 F_{wea} 分量都很小，可以忽略不计。因此，Tabor 理论将摩擦力进一步精炼成 3 个部分，分别是附着分量 F_a、滞阻分量 F_b、凝聚分量 F_c，即 F_c 为 F_{vis} 和 F_{wea} 之和。已知竖向压力 P，转换成摩擦系数特有形式的表达如下：

$$f = \frac{F}{P} = \frac{F_a}{P} + \frac{F_b}{P} + \frac{F_c}{P} = f_a + f_b + f_c \tag{6-2}$$

摩擦力的 3 个分量中，附着力和滞阻力构成摩擦力的主要组成部分，凝聚力只占极小一部分，一般可以忽略不计。其中：附着力是克服两个接触表面之间的分子作用力和黏着力等而必须施加的剪切力，属于分子作用理论范畴；而滞阻力则是由于表面的粗糙不平使得接触面中的软表面在相对运动时发生变形、位移等作用而产生的作用力，属于机械作用理论范畴。Kragel 依据滞阻力的形成原因又将其分成 4 种形式，即材料表面膜的剪切、材料基体的剪切、弹性变形以及塑性变形[91]。根据摩擦力的形成机理可以将摩擦力三个分量的形成解释成以下 4 个力学过程[92]。

1. 接触面间的分子力作用

实践表明，两种相互接触的物质，彼此之间会产生相互的吸引或吸附，这种分子间的吸引或吸附作用叫作分子间作用力，也称为范德瓦尔斯力的作用。正是由于这种近距离的分子间作用力才使得轮胎与路面接触区域产生吸附效应，从而构成摩擦力附着分量的一部分。轮胎和路面实际接触面积的大小决定了产生相互吸引分子的数量，从而影响着因分子作用力而形成的摩擦力的大小。但是路面污染物、水膜、灰尘的存在，会影响轮胎与路面的紧密接触，从而减小由分子引力产生的摩擦力。另外，轮胎和路面材料、环境温度等因素对分子吸引力的大小也会产生一定影响。

2. 接触面间的黏着作用

在特定条件下，紧密接触的金属材料之间，会由于分子扩散、熔融等作用产生黏着效应。同该黏着效应相类似，轮胎与路面之间也会因熔融等作用发生黏着。其最直接的证据是就水泥路面上以及室内加速磨耗试验中，经常会发现其表面附着有轮胎橡胶磨痕，这些都说明车辆轮胎与路面之间发生了黏着作用。有研究表明，在路面摩擦体系中，轮胎和路面之间存在静电吸引现象，这也是接触界面发生黏着作用的又一佐证。黏着作用力属于附着分量的一部分，其数值的大小等于剪断接触区域黏着点所需要的力。在实际情况中，轮胎与路面接触区前端是发生黏着摩擦的区域，轮胎胎面与路面凸出部分产生黏着摩擦力。黏着摩擦同样属于摩擦力中附着分量的一部分，其大小主要取决于轮胎和路面材料的性能、路面状态、环境温度、接触压力以及轮胎与路面之间的实际接触面积等因素。黏着作用根据摩擦类型又分为滚动摩擦黏着效应和滑动摩擦黏着效应，两者对摩擦力大小的贡献度完全不同。当两表面处于滚动接触状态时，黏着点的分离是沿着垂直于路面的方向进行的，而滑动摩擦黏着点的分离方向却是沿着路面的切线方向进行的。因为滑动摩擦黏着效应在黏着点分离的过程中不会发生黏着点的剪切和增大现象。因此，相对于滚动摩擦黏着效应，由滑动摩擦黏着效应导致的摩擦阻力普遍较小。

3. 路表小尺寸微凸体的微切削作用

集料在破碎轧制的过程中难免出现一些棱角，加之其表面本身就具有丰富的节理信息，这些都构成集料表面的微观构造。特别是一些尖锐而凸出的微观构造，在车辆荷载作用下，会在其与轮胎接触界面产生应力集中。当这个集中应力达到一定的程度，如超过轮胎材料的断裂强度时，就会造成对轮胎的切割。当然，这个切割是由微小凸出构造产生的微切削作用，其直观过程同常见的金属摩擦学中的犁沟现象相类似。在车辆行驶过程中，轮胎的滑动或滚动会受到微切削作用的阻力，这种由微凸体的微切削作用而产生的阻力属于轮胎与路面间摩擦力附着分量的一部分。实际在行车轮胎表面存在的这种由于微凸体的切割而引发的微切削作用已经被扫描电镜照片所证实[93]。影响这种微切削作用力的因素除了材料本体特性（包括路面材料本体特性和轮胎材料本体特性）以外，还主要涉及微凸体的分布、大小、形状、尖锐程度以及锋利程度等。

路面和轮胎两者的表面都是粗糙不平的，在其相互接触时，两者并不能完全充分接触，其真实接触面积的有效区域仅仅集中在部分局部表面上。这种不完全充分接触不仅会影响到路面黏着作用的形成，还直接关乎微切削作用产生的基础，因此，真实接触面积的大小和接触区域的分布对路面抗滑性能具有决定性影响。有研究表明，在摩擦力的各个组成分量中，黏着分量和切削作用力两部分对总的摩擦力的贡献在90%左右。

图6-1给出了黏着作用和微切削作用的理想力学模型，这里假设表面构造峰为半圆柱体，在竖向荷载的作用下被压入轮胎基体材料中。在这种情况下，轮胎同路面构造峰的接触区域包含两部分：接触端面和平行于运动方向的滑移侧面。硬质构造峰嵌入轮胎橡胶中，发生微切削作用，从而形成接触端面，该接触端面面积的大小即为微切削作用面积；而滑移侧面会在相互运动时发生剪切作用，其面积实质是轮胎与路面构造间黏着作用面积。这两部分共同构成摩擦力附着分量 F_a，见公式（6-3）。

$$F_a = T + P = A\tau_b + Sp_e \tag{6-3}$$

式中：T 为剪切力；P 为微切削推挤作用力；A 为滑移侧面面积，即黏着区域面积；τ_b 为黏着结点的剪切强度；S 为微切削作用面积；p_e 为单位面积推挤作用的阻力。

试验证明，在公式（6-3）中，p_e 的大小取决于轮胎橡胶材料性质，而与轮胎的滑移状态没有关系，通常 p_e 值正比于轮胎橡胶材料的屈服强度。虽然轮胎屈服强度的增加会提高 p_e 值，改善界面摩擦力；但是轮胎屈服强度的增加也会使得轮胎材料变硬，从而影响构造缝的嵌入深度，导致微切削面积减小，影响抗滑性能。对于理想球体嵌入模型而言，试验发现 P 值与材料屈服强度的平方成反比，即基体材料越硬，切削力就越小。τ_b 是由于剪切作用而产生的，其值取决于轮胎橡胶材料的剪切强度，与轮胎的滑移速度和滑移状态都有关系。

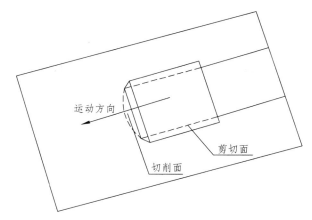

图 6-1　黏着作用与微切削作用摩擦力模型

　　根据上述分析不难发现，路面纹理形貌构造和轮胎本体特性都对附着分量影响很大，是影响路面摩擦力形成的关键性因素。路面纹理形貌构造特性直接影响着微小凸出体可嵌入基体轮胎的深度、滑移侧面面积 A 以及微切削端面面积 S；而轮胎本体特性（特别是轮胎材料的屈服强度和剪切强度）也会直接影响到接触表面的接触状态和应力状态（包括 τ_b 和的 p_e 大小）。

4. 橡胶轮胎的弹性变形

　　常用的车辆轮胎是一种橡胶材料，其具有优良的黏弹性特性，驶过路面时，由于轮胎和路面之间的刚度差，以及车辆荷载作用，轮胎会发生弹性变形。当轮胎与路面之间无相对滑动时，路面凸出体对胎面橡胶的作用力对称分布，其水平方向合力为零，不会产生弹性变形摩擦力。当轮胎与路面产生相对滑移时，由于胎面橡胶的变形，路面凸出体对橡胶轮胎的作用力呈非对称分布，就在滑移表面产生与运动方向相反的对抗力，从而产生弹性变形摩擦力。这种摩擦力主要受到轮胎材料、路面骨料尺寸特性以及滑移状态等因素的影响。

　　在路面纹理形貌构造峰、轮胎纹饰以及车辆自重等作用下，行车过程中，黏弹性的轮胎会被反复挤压，周而复始地出现明显的弹性变形。这种由具有黏弹特性的橡胶轮胎所产生的弹性变形不会立即恢复，其弹性恢复总是滞后于弹性变形。如此一来，滞后效应势必造成弹性恢复力总是小于弹性变形力。正是由于这种滞后效应造成路面摩擦体系中的变形和恢复的不平衡，造成能量损失，从而形成摩擦力的滞阻分量。假设轮胎在行车过程中的受力满足正弦变化，即

$$\sigma = \sigma_m \sin \omega t \tag{6-4}$$

式中：σ_m 为应力幅值；$\omega=2\pi f$，f 为频率；t 为时间。此时，对于具有黏弹特性的橡胶轮胎，其应变也将表现出正弦变化规律，只是由于黏性滞后的影响，应变会落后应力一个相位角 δ。其具体表达如下：

$$\varepsilon = \varepsilon_m \sin(\omega t - \delta) \tag{6-5}$$

其中：ε_m 为应变幅值。由于滞后作用，每次卸载之后，应力不会立即回到初始状态，这样就势必造成能量损失，该能量损失即为耗散能。根据黏弹性力学理论，在每次加载卸载的循环变化过程中，耗散能 E_{loss} 的计算公式如下：

$$E_{loss} = \oint \sigma(t) \mathrm{d}\varepsilon(t) = \oint \sigma(t) \frac{\mathrm{d}\varepsilon(t)}{\mathrm{d}t} \mathrm{d}t \qquad (6\text{-}6)$$

将公式（6-4）和公式（6-5）代入公式（6-6）积分得到：

$$E_{loss} = \pi \sigma_m \varepsilon_m \sin\delta \qquad (6\text{-}7)$$

公式（6-7）可以进一步转换成基于复合模量的形式表达。已知复合模量满足：$E' = \sigma_m / \varepsilon_m$，对公式（6-7）中 ε_m 进行替换，即得到公式（6-8）。

$$E_{loss} = \pi E' \sigma_m^2 \sin\delta \qquad (6\text{-}8)$$

其中：复合模量 E' 的大小可以通过室内试验确定。在车速为 v、距离为 l 的行驶条件下，轮胎周期性变形次数为 n，则有 $n = \frac{l}{v} \times f = \frac{l\omega}{2\pi v}$，在行驶距离 l 内，轮胎由于滞后变形而需要消耗的累计耗散能量 E_c 见公式（6-9）。

$$E_c = n \times E_{loss} = \frac{l\omega}{2v} E' \sigma_m^2 \sin\delta \qquad (6\text{-}9)$$

公式（6-9）中的变量包括：最大应力、激励角速度、滞后角、行车速度以及复合模量。其中，滞后角 δ 和复合模量 E' 都属于材料常数，两者都与轮胎的材料特性有关。而对于最大应力 σ_m 而言，其不仅与轮胎材料特性有关，还受路表形貌凸出体深度的影响。随着凸出体高度的增加，σ_m 将增大，弹性恢复所需的时间也就相应地被拉长，进而影响到摩擦力滞阻分量。另一个变量激励角速度 ω 则与激励外力的作用频率有关，这里的激励外力主要是由路表较大凸出体在受迫振动时产生的，该激励外力的作用频率与路表凸出体的分布有关。因此，由轮胎弹性滞后而诱发的滞阻分量不仅与轮胎本体材料特性、行车速度等因素有关，还取决于路面纹理形貌的高度和分布等特性。

综上所述，从摩擦力形成的机理可知，路面纹理形貌的高度变化、几何形状、密集状况以及其分布特性等都是影响路面抗滑性能的重要因素。尽管轮胎本体特性也是影响摩擦力形成的关键因素，但是轮胎通常是由汽车工作者们根据不同的用途、不同的车型等加以考虑和设计的。本研究的研究对象是路面，是作为一个道路工程研究者从专业的角度去探究路面本体特性对抗滑性能的影响。更何况在道路工程中对于摩擦系数的测试，所用的测试轮、橡胶磨块都是加以限制和规定的。因此，在轮胎本体因素被固定的大背景下，再去研究路面抗滑性能时，应当重点考虑其纹理形貌的粗糙特性。

6.1.2 润滑摩擦机理分析

雨天行车，由于雨水的润滑作用，会改变轮胎与路面之间的接触状态，从而影响路面抗滑性能。由于路表水的存在而导致路面抗滑性能下降的摩擦被称为润滑摩擦。润滑摩擦主要有边界润滑摩擦和流体动力润滑摩擦两种基本形式[94]。其中，边界润滑摩擦只有几个分子层的厚度，当轮胎和路面紧密接触，且行驶速度较慢时，轮胎在粗糙硬质路面很容易发生边界润滑摩擦，产生较高的水润滑摩擦力。而流体动力润滑摩擦与边界润滑摩擦不同，其接触层间水膜较厚（通常大于 1 mm）。当汽车行驶速度较高时，沿汽车行驶方向的轮胎前端胎面与路面之间会形成一个收敛性楔形水膜区域。当单位时间内流入楔形区域的水量大于流出水量时，楔形区域内的积水就会因为高速行驶而产生内部压力将轮胎向上抬升，造成轮胎与路面的分离，使接触界面的摩擦力急剧下降，影响交通安全。

对于潮湿路面，在实际情况中，轮胎与路面的接触状态并不只是简单的边界润滑摩擦或者流体动力润滑摩擦的独立情况，而是两者的混合状态。如图 6-2，可以根据接触状态的不同将接触区域分成三个部分，即：接触前端连续水膜区（第 1 区域）、接触中部间断水膜区（第 2 区域）和接触末端完全接触区（第 3 区域）。

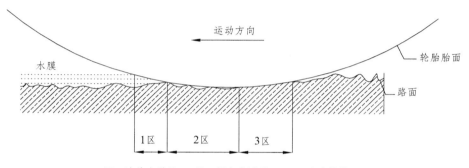

1 区—连续水膜区；2 区—间断水膜区；3 区—完全接触区。

图 6-2　轮胎与潮湿路面接触状态模型

如图 6-2 所示，1 区是由高速行驶状态下路表积水的惯性力和滞阻力所形成的，属于流体动力润滑摩擦区。在该区域中，轮胎与路面之间全部由水占据而完全脱离。2 区中尽管轮胎受到了一定的抬升，但是轮胎和路面并未完全脱离，仍存在一定的直接接触。在该区域中，车辆荷载的挤压迫使水膜向外扩散，最终出现间断性的较薄水膜。3 区中的积水则完全被挤压出去，轮胎和路面之间不存在水膜而直接接触，其间的摩擦力不再受水体的影响。在车辆运行的过程中，轮胎与路面接触区的 3 个分区并不是固定不变的，而是随着车辆速度的不同而发生着相应的变化。随着行车速度的逐渐增加，完全接触区和间断水膜区逐渐向间断水膜区和连续水膜区过渡，直到 3 个区域都形成连续水膜区而出现流体动力润滑摩擦现象。这种现象又被称为完全动力滑水（俗称"水漂"），此时轮胎和路面之间彻底被积水隔离，车辆的驱动、制动、转向等控制能力丧失而在积水上自由滑行。当轮胎与路面仍有间断水膜区存在时，产生的动力滑水现象被称为部分滑水现象。特别是在大雨天路面积水较厚，而行车速度又特别快的情形下，部分滑水现象就很容易发生。但是，要想发生完全滑水却并不容易，主要有以下原因：① 当完全滑水现象发生时，汽车丧失驱动力会导致行车速度降低；② 路面宏观纹理形貌和轮胎胎面花纹的存在提供了排水通道，接触区域内的积水在巨大压力下很容易被排出。

6.1.3 宏观形貌对路面抗滑性能的影响机理

1. 宏观形貌对干燥路面抗滑性能的影响

宏观形貌构造尺寸较大，在干燥条件下，对沥青路面抗滑性能的影响主要体现在：轮胎弹性变形所产生的非对称性弹性变形摩擦力和弹性变形滞后所引起的能量损失。而根据宏观形貌自身的构造特性又可以将其影响分为沿波长方向上的宏观形貌凸出体间距的影响和沿高度方向上的宏观形貌凸出体高度的影响。

对宏观形貌而言，凸出体间距的影响主要表现在：凸出体间距决定了车辆行驶过程中轮胎周期变形的角速度 ω。当凸出体平均间距为 D、车辆行驶速度为 v 时，轮胎周期变形的角速度 ω 满足公式（6-10），将公式（6-10）代入公式（6-9）得到公式（6-11）。从公式（6-11）中不难发现，沥青路面宏观形貌凸出体平均间距的减小，有助于提高路面的抗滑性能。主要原因在于，轮胎累计耗散能是宏观形貌凸出体平均间距的减函数，轮胎累计耗散能会随着宏观形貌凸出体平均间距的减小而增大。同时，宏观构造凸出体间距的减小还有助于增加胎面橡胶与路面间的有效接触面积，从而提高摩擦力中的附着分量。

$$\omega = 2\pi v / D \tag{6-10}$$

$$E_\mathrm{c} = n \times E_\mathrm{loss} = \frac{\pi l}{D} E' \sigma_\mathrm{m}^2 \sin \delta \tag{6-11}$$

不同于凸出体间距，宏观形貌凸出体高度的影响根据凸出体被轮胎完全包络的情形不同又有所不同。当橡胶轮胎可以完全包络宏观形貌凸出体时，随着凸出体高度的增加，轮胎累计耗散能会随着应力幅值的增加而增大，相应的沥青路面的抗滑力也随之增加；当橡胶轮胎只能部分完全包络宏观形貌凸出体时，轮胎的应力幅值并不会随着宏观构造凸出体高度的增大而改变，从而导致沥青路面的抗滑性能在该情形下不会发生任何变化。

2. 宏观形貌对潮湿路面抗滑性能的影响

由伯努利能量方程可知[95]，轮胎在潮湿路面上产生的动水压力与速度的平方成正比，水膜的动水压力会随着车辆行驶速度增加而增大，从而影响行车安全。而宏观形貌可以为路表积水提供宣泄通道，使第 3 区完全接触区域面积增大，降低流体动力润滑摩擦发生的可能，从而改善润滑摩擦条件下的抗滑性能。代琦[96]将路表的粗糙峰近似处理成球体构造，将道路表面假设成由许多曲率半径和高度相同的球体结构整齐排列而成的理想粗糙表面。通过理想粗糙表面的接触状态的分析和轮胎-路面体系摩擦力的理论计算，忽略摩擦力中的凝聚分量，从而得到理想粗糙表面接触体系的摩擦切应力以及摩擦系数的表达式，分别见公式（6-12）和公式（6-13）。

$$\tau_{\mathrm{r}} = \tau_0 + \frac{\beta(4E^*)^{2/3}P^{1/3}(2Rh-h^2)^{1/3}}{(3\pi)^{2/3}k^{1/3}R^{2/3}} + \frac{0.25\alpha(3P)^{2/3}(2Rh-h^2)^{2/3}}{\Theta\pi^{1/3}(4E^*k)^{2/3}R^{4/3}} \quad (6\text{-}12)$$

$$\varphi = \frac{\tau_{\mathrm{r}}}{P_{\mathrm{r}}} = \frac{\tau_0(3\pi)^{2/3}k^{1/3}R^{2/3}}{(4E^*)^{2/3}P^{1/3}(2Rh-h^2)^{1/3}} + \beta + \frac{1.08\pi^{1/3}\alpha P^{1/3}(2Rh-h^2)^{1/3}}{\Theta(4E^*)^{4/3}k^{1/3}R^{2/3}} \quad (6\text{-}13)$$

式中：τ_{r} 为接触面摩擦切应力；φ 为接触面摩擦系数；P_{r} 为轮胎与路面的实际接触应力；τ_0 和 β 为路面状态参数，取决于路面的干湿状态和污染程度等因素；E^* 为橡胶轮胎的当量弹性模量；P 为轮胎胎压；k 为轮胎胎面花纹密度系数；R 为理想粗糙表面的曲率半径，即集料最大公称粒径；h 为路表平均构造深度；α 为橡胶轮胎滞后损失系数；Θ 为轮胎材料的弹性常数，$\Theta = (1-\mu^2)/E$。

式（6-13）中的前两项为摩擦系数中的附着分量，最后一项为摩擦系数中的滞阻分量。不难看出，路面的抗滑性能主要取决于路面的状态（参数 τ_0 和 β）、橡胶轮胎的材料特性（参数 E^*、k、α 和 Θ 等）以及路面形貌特性（参数 R 和 h）。在雨天行车时，潮湿路面由于水膜润滑，使得式（6-13）中前两项明显下降，而对最后一项的影响却并不大，该项与路面干湿状态和污染程度无关，主要受路面形貌构造特性和轮胎本体特性的影响。因此，对于潮湿路面，可以设法提高公式（6-13）中最后一项的数值，提高滞阻分量，以弥补路面干湿状态对附着分量造成的下降。为了提高摩擦系数的滞阻分量，可以通过优化公式（6-13）最后一项中的表达式，如下：

$$t = \frac{(2Rh-h^2)^{1/3}}{R^{2/3}} = \left[2\left(\frac{h}{R}\right) - \left(\frac{h}{R}\right)^2\right]^{1/3} \quad (6\text{-}14)$$

通常而言，h 与 R 的比值不可能不大于 1。当 $0 \leqslant \frac{h}{R} \leqslant 1$ 时，表达式 t 为变量 $\frac{h}{R}$ 的增函数。式（6-13）中最后一项滞阻分量会随 $\frac{h}{R}$ 值的增加而增大。因此，在相同最大公称粒径的条件下，适当提高路表宏观形貌的构造深度，有助于提高潮湿状态下路面的抗滑性能。

6.1.4 微观形貌对路面抗滑性能的影响机理

微观形貌对路面抗滑性能的影响主要是通过黏着以及微切削作用。微观形貌构造能够增加轮胎和路面间的咬合程度，是车辆在低速行驶过程中摩擦力形成的主要原因。雨天行车时，尖锐的微观形貌构造峰能够刺穿水膜，增加其与轮胎的接触，达到改善接触状态，提高抗滑力的效果。按照微观形貌的构造特性，其对路面抗滑性能的影响主要可以分为三类：微观形貌高度特性的影响、微观形貌密集程度的影响以及微观形貌峰尖锐程度的影响。

微观形貌高度特性的影响主要表现在以下几个方面：

（1）当轮胎与路面发生附着摩擦时，由附着作用引起的摩擦功等于橡胶轮胎黏着和微切削能量的损失，根据该原理附着摩擦力可以表达成如下形式：

$$F_{a} = K_{1}K_{2}\sigma_{m}\frac{N}{H}\tan\delta \tag{6-15}$$

式中：K_1 和 K_2 分别为黏着系数和微切削系数；σ_m 为微凸体尖端最大应力；N 为垂直方向荷载；H 为橡胶轮胎的硬度；δ 为橡胶轮胎滞后角。参数 H 和 δ 由轮胎材料的特性所决定，对于相同轮胎，摩擦力的附着分量 F_a 与微凸体顶部的最大应力 σ_m 成正比例关系。微观形貌高度参数越大，其嵌入轮胎的深度也就越大，相应的微凸体顶部最大应力 σ_m 也就越大，从而使得胎面的摩擦力越大。所以，增加路面微观形貌高度特性参数有助于抗滑性能的提高。

（2）对于潮湿路面而言，高度特性参数较大的微观形貌微凸体可以较好地穿透水膜厚度而直接与橡胶轮胎相接触，从而增加接触区域的面积，阻止流体动力滑水现象的发生。因此，增加微观形貌高度特性参数，还有助于提高路面在潮湿情况下的安全性能。

而就微观形貌密集程度而言，其大小直接决定了轮胎与路面的有效接触面积以及接触区域的分布情况。密集程度越高，单位面积内的微凸体的数量就越多，有效接触区域面积也就越大，与轮胎发生黏着和微切削的有效作用点就越多，最终形成的摩擦力附着分量也就越大。所以，间距较小、密集程度较高的微观形貌特性会改善沥青路面的抗滑性能。

微观形貌峰的尖锐程度则直接影响其在基体橡胶轮胎中的嵌入深度。当微观形貌峰较尖锐时，其在与轮胎接触顶端处就会产生较大的集中应力。越发尖锐的微凸体，其引发的集中应力就越大，刺穿橡胶轮胎就越容易，刺入深度就越大，相应的破坏橡胶轮胎分子链段做功就越大，所产生的微切削摩擦力也就越大。同时，尖锐的微凸体可以更好地刺破潮湿路面的水膜，有助于路面和橡胶轮胎的直接接触，从而提高路面的抗滑性能。

综上所述，无论是在干燥还是潮湿的行车条件下，微观形貌高度特性参数大、密集程度高以及微凸体峰顶尖锐的沥青路面都有助于改善其抗滑性能。

6.2 路面干湿状态对抗滑性能的影响

由上文分析可知，在路面积水的条件下，容易造成润滑摩擦，从而降低路面的抗滑性能。为了分析路面干湿状态对其摩擦系数的影响，本研究以石灰岩质的 AC-13、SMA-13 以及 OGFC-13 三种级配类型的混合料为例，首先将每种类型的沥青混合料试件在加速磨耗仪上各自打磨 4 h 以消除裹覆在集料表面的沥青薄膜的影响，然后采用动态旋转摩擦系数仪分别测试试件在干湿两种状态下的动摩擦系数，以分析和说明不同形貌特性对不同干湿状态下路面抗滑性能的影响。图 6-3 描绘了在干湿两种状态下不同类型混合料试件的动摩擦系数（DF）随测试速度的变化关系。

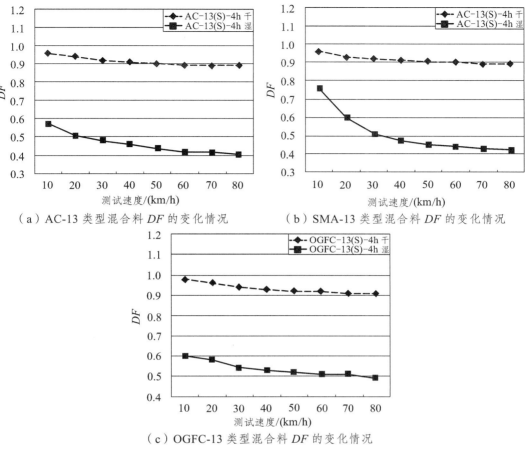

（a）AC-13 类型混合料 *DF* 的变化情况 　　　　（b）SMA-13 类型混合料 *DF* 的变化情况

（c）OGFC-13 类型混合料 *DF* 的变化情况

图 6-3　干湿两种状态下混合料动摩擦系数随速度的变化情况

图 6-3 的结果表明，对于所有类型的沥青混合料，其潮湿条件的抗滑性能都要明显低于干燥条件下的抗滑性能。这主要是因为路面在潮湿的状态下，由于积水的影响而产生润滑摩擦现象，从而使得路面的抗滑性能有所降低。同时，无论是在干燥还是在潮湿状态下，路面抗滑性能都会随着行车速度的提高而表现出衰减的趋势。但是，其衰减速率并非一成不变，而是随着速度的不断增加逐步减小。且同干燥状态的路面相比，潮湿条件下，路面的抗滑性能随速度衰减的速率更快。分析原因可能是在干燥路面状态下，橡胶与路面之间产生相对滑动，两种接触面摩擦生热使得橡胶表面出现熔融现象，表面熔融层起到润滑剂的作用，使得摩擦系数测试值降低。随着测试速度的不断增大，橡胶表面的熔融面积也随之增大，直至整个橡胶表面全部熔融。当测试速度增大到一定的程度时，由于橡胶表面熔融层的面积不会继续增加，而使得其因润滑作用而造成的抗滑性能的衰减效果不再明显，故动摩擦系数的衰减速率随速度的增加而有所减小。而对于潮湿路面，由于水膜的润滑作用，当速度较低时橡胶与路面之间发生边界润滑摩擦，从而使得动摩擦系数同干燥条件下相比有较大幅度的下降。当速度较高时，由于弹性流体动力润滑作用对橡胶片造成向上的推力，使得部分微凸体与橡胶之间脱离接触。随着速度的

不断增加，与橡胶脱离接触的微凸体也不断增多。但是，当速度增大到一定的程度时，路面微凸体与橡胶完全脱离接触，橡胶与轮胎间的摩擦力完全由水的黏性产生。故潮湿路面的动摩擦系数的衰减速率随速度增加同样有衰减的趋势。

为了进一步分析形貌特性对干湿两种状态下路面抗滑性能的影响，本研究将路面在干燥状态和潮湿状态下动摩擦系数的差值（ΔDF）（即路面抗滑性能的衰减幅度）作为评价指标，用以评价路面抗滑性能在不同路面状态（即干燥和潮湿两种状态）下的衰变情况，如图 6-4。同时，在 6.1 节的理论分析的基础上，选择出部分主要的三维形貌指标用于分析宏观形貌和微观形貌特性对干湿两种状态下路面抗滑性能的影响情况，如图 6-5。本研究选择的宏观形貌指标有平均构造深度（MTD）和轮廓均方根波长（λ_q）。其中：MTD 反映了宏观形貌凸出体的高度特性，与宏观形貌凸出体的平均高度成正比；λ_q 则反映了宏观形貌凸出体的间距特性，与宏观形貌凸出体的平均间距成反比。微观形貌指标有平均构造深度（$MTD1$）、轮廓均方根波长（λ_q1）以及轮廓偏斜度（S_k1），其中 $MTD1$ 和 λ_q1 两个指标的物理意义与宏观形貌相一致，而 S_k1 则反映了微观形貌的尖锐程度，当 S_k1 为正值时意味着形貌轮廓谷宽平而轮廓峰尖窄，其值越大则轮廓峰就越尖锐。

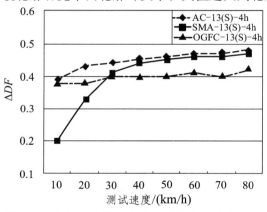

图 6-4　动摩擦系数衰减幅度随速度的变化情况

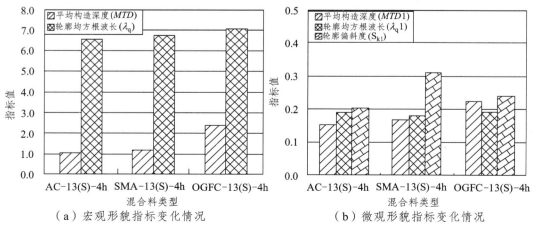

（a）宏观形貌指标变化情况　　　　（b）微观形貌指标变化情况

图 6-5　形貌指标的变化情况

结合图 6-4 和图 6-5 可以发现：

（1）随着速度的增加，3 种级配类型混合料动摩擦系数的衰减幅度表现出增加的趋势。随着速度的提高，流体动力润滑现象越来越明显，完全接触区域、间断水膜区域逐步向连续水膜区域转变而最终导致的必然结果。

（2）对于不同级配类型而言，OGFC-13 级配类型的动摩擦系数衰减幅度随速度的变化最为平缓。SMA-13 级配类型在低速情况下（10 ~ 40 km/h）时，随速度的提高其动摩擦系数衰减幅度增加较快；当速度到达 50 km/h 以后，随着速度的继续增加，其动摩擦系数衰减幅度的增加相对缓慢。特别是当速度低于 20 km/h 的时候，SMA-13 级配类型动摩擦系数的衰减幅度是 3 种级配中最小的。当速度大于 20 km/h 时，SMA-13 级配类型动摩擦系数的衰减幅度开始超越 OGFC-13 级配类型。3 种级配类型中，动摩擦系数的衰减幅度最大者始终是 AC-13 级配。分析其原因是：对于宏观形貌而言，OGFC-13 级配的凸出体的高度方向指标要大于 SMA-13 级配和 AC-13 级配，使 OGFC-13 级配类型混合料在潮湿路面条件下可以更好地排除路表积水，从而使得其动摩擦系数衰减幅度随速度的变化最为平缓。对于微观形貌而言，SMA-13 类型混合料的轮廓峰最为尖锐，在高度指标方面虽略逊于 OGFC-13 级配，但却优于 AC-13 级配。在密集程度方面，SMA-13 类型混合料同其他两种级配相比也更为密集。正是由于 SMA-13 级配类型混合料微观形貌的特性，在低速条件下才易刺透潮湿路面水膜，使得其动摩擦系数衰减幅度在 3 种级配类型中最低。但是，随着测试速度的增加，流体动力水压力的作用越来越明显，微观形貌对水膜的穿透能力被削弱，进一步导致其动摩擦系数衰减幅度在高速条件下又出现增加的趋势，甚至高于 OGFC-13 级配类型。对于穿透水膜和排除路表积水的能力而言，无论是在宏观形貌还是微观形貌中，AC-13 级配类型均输于 OGFC-13 和 SMA-13 级配类型。也正是因为此，才使得无论是在高速还是低速的条件下，AC-13 级配类型混合料的动摩擦系数的衰减幅度都是最大的。这些试验结果同 6.1 节中的理论分析结论相一致，进一步验证了前文理论分析的正确性。

6.3 基于纹理形貌粗糙特性的路面抗滑性能模型的建立

由于路面的干湿状态对其抗滑性能有着显著的影响，且鉴于干燥状态路面的抗滑性能通常可以满足行车安全的需要，同时考虑到现行《公路沥青路面施工技术规范》（JTG F40—2004）着眼于最不利因素考虑而使用潮湿状态下路面的摩擦系数评价路面的抗滑性能；因此，为了全面反映低速行驶和高速行驶两个层面的抗滑状态，本研究选择潮湿状态下的摆值（BPN）和动摩擦系数（DF_{60}）为评价指标表征路面的抗滑性能，以建立纹理形貌粗糙特性同路面抗滑性能（BPN、DF_{60}）之间的关系模型。

6.3.1 试件制备与数据采集

从第 5 章路面纹理形貌衰变特性的影响因素分析中可知，矿料种类、混合料级配类型以及最大公称粒径等混合料自身的因素都会影响到其纹理形貌特性的变化。为了使本章所建立的关系模型具有普遍使用性，就需要综合考虑以上多个方面的因素。因此，本研究沿用第 4 章中 AC-13、SMA-13、SMA-16、OGFC-13 4 种级配类型进行试验方案的设计。4 种级配混合料中集料的材质分别为石灰岩、玄武岩和钢渣。其中，由于粒径在 16 mm 以上的钢渣材料非常少，钢渣材质的混合料中不包括 SMA-16 级配，共计 11 种沥青混合料类型。

同第 4 章一样，对成型好的每种类型的混合料试件进行室内加速磨耗试验，以获取不同的纹理形貌指标参数便于模型的建立。由于本章的目的并不在于试探性研究，同时又为了减小沥青薄膜对纹理形貌粗糙特性的影响，结合 5.4 节中抗滑性能演变规律的分析，初期阶段本研究选择在试件被打磨 4 h、6 h 后分别测其指标参数（主要包括纹理形貌表征指标、BPN 和 DF_{60}）；而对 6 h 以后的磨光阶段，每间隔 4 h 测试一次其指标参数。这样对于每一组沥青混合料试件，需要测试 10 组数据，即 4 h、6 h、10 h、14 h、18 h、22 h、26 h、30 h、34 h、38 h 各一组数据。

6.3.2　基于图像二维纹理信息特性抗滑模型的建立

通过第 4.5.4 节中二维纹理信息指标相关性分析可知，图像二维纹理信息指标并不能真正地反映形貌构造在三维空间中的分布情况，从而使得图像二维纹理信息指标同抗滑性能指标之间的相关性均较差。由于图像二维纹理信息指标获取简单，求解的限制条件要求低，同时对操作环境变化的抗干扰能力强等，本研究首先从图像二维纹理信息指标出发，采用 SAS 软件编程，试图利用多元回归模型建立其同路面抗滑性能之间的关系模型。SAS 软件的全称为 Statistical Analysis System。它是大型集成应用软件系统，其功能包括数据取存、数据管理、应用开发、数据分析、图形处理、报告编制、数据预测等等。其由于功能强、效率高以及使用方便等特点而被广泛地应用到政府、教育、科研、工商业等不同领域。模型建立的结果见表 6-1 和表 6-2。

表 6-1　多元线性回归模型分析结果

模型	因变量	自变量	调整 R^2
1	BPN	R、ASM	0.028
2	DF_{60}	R、ASM	0.023

表 6-2　二次多项式回归模型分析结果

模型	因变量	自变量	调整 R^2
1	BPN	R、ASM	0.109
2	DF_{60}	R、ASM	0.143

表 6-1 和表 6-2 分别给出了关于图像二维纹理信息粗糙特性指标同路面抗滑性能指标之间的多元线性和二次多项式两种回归模型的拟合优度检验结果。判定系数 R^2 的取值范

围为 0~1，其值越接近于 1，说明回归方程对数据点的拟合优度越高。从表 6-1 和表 6-2 的分析结果可以看出，无论是多元线性回归模型还是多元二次多项回归模型，用于拟合图像二维纹理信息指标同路面抗滑性能指标之间的关系，均难以取得较好的拟合效果。这一现象又一次说明图像二维纹理信息指标所反映的是形貌在水平面上的投影情况，并不是真正的形貌在三维空间中的分布情况。如果只是简单地单独使用图像二维纹理信息粗糙特性指标，难以完成路面抗滑模型的建立。

6.3.3 基于三维形貌特性抗滑模型的建立

1. 多元线性回归模型分析

从上文中的机理分析不难发现，路面形貌的构造情况直接影响轮胎表面摩擦力的形成，其变化对抗滑性能的发展有决定性作用。本研究通过第 4 章中指标之间的聚类和相关性分析，初步选择的形貌指标主要包括：宏观形貌指标（MTD、S、S_k、DD 和 λ_q）和微观形貌指标（$MTD1$、$S1$、K_u1、S_k1、K_a1 和 λ_q1）。本研究首先应用多元线性回归模型采用进入法分析路面抗滑性能指标（BPN、DF_{60}）同路面数字化三维形貌评价指标之间的关系模型，模型分析结果见表 6-3。

表 6-3　基于路面数字化形貌指标的多元线性回归模型分析结果

模型	因变量	自变量	调整 R^2
1	BPN	MTD、S、S_k、DD、λ_q、$MTD1$、$S1$、K_u1、S_k1、K_a1、λ_q1	0.325
2	DF_{60}		0.261

表 6-3 表明采用多元线性回归模型拟合形貌指标同路面抗滑性能指标之间的关系，由于拟合优度较差，调整 R^2 只有 0.325 和 0.261，难以得到较好的拟合效果，说明多元线性回归模型并不适合于路面数字化形貌指标同抗滑性能之间的关系模型的建立。尽管多元线性回归模型没有取得较好的拟合效果；但是，在该模型的建立过程中却暴露出一个不容忽略的问题，即虽然通过第 4 章中相关性分析对自变量进行了初步优选，但是这些自变量之间依然存在严重的多重共线性问题。对于 BPN 和 DF_{60} 两个指标，其模型的偏系数检验结果分别见表 6-4 和表 6-5。

表 6-4　BPN 模型偏系数显著性检验和共线性统计检验结果

模型	非标准化系数		标准系数	t	Sig.	共线性统计量	
	B	标准误差				容差	VIF
（常量）	−154.665	182.603	—	−0.847	0.399	—	—
MTD	−10.328	4.550	−0.514	−2.270	0.025	0.121	8.279
S	0.540	2.913	0.030	0.185	0.853	0.232	4.311
S_k	−5.785	5.606	−0.087	−1.032	0.305	0.863	1.159

模型	非标准化系数		标准系数	t	Sig.	共线性统计量	
	B	标准误差				容差	VIF
DD	114.072	83.727	0.158	1.362	0.176	0.459	2.180
λ_q	2.075	1.182	0.201	1.755	0.082	0.471	2.125
$MTD1$	213.997	45.874	1.212	4.665	0.000	0.092	10.896
$S1$	−458.785	115.229	−0.699	−3.982	0.000	0.201	4.973
K_u1	−0.992	0.886	−0.137	−1.120	0.266	0.414	2.415
S_k1	1.718	7.047	0.024	0.244	0.808	0.650	1.539
K_a1	−31.816	25.927	−0.125	−1.227	0.223	0.596	1.679
λ_q1	168.414	76.627	0.358	2.198	0.030	0.234	4.274

表 6-5　DF_{60} 模型偏系数显著性检验和共线性统计检验结果

模型	非标准化系数		标准系数	t	Sig.	共线性统计量	
	B	标准误差				容差	VIF
（常量）	2.247	1.731	—	1.298	0.197	—	—
MTD	0.101	0.043	0.556	2.347	0.021	0.121	8.279
S	−0.033	0.028	−0.207	−1.213	0.228	0.232	4.311
S_k	−0.044	0.053	−0.073	−0.828	0.410	0.863	1.159
DD	−0.881	0.794	−0.135	−1.109	0.270	0.459	2.180
λ_q	0.004	0.011	0.040	0.333	0.740	0.471	2.125
$MTD1$	0.284	0.435	0.177	0.653	0.516	0.092	10.896
$S1$	−4.207	1.092	−0.707	−3.851	0.000	0.201	4.973
K_u1	0.003	0.008	0.053	0.410	0.683	0.414	2.415
S_k1	−0.052	0.067	−0.080	−0.784	0.435	0.650	1.539
K_a1	0.268	0.246	0.116	1.091	0.278	0.596	1.679
λ_q1	1.875	0.726	0.439	2.581	0.011	0.234	4.274

从表 6-4 和表 6-5 的结果中可以看出，同 BPN 之间存在显著线性关系的指标有 MTD、$MTD1$、$S1$、λ_q1，同 DF_{60} 指标之间存在显著线性关系的指标有 MTD、$S1$、λ_q1。这些指标的偏系数的显著水平均小于 0.05，可以认为这些自变量与各自因变量之间存在显著的线性关系。用于判别自变量之间多重共线性问题的主要指标之一为方差膨胀因子（VIF），VIF 值越大说明各自变量之间的多重共线性就越严重。通常 VIF 值大于等于 10，就意味着模型中自变量之间有严重的多重共线性问题。由表 6-4 和表 6-5 的 VIF 值可以看出，MTD 和 $MTD1$ 两个指标的 VIF 偏大，各形貌指标之间仍然存在严重的多重共线性问题。多重共线性的存在会给模型的建立带来许多影响，如偏回归系数估计困难，偏回归系数

的估计方差随自变量相关性的增大而增大，偏回归系数假设检验结果不显著等问题。为了进一步达到降维的目的，消除多重共线性，通过指标之间的相关性分析以决定各个指标的取舍，相关性分析结果见表 6-6。

表 6-6　形貌指标之间系数相关性分析

指标	$\lambda_q 1$	$MTD1$	S_k	$S_k 1$	λ_q	$K_a 1$	$K_u 1$	DD	S	$S1$	MTD
$\lambda_q 1$	1.000	0.129	0.177	-0.182	0.040	-0.176	-0.245	-0.110	0.400	0.631	-0.034
$MTD1$	0.129	1.000	-0.004	-0.223	0.360	0.085	-0.380	0.041	-0.030	-0.476	0.837
S_k	0.177	-0.004	1.000	-0.048	0.144	-0.147	0.051	-0.029	-0.013	-0.163	-0.032
$S_k 1$	-0.182	-0.223	-0.048	1.000	-0.104	-0.029	-0.217	-0.023	-0.028	0.271	0.079
λ_q	0.040	0.360	0.144	-0.104	1.000	0.032	-0.048	0.514	-0.166	-0.206	-0.303
$K_a 1$	-0.176	0.085	-0.147	-0.029	0.032	1.000	0.037	0.017	0.287	0.169	-0.071
$K_u 1$	-0.245	-0.380	0.051	-0.217	-0.048	0.037	1.000	0.211	-0.341	0.262	0.326
DD	-0.110	0.041	-0.029	-0.023	0.514	0.017	0.211	1.000	-0.140	-0.170	0.045
S	0.400	-0.030	-0.013	-0.028	-0.166	0.287	-0.341	-0.140	1.000	0.104	-0.214
$S1$	0.631	-0.476	-0.163	0.271	-0.206	0.169	0.262	-0.170	0.104	1.000	0.138
MTD	-0.034	0.837	-0.032	0.079	-0.303	-0.071	0.326	0.045	-0.214	0.138	1.000

表 6-6 的分析结果表明，$MTD1$ 和 MTD 之间的相关系数高达 0.837，$\lambda_q 1$ 和 $S1$ 之间的相关系数也有 0.631，其整体满足 $|r| \geq 0.5$，说明 $MTD1$ 和 MTD、$\lambda_q 1$ 和 $S1$ 指标之间存在着多重共线性。因此，在进一步进行模型回归分析之前，首先应该对指标进行挑选和删除，以最大限度地减小指标之间的多重共线性的不利影响。由表 6-4 和表 6-5 中的显著性分析结果不难看出，$MTD1$ 指标同 BPN 之间的相关性更加显著，MTD 指标则同 DF_{60} 的相关性更加显著。相对于 $\lambda_q 1$，无论是同 BPN 还是同 DF_{60}，$S1$ 指标的相关性都表现得更加显著。因此，对于 BPN 指标模型的建立，建议考虑剔除 MTD 和 $\lambda_q 1$ 两个指标，保留 $MTD1$ 和 $S1$；对于 DF_{60} 指标模型的建立，则建议考虑剔除 $MTD1$ 和 $\lambda_q 1$，保留 MTD 和 $S1$。

2. 多元二次多项式回归模型分析

由前文多元线性回归模型的尝试，不难发现多元线性回归模型的决定系数（R^2）特别低，表明多元线性回归模型并不适合描述这一类问题。接下来本研究将进一步探讨多元二次多项式回归模型用于分析该问题的可行性。

为了便于分析，首先将不同的三维形貌指标综合成一个合成向量，如：对于 BPN 指标，首先将 $MTD1$、$S1$、S_k、$S_k 1$、λ_q 等指标合成，记作 $\boldsymbol{M}_1 = [MTD1, S_1, S_k, S_k 1, \lambda_q, K_a 1, \cdots]$；对 DF_{60} 指标，则将 MTD、$S1$、S_k、$S_k 1$、λ_q 等指标合成，记作 $\boldsymbol{M}_2 = [MTD, S_1, S_k, S_k 1, \lambda_q, K_a 1, \cdots]$。则多元二次多项式回归模型可以表示成公式（6-16）。

$$\boldsymbol{F} = \boldsymbol{M} \boldsymbol{A} \boldsymbol{M}^{\mathrm{T}} + \boldsymbol{B} \boldsymbol{M}^{\mathrm{T}} + \boldsymbol{C} \tag{6-16}$$

式中：F 为抗滑性能指标，本文中具体是指 BPN 或者 DF_{60}；M 为评价指标的合成向量，M_1 或 M_2 等；A、B、C 分别为模型的二次项系数矩阵、一次项系数矩阵和常数项，其中矩阵 A 为对称方阵。下文将利用统计分析软件 SAS 编程对 BPN 和 DF_{60} 两个指标分别进行二次多项式回归分析。

（1）多元二次多项式求解 BPN 回归模型的建立。

本研究首先将尽可能多的三维形貌指标计入合成矩阵 M。对于 BPN 指标而言，最初的合成矩阵 $M_1 = [MTD1, S_k, S_k1, \lambda_q, K_a1, K_u1, DD, S, S_1]$，共计 9 个指标。模型总汇结果和因子检验结果见表 6-7 和表 6-8。

表 6-7　9 指标多元二项式求解 BPN 模型总汇结果

因变量	自变量	指标	数值
BPN	$MTD1$、S_k、S_k1、λ_q、K_a1、K_u1、DD、S、$S1$	残差标准差（Root MSE）	7.744 2
		平均残差平方和	59.973 1
		判定系数（R^2）	0.653 0
		变异系数（Coefficient of variation）	10.818 7

表 6-8　9 指标多元二项式求解 BPN 因子检验结果

因子	自由度	离差平方和	均方差	F 值	P（$r > F$）
S	10	587.49	58.75	0.98	0.471 7
S_k	10	425.36	42.54	0.71	0.711 9
DD	10	439.01	43.90	0.73	0.691 2
λ_q	10	674.21	67.42	1.12	0.361 5
$MTD1$	10	1537.57	153.76	2.56	0.012 7
$S1$	10	627.28	62.73	1.05	0.418 9
K_u1	10	453.01	45.30	0.76	0.669 9
S_k1	10	765.98	76.60	1.28	0.266 0
K_a1	10	582.24	58.22	0.97	0.478 9

通常自变量个数越多，模型的拟合优度越好。表 6-7 的结果却表明，尽管已经尽可能多地考虑了三维形貌指标的选择，但是，判定系数（R^2）也只有 0.653 0，平均残差平方和却高达 59.973 1，说明模型的拟合优度仍有待进一步改进。因子检验是对含有各个因子所有参数的联合检验，进一步观察表 6-8 中的因子分析结果可以看出，除 $MTD1$ 指标以外，其他自变量因子 F 检验的概率 P 均大于 0.05 的显著水平，说明模型参数显著水平较差。

该回归模型的建立并没有取得满意的效果，分析原因可能是在影响抗滑性能指标的因素中，除了形貌指标这些关键因素外，还存在其他关键因素，如矿料种类等。在测试路面抗滑性能的过程中，需要外界对路面做功，而这些功在测试该过程中会因摩擦作用而出现损失，根据该损失的大小即可完成抗滑性能的评定。即使对于三维形貌完全相同的表面，在这个做功的过程中，也会因为材质软硬程度的不同、抗磨耗性能的不同，而使得最终由于摩擦作用而损耗的功有所不同。因此，仅仅依靠三维形貌指标而不结合具体物体本身材质构成情况，建立抗滑性能模型并不能取得较满意的结果。为此，本研究通过引入虚拟自变量以表征混合料材质的不同，考虑本试验方案中选用的沥青混合料分为 3 种材料，即 3 水平，需要引入 2 个虚拟自变量，即 X、Y。当 $X=1$ 时，表明混合料的材质为石灰岩；当 $X=0$ 时，表明混合料的材质为其他材质；当 $X=0$、$Y=1$ 时，表明混合料的材质为钢渣材质；当 $X=0$、$Y=0$ 时，表明混合料的材质为除石灰岩、钢渣以外的其他材质，即玄武岩。

引入两个虚拟自变量 X、Y 以后，结合表 6-7 中的 9 个自变量，依次删除显著性较差的自变量，逐步分析直到得到满意的回归效果。良好的回归效果主要体现在三个方面：整体拟合优度较佳，即 R^2 值越接近于 1 越好；模型参数估计检验的概率 $P<0.05$，即模型方程满足显著性水平；因子检验的概率 $P<0.05$，即模型中每个解释变量与被解释变量之间存在显著的回归关系。通过逐步分析，最终保留下 X、$MTD1$、S_k1 和 λ_q 4 个自变量共同组成 M_1 合成矩阵，即 $M_1=[X, MTD1, S_k1, \lambda_q]$。回归分析和参数检验的结果见表 6-9 ~ 表 6-11。此时，多元二次多项式回归模型中的参数 A、B 和 C 的结果见公式（6-17）。

$$BPN = M_1 A_1 M_1^{\mathrm{T}} + B_1 M_1^{\mathrm{T}} + C_1 \tag{6-17}$$

其中：

$$M_1 = [X \quad MTD1 \quad S_k1 \quad \lambda_p]$$

$$A_1 = \begin{bmatrix} 0 & 90.395 & -28.183 & 6.29 \\ 90.395 & -10.531 & -103.957 & -17.387 \\ -28.183 & -103.957 & 13.086 & 6.932 \\ 6.219 & -17.387 & 6.932 & -0.664 \end{bmatrix}$$

$$B_1 = [-93.578 \quad 275.868 \quad -34.239 \quad 7.037]$$

$$C_1 = 42.444$$

表 6-9 多元二项式求解 BPN 模型总汇结果

因变量	自变量	指标	数值
BPN	X、$MTD1$、S_k1、λ_q	残差标准差（Root MSE）	4.408 1
		平均残差平方和	19.431 5
		判定系数（R^2）	0.803 8
		变异系数（Coefficient of variation）	6.158 1

表 6-10 多元二项式求解 BPN 模型参数估计与检验

回归	自由度	离差平方和	R^2	F 值	$P（r>F）$
线性项	4	2 415.02	0.254 0	31.07	<0.000 1
平方项	3	285.73	0.030 1	4.90	0.003 3
交叉项	6	4 940.59	0.519 7	42.38	<0.000 1
总体模型	13	7 641.34	0.803 8	30.25	<0.000 1

表 6-11　多元二项式求解 BPN 模型因子检验

因子	自由度	离差平方和	均方差	F 值	$P（r > F）$
X	4	4 097.31	1 024.33	52.71	<0.000 1
$MTD1$	5	2 872.98	574.60	29.57	<0.000 1
S_k1	5	1 831.33	366.27	18.85	<0.000 1
λ_q	5	3 672.39	734.48	37.80	<0.000 1

从表 6-9 中可以看出，模型的判定系数（R^2）为 0.803 8，平均残差平方和为 19.431 5，说明数据点可以较密集地聚集在回归线附近，即模型拟合度较好。表 6-10 的结果表明，模型的线性项、平方项、交叉项以及回归模型总体 F 检验的 P 值分别为 $P<0.000\ 1$、$P=0.003\ 3$、$P<0.000\ 1$、$P<0.000\ 1$，均低于 0.05，说明模型的被解释变量和解释变量之间的二次多项式关系显著，即回归方程模型关系显著。进一步对模型中含有各个因子的所有参数进行联合检验，以综合分析各个因子的整体回归系数的显著程度。表 6-11 中因子检验的结果表明，对于所有因子项 F 检验的概率值均为 $P<0.000\ 1$，其概率值 P 均小于 0.05，说明各因子的整体回归系数高度显著。以上结果表明，多元二次多项式回归模型高度显著，它可以很好地反映抗滑性能指标 BPN 同三维形貌指标之间的关系。因此，本研究最终保留 X、$MTD1$、S_k1 和 λ_q 4 个指标，共同组成合成矩阵 $\boldsymbol{M}_1$，并建立起抗滑性能指标 BPN 同该合成矩阵的多元二次多项式的关系模型，以描述抗滑性能指标 BPN 同路面数字化三维形貌指标之间的性能关系。

（2）多元二次多项式求解 DF_{60} 回归模型的建立。

按照前文中建立 BPN 回归模型的思路，通过对各个自变量指标的逐步筛选和剔除，最终保留 X、Y、MTD、S_k1、λ_q 5 个指标共同组成合成矩阵 $\boldsymbol{M}_2$，在合成矩阵 $\boldsymbol{M}_2$ 的基础之上，建立 DF_{60} 与不同指标之间最优的多元二次多项式模型。该模型的回归分析和参数检验结果分别见表 6-12 ～ 表 6-14。模型中各个系数求解结果见公式（6-18）。

$$DF_{60} = \boldsymbol{M}_2 \boldsymbol{A}_2 \boldsymbol{M}_2^{\mathrm{T}} + \boldsymbol{B}_2 \boldsymbol{M}_2^{\mathrm{T}} + C_2 \qquad （6\text{-}18）$$

其中：　　$\boldsymbol{M}_2 = [MTD\ \ \lambda_q\ \ S_k1\ \ X\ \ Y]$

$$\boldsymbol{A}_2 = \begin{bmatrix} 0.002 & -0.016 & -0.038 & 0.015 & -0.031 \\ -0.016 & 0.007 & 0.064 & 0.033 & 0.021 \\ -0.038 & 0.064 & 0 & -0.075 & 0.007 \\ 0.015 & 0.033 & -0.075 & 0 & 0 \\ -0.031 & 0.021 & 0.007 & 0 & 0 \end{bmatrix}$$

$$\boldsymbol{B}_2 = [0.265\ \ -0.104\ \ -0.668\ \ -0.586\ \ -0.200]$$

$$C_2 = 0.857$$

表 6-12   多元二项式求解 DF_{60} 模型总汇结果

因变量	自变量	指标	数值
DF_{60}	X、Y、MTD、S_k1、λ_q	残差标准差（Root MSE）	0.024 9
		平均残差平方和	0.000 6
		判定系数（R^2）	0.926 9
		变异系数（Coefficient of variation）	5.159 5

表 6-13   多元二项式求解 DF_{60} 模型参数估计与检验

回归	自由度	离差平方和	R^2	F 值	P（$r>F$）
线性项	5	0.620 9	0.796 2	200.48	<0.000 1
平方项	3	0.003 6	0.004 6	1.94	0.128 5
交叉项	9	0.098 3	0.126 1	17.64	<0.000 1
总体模型	17	0.722 8	0.926 9	68.64	<0.000 1

表 6-14   多元二项式求解 DF_{60} 模型因子检验

因子	自由度	离差平方和	均方差	F 值	P（$r>F$）
MTD	6	0.049 7	0.008 3	13.36	<0.000 1
λ_q	6	0.056 8	0.009 5	15.28	<0.000 1
S_k1	6	0.027 8	0.004 6	7.49	<0.000 1
X	4	0.392 3	0.098 1	158.35	<0.000 1
Y	4	0.009 6	0.002 4	3.88	0.005 8

在表 6-12 中，模型的判定系数（R^2）高达 0.926 9，其平均残差平方和也仅有 0.000 6，这些数据足以说明使用多元二次多项式模型进行拟合回归，其拟合优度较高，残差较小。从表 6-13 的模型参数估计与检验的结果中可以看出，模型的线性项、平方项、交叉项以及回归模型总体 F 检验的 P 值分别为 $P<0.000\,1$、$P=0.128\,5$、$P<0.000\,1$、$P<0.000\,1$。尽管模型的平方项概率值不满足低于 0.05 水平的要求，但从模型整体层面的检验结果看，其概率值 $P<0.000\,1$，高度显著。说明尽管模型中解释变量的平方项并不显著，但从模型的整体层面上看，被解释变量和解释变量之间的二次多项式关系显著，回归方程模型关系显著，即二次多项式关系模型整体上可以用于模拟被解释变量和解释变量之间的变化关系。表 6-14 中因子检验综合分析了各个因子的整体回归系数的显著程度。结果表明，对于所有的因子项，其概率值 P 均满足小于 0.05 的要求，说明各因子的整体回归系数高度显著。以上 3 个表格中数据的分析结果表明，多元二次多项式可以很好地反映抗滑性能指标 DF_{60} 同三维形貌指标之间的关系。因此，本研究最终保留 MTD、λ_q、S_k1、X、Y 5 个指标，共同组成合成矩阵 $\boldsymbol{M}_2$，并建立起抗滑性能指标 DF_{60} 同该合成矩阵的多元二次多项式的关系模型，以描述抗滑性能指标 DF_{60} 同三维形貌指标之间的性能关系。对比

DF_{60} 和 BPN 两个指标的模型关系不难发现，与 BPN 指标模型相比，DF_{60} 模型中多出了 Y 这一自变量指标。在组成合成矩阵分量中，X 和 Y 两个指标是用于区分混合料材质的指标。这也说明相对于 DF_{60}，BPN 指标对石料分类的要求相对要宽松一些，即对于相对材质较硬的玄武岩、钢渣不需要严格区分。分析其原因，可能是两种指标（DF_{60} 和 BPN）测试速度的不同，从而决定了测试设备对石料的冲击、磨损的严重程度不相同。

6.4 基于路面数字化三维形貌指标的 IFI 评价体系的建立

6.4.1 PIARC 模型的提出以及 IFI 指标的计算过程

目前，用于测试路面抗滑性能的设备数量众多，种类和评价标准各异，其不统一的评价标准，给各国路面抗滑性能研究者们之间的相互交流带来不小的阻碍。为了结合路面宏观形貌构造和微观形貌构造，综合评价路面的抗滑性能，Penn State 模型被提出用于建立摩擦系数（F）同测试设备滑移速度（S）之间的关系，见公式（6-19）[97]。

$$F(S) = F_0 \cdot \exp[-(S / S_p)]$$ （6-19）

式中：$F(S)$ 表示滑移速度为 S 时所对应的摩擦系数。F_0 和 S_p 为与路面形貌构造有关的特征参数。F_0 为零滑移速度下的摩擦系数值，该参数反映了路面微观层面形貌的构造情况，是微观形貌参数的函数。S_p 被称为速度数（km/h），主要依赖于路面宏观形貌特性，S_p 值越大则表明其路面的宏观形貌构造越突出。

对于大多数路面抗滑性能的测试设备而言，并不能测试滑移速度为 0 时的摩擦系数，所以实际上并不能获得 F_0 值，而只能通过外推法得到。考虑到这些测试设备可以满足低速状态下摩擦系数的测试，于是对 Penn State 模型进行修正得到修正的 Penn State 模型，该修正模型用 F_{10}（即滑移速度为 10 km/h 条件下的实测摩擦系数）代替 F_0 得到与 Penn State 模型形式相同的表达式，见公式（6-20）[98]。

$$F(S) = F_{10} \cdot \exp[(10 - S) / S_p]$$ （6-20）

由于并不是所有摩擦系数测试设备都能顺利获得滑移速度为 10 km/h 时的摩擦系数，因此修正 Penn State 模型并不适合针对所有测试设备描述其摩擦系数的变化情况。于是，为了统一不同摩擦性能的评价方法，世界道路协会路表特征技术委员会（PIARC Technical Committee on Surface Characteristics）于 1992 年在比利时和西班牙实际公路路面上进行了一次广泛的实地测量，随之 PIARC 模型应运而生。该模型的提出直接为国际摩擦指数（International Friction Index，IFI）评价体系的诞生奠定了理论基础。本次试验共有 54 个试验路段，其中 26 个位于西班牙境内，28 个位于比利时境内。这些试验路段的变化范围较宽，包含了多种不同摩擦系数和形貌构造水平。全球共有来自 16 个国家的 47 种测试设备参与了此次试验，其中包括手工铺砂法（Sand Patch Method）、摆式摩擦系数仪（British Pendulum Tester）、动态旋转式摩擦系数测量仪（Dynamic Friction Tester）、横向力系数测试系统（SCRIM）、环形形貌测试仪（Circular Track Meter）、Mu-Mete 型横向力摩擦系数测量设备等[99]。

PIARC 模型最大的好处就是该模型并不局限于特定的测试速度，可以结合速度数 S_p，将任一滑移速度下的测试摩擦系数值 FR_S 进行统一校正，转换为特定滑移速度下的校正系数，通常取 60 km/h 下的校正摩擦系数 FR_{60}。因此，该模型不再是针对特定滑移速度的检测设备，而是可以很好地对各种抗滑性能检测设备的测试结果进行统一，最终得到统一的 IFI 指标。IFI 评价体系的计算过程如下[100]：

（1）计算速度数 S_p。S_p 是路面宏观形貌构造的函数，其计算可以表达成如下形式：

$$S_p = a + b \cdot T_x \tag{6-21}$$

式中：T_x 为路面宏观形貌构造指标，其值可以是宏观形貌指标中的 MTD 或者 MPD；a 和 b 为回归系数，也被称为路面宏观形貌构造指标的标定参数。

（2）将滑移速度为 S 的实测摩擦系数值 FR_S 转化成滑移速度为 60 km/h 的校正摩擦系数值 FR_{60}，见公式（6-22）。

$$FR_{60} = FR_S \cdot \exp[(S - 60) / S_p] \tag{6-22}$$

（3）在校正摩擦系数 FR_{60} 的基础之上，进一步求解标准速度摩阻数 F_{60}。根据其测试轮轮胎胎面的不同，速度摩阻数 F_{60} 的表达形式也有所差异，见公式（6-23）。

$$光滑轮：F_{60} = A + B \cdot FR_{60}$$
$$花纹轮：F_{60} = A + B \cdot FR_{60} + C \cdot T_x \tag{6-23}$$

其中：A、B、C（对于带花纹的测试轮）是路面抗滑性能摩擦系数测试设备的系统标定参数。对于不同的路面宏观形貌指标中的回归系数 a 和 b 以及不同摩擦系数测试设备中的系数 A、B、C，在 PIARC 报告中均已经列出，只需查表即可完成相应参数（S_p 和 F_{60}）的求解。

（4）国际摩擦指数 IFI 的表达。IFI 函数包含速度数 S_p 和标准速度摩阻数 F_{60} 两个变量，其定义形式为：$IFI(F_{60}, S_p)$。在 IFI 评价体系中，根据 IFI 指标中的参数，可以计算得到任一滑移速度 S 下的摩擦系数值：

$$F(S) = F_{60} \cdot \exp[(S - 60) / S_p)] \tag{6-24}$$

世界道路协会在 IFI 评价体系的基础之上绘制了 IFI 指标的分区曲线图，见图 6-6。利用该图可以很容易地判定路面抗滑性能的具体情况以及需要改进的不足之处。其中：A 区域表示路面兼顾宏观形貌与微观形貌，具有良好的抗滑安全性；B 区域表示 S_p 值偏小，需要改进路面宏观形貌构造；C 区域表示 S_p 和 F_{60} 值均偏小，需要同时改进路面宏观和微观形貌构造；D 区则与 B 区刚好相反，表示 F_{60} 值偏小，需要改进路面微观形貌构造，以提升 F_{60}。

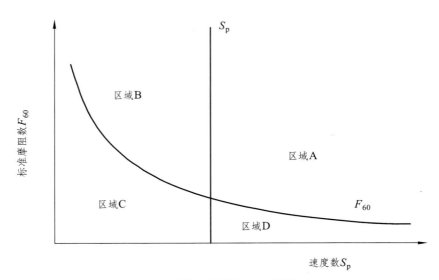

图 6-6　国际摩擦指标 *IFI* 分区示意

6.4.2　基于形貌指标的 IFI 评价体系的构建

IFI 评价体系可以很好地描述路面摩擦系数随测试速度的变化规律，其建立不仅有助于各种不同路面抗滑性能测试设备测试结果的协调统一，而且还可以用于预测摩擦系数测试设备在其他测试速度下测试结果的大小。IFI 评价体系的建立只需要求解 S_p 和 F_{60} 两个参数即可，而在前文 5.3 节抗滑性能模型的建立中，已知宏观形貌参数 MTD 指标，且已经建立了动态摩擦系数 DF_{60} 同路面三维形貌指标参数的关系模型。要构建基于三维形貌特性参数的 IFI 评价体系，只需要按照前文论述的 *IFI* 指标的计算过程，完成指标 *MTD*、DF_{60} 对参数 T_x、FR_S 的替代即可。

文献[101]给出了环形形貌测试仪测试的宏观形貌指标 *MPD* 相应的标定系数 *a* 和 *b* 的数值，同时，也给出了动态旋转式摩擦系数测量仪（Dynamic Friction Tester）测试的动态摩擦系数 DF_{60} 相应的标定系数 *A* 和 *B* 的值。它们分别满足公式（6-25）和公式（6-26）。

$$S_p = 14.2 + 89.7MPD \tag{6-25}$$

$$F_{60} = 0.081 + 0.732FR_{60} = 0.081 + 0.732DF_{60} \tag{6-26}$$

该文献仅给出了 S_p 与指标 *MPD* 之间的标定关系，并没有给出 S_p 与指标 *MTD* 之间的标定关系，而对于环形形貌测试仪，其 *MPD* 和 *MTD* 两个指标之间的关系式可以查询规范[102]得到，见公式（6-27）。整理公式（6-25）和公式（6-27），即可得出 S_p 与指标 *MTD* 之间的标定关系，见公式（6-28）。再将 DF_{60} 的回归公式（6-18）代入公式（6-26），就可以实现 S_p 和 F_{60} 两个参数的求解，进而完成 IFI 评价体系的建立，见公式（6-29）。

$$MTD = 0.947MPD + 0.069 \tag{6-27}$$

$$S_p = 7.7 + 94.7MTD \tag{6-28}$$

$$IFI = (F_{60}, S_{p}) : F(S) = F_{60} \cdot \exp[(S - 60)/S_{p}] \qquad (6\text{-}29)$$

其中：
$$F_{60} = 0.081 + 0.732(\boldsymbol{M}_2 \boldsymbol{A}_2 \boldsymbol{M}_2^{\mathrm{T}} + \boldsymbol{B}_2 \boldsymbol{M}_2 + C_2)$$

$$S_{p} = 7.7 + 94.7 MTD$$

$$\boldsymbol{M}_2 = [MTD \quad \lambda_{q} \quad S_{k} \quad 1 \quad X \quad Y]$$

$$\boldsymbol{A}_2 = \begin{bmatrix} 0.002 & -0.016 & -0.038 & 0.015 & -0.031 \\ -0.016 & 0.007 & 0.064 & 0.033 & 0.021 \\ -0.038 & 0.064 & 0 & -0.075 & 0.007 \\ 0.015 & 0.033 & -0.075 & 0 & 0 \\ -0.031 & 0.021 & 0.007 & 0 & 0 \end{bmatrix}$$

$$\boldsymbol{B}_2 = [0.265 \quad -0.104 \quad -0.668 \quad -0.586 \quad -0.200]$$

$$C_2 = 0.857$$

公式（6-29）完成了基于三维形貌指标的路面抗滑性能评价体系的建立，该体系的建立只需要通过改进光度立体算法测试路面数字化形貌特性指标，就可以直接完成路面抗滑性能的评价，从而避开了受测试速度、路面干湿状态、测试人员等因素影响较大的摩擦系数指标的测试。该评价体系为路面抗滑性能的评价提供了新的途径，其评价结果直接取决于路面数字化三维形貌特性指标，操作简单、易于实现。而且该评价方法还结合了 IFI 评价体系的优点，不仅有助于各种不同路面抗滑性能测试设备测试结果的协调统一，给来自不同国家的研究者们相互交流提供了便利，而且还可以用于预测路面在不同滑移速度下摩擦系数的变化情况。

6.5　本章小结

本章主要结论如下：

（1）通过阐述路面摩擦系统中接触界面上摩擦力的形成机理及组成。并针对宏观形貌和微观形貌的特性，从理论上分别分析了其各自构成特性对路面抗滑性能的影响。结果表明，宏观形貌直接影响着摩擦力中的附着分量和滞阻分量，从而影响到路面的抗滑性能。宏观形貌特性决定了车辆在高速行驶条件下抗滑能力的衰减速率，以及在路面积水情况下的轮胎与路面接触区域的排水能力。随着路面宏观形貌高度特性的增加，轮胎因变形滞后而产生的能量损失也随之增大，进而提高轮胎所受到的摩擦力，有助于提高路面抗滑安全性。尤其是对于雨天行车，宏观形貌构造可以方便地排除路表积水，降低水膜润滑，有助于提高车辆雨天行驶的安全性。而微观形貌构造对路面抗滑性能的影响，则主要体现在其对摩擦力中附着分量的影响。微观形貌的附着力以及凸出体的微切削作用是车辆在低速行驶条件下抗滑力的主要来源。特别是在潮湿路面上，尖锐的微观形貌构造有助于刺破水膜，可以减少轮胎与微小构造间黏弹性动力水膜的润滑作用，有助于降低车辆在雨天行驶的事故率。

（2）本研究以石灰岩质沥青混合料为例，分析了路面干湿状态对其抗滑性能的影响。结果发现，由于水膜的润滑作用，潮湿路面的抗滑性能总是明显低于干燥状态下路面的抗滑性能。对于不同级配类型而言，动摩擦系数的衰减幅度最大者始终是 AC-13 级配，OGFC-13 级配类型受宏观形貌指标的影响使得其动摩擦系数衰减幅度随速度的变化最为平缓。由于 SMA-13 混合料同时具有较好的宏观和微观形貌构造，所以其在速度低于 20 km/h 的时候，动摩擦系数的衰减幅度是所有级配中最小的。但是，微观形貌刺透水膜的能力随着速度的增加有所减弱，导致其动摩擦系数随速度的提高衰减较快。当速度到达 50 km/h 以后，由于宏观形貌的作用凸显，SMA-13 混合料动摩擦系数的衰减幅度随着速度的继续增加而变得相对缓慢。

（3）本研究分别从图像二维纹理信息指标和三维形貌指标出发，试图建立指标同路面抗滑性能之间的关系模型。结果表明，由于图像二维纹理信息指标不能真正地反映表面实际三维空间中的分布情况，难以取得较好的回归效果。而对于三维形貌指标而言，多元线性回归模型由于其拟合度较差，不适合于抗滑性能关系模型的建立。本研究最终利用多元二次多项式模型分别建立了 BPN 同 M_1 合成矩阵，DF_{60} 同 M_2 合成矩阵的关系模型，并通过对模型的总汇分析、参数估计和检验以及因子检验分析对模型进行检验，表明使用多元二次多项式模型进行拟合回归，其拟合优度较高，模型关系显著，因子的整体回归系数显著。二次多项式模型可以较好地表达路面数字化三维形貌指标同抗滑性能指标之间的关系。

（4）本研究在 PIARC 模型的基础之上，根据 IFI 评价体系的计算过程，建立了基于三维形貌特性的 IFI 评价体系。该体系不但结合了 IFI 评价体系的优点，还改进了摩擦系数评价体系普适性差，易受测试速度、路面干湿状态、测试人员等因素影响的缺点。其只需求解路面数字化三维形貌指标就可以直接完成路面抗滑性能的评价，操作简单、易于实现。

第 7 章

PART SEVEN

提高路面抗滑性能
措施的研究

在车辆荷载和环境作用下，沥青路面的抗滑性能是一个随时间延续的变化量，它会随着时间的推移而衰变。因此，无论是在路面的设计阶段，还是在道路的运营阶段，都需要采用恰当的措施和必要的手段以保证和维持路面正常交通安全所必需的抗滑性能，以降低交通安全隐患。在前文路面纹理衰变特性影响因素分析、路面抗滑性能机理分析和关系模型建立的基础上，本章主要从路面混合料设计角度出发，分析不同因素对混合料抗滑性能的影响，针对原材料的选择、配合比设计等问题提出必要的保障措施，使沥青混合料在设计时就具备必要的抗滑性能，以保证从源头控制路面的抗滑性能。

7.1 提高路面抗滑性能的常见措施

在行驶车辆重复荷载不断碾压、揉搓和磨耗的作用下，加之自然环境的侵蚀、路面材料的老化，沥青路面的抗滑性能会逐渐降低。特别是在潮湿多雨季节，容易造成交通安全事故，Giles 等[103]研究了行车速度在 40 km/h 下的路面抗滑系数 SN_{40} 同事故风险率之间的关系，发现当 SN_{40} 大于 65 时因抗滑不足而引起的交通事故率非常低，而当 SN_{40} 值小于 50 时就会显著增加交通事故率。宾夕法尼亚交通协会的 Xiao 等[104]研究了潮湿路面对交通事故率的影响，发现当路面抗滑系数从 33.4 增加到 48 时，潮湿路面因抗滑性能不足而引起的交通事故率将会减少 60%。正是由于人们意识到了路面抗滑性能同交通事故之间的利害关系，于是尝试通过多种技术手段来维持或提高路面的抗滑性能。目前，常用的措施主要有：修筑抗滑表层，采用工艺型抗滑封层结构（包括表面处治、刻槽、嵌压集料封层、树脂系列高分子材料面层防滑处理技术等），使用耐磨石料，级配优选以及清洁路表，等等。

其中，修筑抗滑表层和抗滑封层结构是提高抗滑性能各种方法中最常用的一种选择。为了提高路面的抗滑性能，国内外研究者们对沥青路面材料和修筑工艺进行了大范围、长时间的摸索，相继形成了一系列各具特色的抗滑表层结构，主要有以下几种：

7.1.1 薄层沥青混凝土（BBM）

BBM 较高空隙率的特点，使其无须任何处理，就具备优良的抗滑性能。按照级配类型划分，它属于间断级配料，通常摊铺厚度在 1.5 ~ 2.5 cm，空隙率在 6% ~ 12%。同常用的 SMA 混合料相比，BBM 具有以下几点不同：① 矿粉含量通常不高，较 SMA 减少 3% ~ 5%；② 沥青用量较低，比 SMA 降低 0.5% ~ 1.3%；③ 不需要刻意添加纤维素来防止沥青流淌。无论是在新修道路还是在旧路表层养护，特别是在重交通路段养护中，BBM 优良的平整度、较好的耐久性、突出的抗滑性能以及低噪声等一系列特点，使得其总是成为抗滑表层结构的首选。

7.1.2 沥青玛琋脂碎石（SMA）

SMA（Stone Mastic Asphalt）由德国率先开发，其最初目的是抵抗带钉轮胎对路面的破坏作用。同常规沥青混凝土相比，SMA 通常使用改性沥青结合料，给人最直观的印象就是其"三多一少"的特点。"三多"是指矿粉多、粗集料多以及沥青用量多，"一少"是指细集料含量偏少。SMA 隶属于骨架密实型级配，在保证粗集料相互嵌合形成足够内摩阻力的同时，还具备突出的来自沥青胶浆的内聚力，从而使得该混合料具有抗车辙、耐老化、抗水损、耐磨耗、抗开裂等多方面的优势。欧、美、日、中等多个国家和地区相继引入该结构，用于道路罩面。

7.1.3 开级配磨耗层（OGFC）

OGFC 具有大空隙的特点，其空隙率通常在 18%～25%，可以快速将路表积水从结构内部排走，是最常用的透水性路面结构之一。按照级配类型，其属于骨架空隙结构，这一结构直接决定了它具有防水雾、抗车辙、降噪声和抗滑等功能。事物总是具有两面性，也正是这一大空隙率的结构特性，导致沥青老化加速、结合料从矿料表面剥离、水损坏加剧以及灰尘杂物堵塞等问题，从而影响到其功能的发挥。目前，这种结构类型在美、日等国受到青睐。

7.1.4 NovaChip 超薄磨耗层

NovaChip 是美国著名的超薄磨耗层，最早起源于法国，后流传于整个欧洲。1992 年美国引进该摊铺设备，修筑了两条试验路。NovaChip 是一种间断级配沥青混合料，其表面形貌特性与 OGFC 相类似。NovaChip 超薄磨耗层系统是使用专用摊铺设备 NovaPaver 将厚度为 10～25 mm 的一层改性热拌沥青混合料摊铺到改性沥青黏之上。该改性沥青黏层与 NovaChip 磨耗层同时摊铺，一次碾压成型。NovaChip 的设计主要是针对交通负荷大、等级高、性能要求高的路面，其具有抗滑、抗磨耗、抗车辙等优良特性而被广泛应用在高等级沥青或水泥混凝土路面的预防性养护中，也通常作为抗滑磨耗层被应用在新建道路表面层[105]。

7.1.5 微表处（Micro-surfacing）

微表处技术源于稀浆封层技术，但是它和稀浆封层相比又有很大的区别，主要表现在：原材料的不同，不同于稀浆封层技术，微表处技术对原材料的要求更加苛刻，其要求沥青结合料必须为改性乳化沥青，且要求集料的砂当量必须大于 65%；微表处对混合料的性能要求更加严格，其要求混合料必须具有更好的高温稳定性和抗水损能力。为此，微表处技术舍弃了稀浆封层混合料中最细的 I 型级配类型，而采用偏粗的骨架级配。在混合料性能检验方面，微表处混合料需要满足负荷碾压 1000 次后，试件的侧向位移不大于 5%的要求，且需要经历浸水 1 h 和 6 d 的湿轮磨耗试验。微表处的摊铺厚度通常为 5～10 mm，主要用于处理路表病害以及恢复路面抗滑性能。该技术是一种兼有抗滑、病害处理、防水等多重性能的功能层，其具有快速开发交通、抗滑、抗磨耗、防水、能耗低、污染小、快速修复车辙病害等优点。

7.1.6　同步碎石封层（synchronous chip seal）

同步碎石封层技术主要用于路表功能的恢复，在改善路表抗滑性能的同时，封闭路表空隙，防止雨水下渗造成路面更多病害。该技术采用同步碎石封层车，同时喷洒改性沥青结合料（热沥青或乳化沥青）和矿料，使两者充分结合，然后由路面交通自然碾压成型，最终在路表形成单层沥青碎石磨耗层。同步碎石封层技术造价低、工艺简单、节能低碳、污染小，在资金相对匮乏的情形下，选用该技术来提高路网覆盖率是行之有效的[106]。

目前，随着路面养护、大中修的不断深入，沥青路面抗滑表层技术的发展越来越趋向于骨架密实型结构。类似于 SMA，该结构使用较多的粗集料，在保证相互嵌挤的粗集料提供必要内摩阻力的同时，依靠较多矿粉、沥青结合料形成沥青胶浆，提供足够的内部黏聚力，以保证其具有足够的耐久性。这种在提供粗糙表面构造的同时，还可以兼顾各种路面性能之间的平衡。而对于骨架空隙型混合料（如 OGFC），一般仅会在一些管理水平较高或多雨环境的路段才会使用。

根据各种措施修筑时机的不同，可以将其分为新建阶段和养护阶段抗滑结构的修筑，它们分别是在路面新建时期和路面使用过程中提高和改善抗滑性能的措施。无论是在新建阶段还是在养护维修阶段，也无论是何种类型的抗滑结构层，其修筑应用都离不开设计阶段的准备工作，这些工作包括原材料的选择、级配的设计和优选等。它们既是保证抗滑结构层必要抗滑性能的先决条件，又是各种措施中最有效、最经济合理的措施。因此，本研究对提高抗滑性能各种具体措施的研究不再区分路面是处于新建时期还是处于养护维修时期，而是集中研究在设计阶段的各种措施（如原材料的选择、级配的设计和优选等细节工作），使沥青混合料在设计时就具备必要的抗滑性能，以保证从源头控制路面的抗滑性能。

7.2　基于抗滑性能的沥青混合料设计

7.2.1　原材料的优选

由前文的分析可知，路面纹理形貌构造对路面的抗滑性能起着决定性的作用，而原材料的性能及组成情况又是路面纹理形貌构造的主要影响因素之一。其中，路面的宏观形貌构造取决于集料粒径、形状、排列等因素，而微观形貌构造则取决于填料、集料的类型、来源、品质以及集料表面的微观构造等因素。由于沥青路面长期承受轮胎的磨耗及自然环境的作用，因此集料的抗磨性和耐久性就成为保持路面长期良好抗滑性能的必要条件。由于沥青材料很容易被车辆轮胎打磨，沥青结合料对抗滑性能的影响主要体现在其对混合料稳定性的影响上，这种作用同下文中即将讨论的级配类型对抗滑性能的影响机理相类似。因此，本研究从关键性因素出发，将影响更为显著的矿料作为研究对象，分析集料品质对路面抗滑性能的影响。通常采用磨光值和磨耗值两个指标反映集料的抗磨性能，使用磨光值和磨耗值较低的集料拌制的沥青混合料会使得路面抗滑衰变性能变差，难以长期维持路面所需的抗滑性能。本研究中选择了三种材质的集料制备沥青混合料试件，分别是石灰岩、玄武岩和钢渣。由第 5.5 节可知，对于 SMA-13、OGFC-13 和 AC-13 三种沥青混合料，同石灰岩相比，钢渣质沥青混合料宏观形貌指标 MTD 的衰变速率分别降低 84.3%、82.8% 和 86.4%。不同种类的矿料对沥青混合料形貌指标的衰变特性的影响作用不同，形貌指标的衰变速率会随着集料抗磨耗、抗磨光性能的增加而减小。

为了说明原材料种类的不同对路面抗滑性能的影响，并进一步为原材料的选择提供依据，以保障沥青混合料具备良好的抗滑性能，本研究以 SMA-13 级配为例，采用 GM(1, 1) 模型分别建立不同材质下沥青混合料试件抗滑性能指标 BPN 和 DF_{60} 的衰变模型，模型求解结果见表 7-1。同时，本章也给出了打磨 4 h 后沥青混合料抗滑性能指标 BPN 和 DF_{60} 随原材料材质的变化情况，见图 7-1。

表 7-1　BPN 和 DF_{60} 指标衰变模型求解结果

指标	材质种类	参数 $|a|$	参数 $|\hat{D}|$	参数 $|\hat{E}|$	P	C	模型精度
BPN	石灰岩	0.048 7	1 729.594 5	1 814.811 3	1.000 0	0.153 7	优
	玄武岩	0.014 8	5 023.338 0	5 059.421 2	1.000 0	0.303 4	优
	钢渣	0.014 8	5 108.567 8	5 188.882 0	1.000 0	0.113 1	优
DF_{60}	石灰岩	0.045 3	9.732 1	10.168 7	1.000 0	0.083 3	优
	玄武岩	0.011 6	46.854 8	47.389 8	0.888 9	0.351 4	合格
	钢渣	0.011 3	50.099 2	50.665 1	1.000 0	0.279 8	优

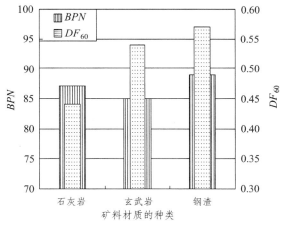

图 7-1　抗滑性能指标 BPN 和 DF_{60} 随材质的变化情况

表 7-1 中的分析结果表明，同形貌指标的衰变规律相对比，抗滑性能指标 BPN 和 DF_{60} 随集料材质变化的衰变表现出相类似的变化规律，即随着集料抗磨耗性能的增加（即集料磨光值和磨耗值的增加），抗滑性能指标的衰变速率有所减小。对于 BPN 和 DF_{60} 指标，

当集料的材料由石灰岩变到钢渣时，模型的衰变速率$|a|$分别减小了 69.6% 和 75.1%。通过参数$|a|$的变化情况还可以发现，对于 BPN 指标，玄武岩材质和钢渣材质的衰变速率并没有发生明显变化。这一现象再一次验证了第 6 章 BPN 模型建立得到的结论，即由于测试速度较低，BPN 指标的变化对石料分类的要求相对要宽松一些，对于相对材质较硬的玄武岩、钢渣并不需要太严格地区分。

从图 7-1 中不同材质对初始抗滑性能的影响结果不难发现，对于 BPN 指标，3 种材质之间最大变化幅度仅有 4.5%，而对于 DF_{60} 指标，材质变化引起的指标最大变化幅度则高达 22.8%。由此可见，材质的变化对低速条件的 BPN 指标影响并不显著，但是对高速条件的 DF_{60} 指标则会产生较大的影响。随着材质抗磨性能的提高、品质的提高，在高速测试条件下，其抵抗破损、磨耗的性能就会增强，从而增加高速条件下 DF_{60} 的值，提高高速行驶条件下的行车安全。

综上所述，集料的抗滑性能不仅影响了沥青混合料抗滑性能的衰变情况，同时也影响着初始阶段的沥青混合料在高速行车条件下的动摩擦系数。提高集料的磨光值和磨耗值，不仅有助于增加沥青混合料初始阶段高速行车条件下的动摩擦系数，同时还可以使混合料抗滑性能的衰变速率显著减小，有助于长期维持混合料抗滑性能的稳定。因此，在进行沥青混合料设计时，应当优先考虑抗磨性能较好的石料。

7.2.2　混合料级配类型的优选

不同的级配类型，不同的最大公称粒径，其混合料的形貌构成不同，其对路面抗滑性能的影响也就不同。由第 5.5 节中沥青混合料形貌衰变特性分析可知：对于宏观形貌而言，由于具有较大的空隙率，造成 OGFC 与轮胎的实际接触面积有所降低，实际接地压力就随之变大，从而加速了其混合料形貌的衰变速率；三种级配类型的混合料中，SMA 类骨架密实型级配类型混合料形貌的衰变速率最小，AC 类居中。对于微观形貌而言，由于 AC 类悬浮密实型级配以微观形貌构造为主，从而导致其混合料微观形貌的衰变速率是三种结构类型中最快的。同时，最大公称粒径也是影响形貌衰变速率的影响因素之一，对于同种材质的沥青混合料，最大公称粒径偏大的混合料其宏观形貌指标衰变速率略大于最大公称粒径偏小的混合料。

此外，由第 6.2 节中纹理形貌指标随级配类型的变化情况可知，对于宏观纹理形貌，就凸出体的高度而言，OGFC-13 级配要大于 SMA-13 级配和 AC-13 级配。对于微观纹理形貌而言，SMA-13 类型混合料的轮廓峰最为尖锐。在高度指标方面，SMA-13 级配类型混合料虽略逊于 OGFC-13 级配但优于 AC-13 级配。在密集程度方面，SMA-13 类型混合料同其他两种级配相比也更为密集。正是 SMA-13 级配类型混合料纹理形貌的这种特性，才使得 SMA-13 类型的沥青混合料无论是在高速行驶还是低速行驶条件下都具有良好的抗滑性能。而对于 AC-13 级配类型，无论是在宏观形貌还是微观形貌层面，其均弱于 OGFC-13 和 SMA-13 级配类型，从而导致 AC-13 级配类型混合料的动摩擦系数随速度变化的衰减幅度是三种结构类型中最大的。

　　为了进一步分析三种级配类型对沥青混合料初始抗滑性能的影响，本研究以石灰岩材质为例，分析 AC-13、SMA-13 和 OGFC-13 三种混合料在打磨 4 h 后抗滑性能的变化情况，见图 7-2。同时，为了进一步说明最大公称粒径对混合料抗滑性能的影响，图 7-3 给出了 AC 和 SMA 两种级配类型混合料在打磨 4 h 时的抗滑性能随最大公称粒径的变化情况。

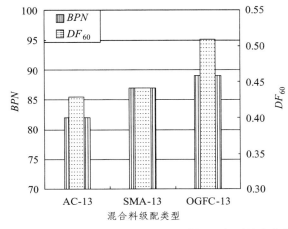

图 7-2　抗滑性能指标 BPN 和 DF_{60} 随级配类型的变化情况

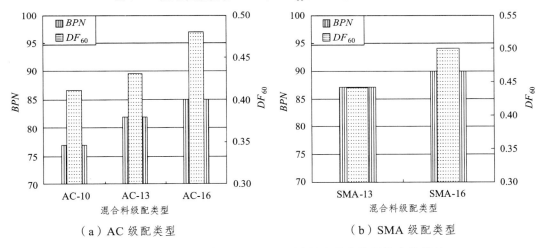

（a）AC 级配类型　　　　　　　　　　（b）SMA 级配类型

图 7-3　抗滑性能指标 BPN 和 DF_{60} 随最大公称粒径的变化情况

　　图 7-2 的结果表明，当沥青混合料结构类型由悬浮密实到骨架密实型再到骨架空隙型，其抗滑性能呈现出逐步增加的趋势。当级配类型从 AC-13 到 OGFC-13，其抗滑性能指标 BPN 和 DF_{60} 分别提高了 8.5% 和 18.6%。这些变化规律说明，相对于悬浮密实结构，骨架结构更有利于提高沥青混合料初始阶段的抗滑性能。但是，骨架结构中的骨架空隙结构由于较大的空隙率而表现出衰变速率较大的特性，难以长期维持混合料良好的抗滑性能。而骨架密实结构不仅可以较好地克服衰变速率过快的问题，还同时兼有良好的宏

观形貌和微观形貌构造。对于骨架密实型沥青混合料，其不仅可以提供较好的初始阶段的抗滑性能，还可以更长久地维持这种抗滑性能，而不至于出现抗滑性能衰减过快影响交通安全的现象。因此，在三类结构级配类型的混合料中，骨架密实型级配类型是应该被首先考虑的级配类型。

图 7-3 描绘了沥青混合料抗滑性能随最大公称粒径的变化情况，结果表明无论是对于 AC 级配类型还是对于 SMA 级配类型，其混合料的抗滑性能均表现出随最大公称粒径的提高而增加的趋势。以 AC 级配类型的混合料为例，当最大公称粒径由 10 mm 增加至 16 mm 时，其抗滑性能指标 BPN 和 DF_{60} 分别提高了 10.4% 和 17.1%。由此可见，适当提高沥青混合料的最大公称粒径有助于提高沥青混合料初期阶段的抗滑性能。但是，在选择增加沥青混合料最大公称粒径的同时，还应当注意到最大公称粒径的增加势必也会带来抗滑性能衰变速率的增加。因此，在进行沥青混合料配合比设计时，关于最大公称粒径的问题，需要同时兼顾抗滑性能初始阶段情况和长期稳定情况，以做出恰当合理的选择。

7.2.3　分异型矿料对沥青混合料抗滑性能的影响

对于单一材质的沥青混合料而言，在车辆荷载和自然环境的作用下，其抗滑性能总是会随着时间的推移而逐渐衰减，最终无法满足路面安全行车的要求。而且通常沥青混合料初始阶段的抗滑性能越好，其承受轮胎的摩擦作用就会越强烈。在集料耐磨性能相当的情况下，初始阶段抗滑性能较好的路面其抗滑性能的衰变速率也往往较大。为了改善沥青路面的这一特性，使其抗滑性能能够在一个较长时期内维持在相对稳定的范围内，研究者们提出了分异型沥青混合料的概念。它是利用集料之间耐磨性能的差异，在使用过程中，由行车荷载磨耗作用重新生成新的纹理构造，使混合料尽可能长时间保持良好构造特性的一种抗滑表层技术。但是，目前分异型沥青混合料仅仅是被指出其具有改善路面抗滑性能的特性，而关于分异型矿料组合的具体配比问题以及关于分异型效果的具体评价方法都很少被提及。因此，本研究提出了平均衰变速率指标和平均波动幅度两个指标，用于定量分析分异型矿料对抗滑性能的影响，并进一步探讨不同分异型矿料的配比对混合料抗滑性能影响的差异。

1. 分异型矿料对抗滑性能的影响

由前文的分析可知，混合料的形貌特性同抗滑性能之间密切相关，其抗滑性能总是随着形貌特性的改变而改变，两者表现出一致的变化规律。同时，形貌指标可以被分成高度相关、波长相关和形状相关等不同类别，而这些不同类别的形貌指标的作用又是综合的，共同影响着路面的抗滑性能，很难仅从一个形貌指标的变化就判定抗滑性能的发展趋势。因此，为了避免过多地考虑形貌指标之间的复杂综合作用，本节仅以抗滑性能指标（BPN 和 DF_{60}）为观察对象，分析矿料分异处理对抗滑性能的影响。

本研究在玄武岩材质的 SMA-13 和 AC-13 两种级配类型混合料的基础之上进行分异处理。分异处理所选用的另一种抗磨性能较差的矿料为石灰岩集料，以分异配比为 30%

（即除矿粉以外，混合料中每一粒径所对应的集料中玄武岩集料质量∶石灰岩集料质量=70∶30）的组合进行试验，在加速磨耗仪上加速打磨到 62 h，观察分异处理前后沥青混合料抗滑性能的改变情况。图 7-4 和图 7-5 分别给出了 SMA-13 和 AC-13 两种级配类型混合料分异前后，抗滑性能的变化情况。图例中"SMA-13（H）-30%"表示配比为 30%的 SMA-13 级配分异型沥青混合料，其中"SMA-13"表示级配类型，"H"表示分异混合处理，"30%"表示分异配比百分数。

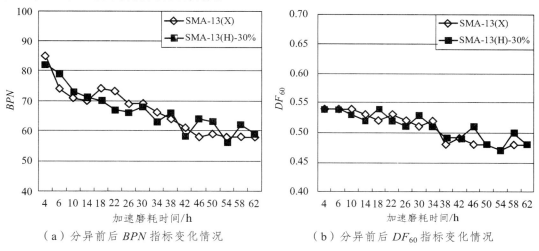

（a）分异前后 BPN 指标变化情况　　　　（b）分异前后 DF₆₀ 指标变化情况

图 7-4　分异前后 SMA-13 混合料抗滑性能的变化情况

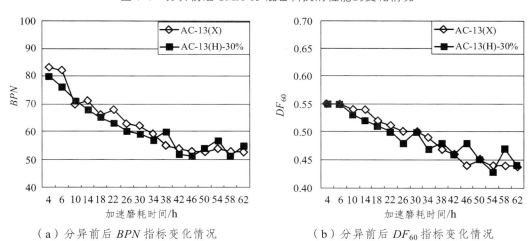

（a）分异前后 BPN 指标变化情况　　　　（b）分异前后 DF₆₀ 指标变化情况

图 7-5　分异前后 AC-13 混合料抗滑性能的变化情况

从图 7-4 和图 7-5 可以看出，两种级配类型的混合料在分异前后表现出相似的变化规律，最显著的特点就是分异后的沥青混合料的抗滑性能在加速打磨 30 h 以后出现明显的波动情况。正是由于这种波动的存在，才使得抗滑性能的改善成为可能。造成这种波动现象的原因是，初期阶段混合料表面的形貌被逐渐打磨，直到硬质集料和软质集料的纹理构造相互接近。此时，由于材质的原因，更容易被打磨的质地较软的集料首先被磨损。

相对于软质集料而言，硬质集料的耐磨性能较好，被打磨速度较慢。正是由于这种集料磨损的速率差，才使得沥青混合料表面的形貌构造再次逐渐凸显，从而增强其抗滑性能。当软质集料被打磨到一定程度后，轮胎的作用力主要集中在硬质集料表面，再次对硬质集料进行打磨，如此重复下去就出现了抗滑性能不断波动的现象。

从图 7-4 和图 7-5 中的变化规律很难直接评价分异处理对抗滑性能具体的影响程度。为了定量评价分异处理措施影响效果，考虑到此时采集数据点的增多，本研究采用了 5.3.1 节中的对数模型或指数模型回归数据点，采用回归系数 A 或 D 的绝对值作为平均衰变速率指标 ADR（Average Decay Rate）以反映分异前后混合料抗滑性能在整个阶段的平均衰变情况。同时，本研究还提出了平均波动幅度 AAF（Average Amplitude of Fluctuation）的概念，AAF 反映了分异作用对抗滑性能改变的剧烈程度。考虑到分异作用引起抗滑性能的波动主要集中在加速磨耗 30 h 以后，因此，选择加速打磨 30 h 以后的抗滑性能指标数据点来分析其平均波动幅度。首先，需要根据这些数据点采用最小二乘法进行直线回归，建立回归直线方程 l。在建立回归方程之前，先采用最大值归一化处理对数据点进行归一化，以消除不同指标之间数量级的差别对计算结果的影响。然后，计算每个数据点到回归线 l 的距离 d_i，如图 7-6。最后，对这些距离取平均即为 AAF，其具体的计算见公式（7-1）。AAF 值越大就意味着分异作用对抗滑性能的改变越显著，抗滑性能上下波动就越剧烈。SMA-13 和 AC-13 两种级配类型混合料分异前后，其 ADR 和 AAF 的计算结果见表 7-2。

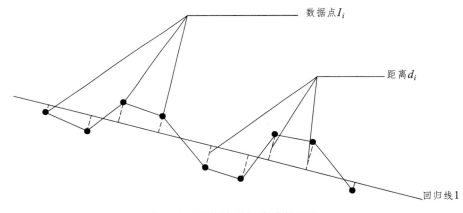

图 7-6 平均波动幅度求解示意

直线回归方程 $l : y = kx + b$

数据点 $I_i = (x_i, y_i)$ 到直线 l 的距离 d_i：

$$d_i = \frac{|kx_i + b - y_i|}{\sqrt{k^2 + 1}} \qquad （7\text{-}1）$$

$$AAF = \frac{1}{n}\sum_{i=1}^{n} d_i$$

其中：k、b 为直线方程回归系数；n 为数据点的个数。

表 7-2　矿料分异前后混合料 *ADR* 和 *AAF* 参数计算结果

性能指标	混合料类型		ADR 指标			AAF 指标
			回归模型	判定系数 R^2	ADR 值	
BPN	SMA-13	X	对数模型	0.865 3	9.245 8	0.019 8
		H-30%		0.900 5	8.578 4	0.036 4
	AC-13	X		0.946 9	12.517 8	0.026 3
		H-30%		0.933 3	10.757 9	0.039 1
DF_{60}	SMA-13	X	指数模型	0.880 0	0.010 1	0.016 6
		H-30%		0.758 4	0.008 3	0.021 9
	AC-13	X		0.962 2	0.017 7	0.015 3
		H-30%		0.867 3	0.014 6	0.024 3

通过对比两种回归模型的 R^2，对于两种抗滑性能指标，其回归模型不尽相同，对数模型更适合于 BPN 指标，而指数模型则更适合于 DF_{60} 指标。在表 7-2 中，ADR 的变化表明，混合料经配比值为 30% 的分异处理后，其抗滑性能指标的平均衰减速率均表现出下降的趋势。对于 SMA-13 级配沥青混合料，经分异处理后其 BPN 指标的衰减速率下降了 7.2%，其 DF_{60} 指标的衰减速率降低了 17.8%；对于 AC-13 级配沥青混合料，分异处理后表现出相似的变化规律，其 BPN 指标和 DF_{60} 指标的衰减速率分别降低了 14.1% 和 17.5%。从 AAF 指标来看，分异处理后混合料后期抗滑性能的波动幅度开始增大。对于 SMA-13 级配沥青混合料，分异处理使其 BPN 指标的 AAF 值从 0.019 8 增加到 0.036 4，使其 DF_{60} 指标的 AAF 值从 0.016 6 增加到 0.021 9；对于 AC-13 级配沥青混合料，分异处理使其 BPN 指标和 DF_{60} 指标的 AAF 分别增加了 31.9% 和 58.8%。这些数据的变化说明，沥青混合料经矿料分异化处理后，加剧了抗滑性能指标波动的剧烈程度，有助于打磨后期的形貌构造的继续形成，从而降低了抗滑性能的衰变速率，延缓了抗滑性能指标的衰变进程，以显著改善混合料的抗滑性能。

然而，这里的结论仅仅是配比为 30% 的分异化处理结果，并不能代表所有配比的分异化处理。至于其他配比下的分异化处理效果如何，仍需要进一步探讨。

2. 不同配比的分异型矿料组合对抗滑性能的影响

为了分析分异型矿料配比值对混合料抗滑性能的影响，本节以 SMA-13(X)级配类型的沥青混合料为基准，仍以石灰岩材质集料作为另一种较软材料，分别以配比值为 0、10%、30% 和 50% 的组合制备沥青混合料试件，并测试其在加速打磨 62 h 条件下抗滑性能的变化情况，见图 7-7。为了定量分析这些变化的具体情况，ADR 和 AAF 指标再次被计算，具体结果见表 7-3。

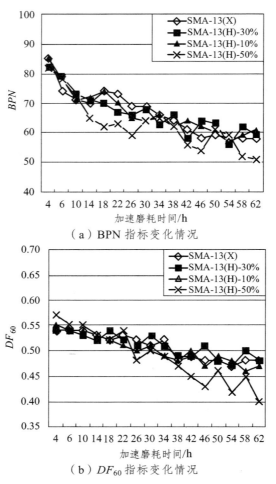

（a）BPN 指标变化情况

（b）DF_{60} 指标变化情况

图 7-7 不同配比的分异处理对 SMA-13 混合料抗滑性能的影响

表 7-3 不同配比的分异混合料 *ADR* 和 *AAF* 参数计算结果

性能指标	混合料类型		*ADR* 指标			*AAF* 指标
			回归模型	判定系数 R^2	*ADR* 值	
BPN	SMA-13	X	对数模型	0.865 3	9.245 8	0.019 8
		H-10%		0.929 0	9.278 7	0.021 3
		H-30%		0.900 5	8.578 4	0.036 4
		H-50%		0.859 0	10.095 6	0.037 8
DF_{60}	SMA-13	X	指数模型	0.880 0	0.010 1	0.016 6
		H-10%		0.894 0	0.010 9	0.018 3
		H-30%		0.758 4	0.008 3	0.021 9
		H-50%		0.905 6	0.021 3	0.029 6

从表 7-3 不难看出，随着分异配比值的增加，无论是 *BPN* 指标还是 DF_{60} 指标，其

AAF 值均展现出增加的趋势。说明分异处理有助于形貌构造被打磨光滑后继续形成新的形貌构造，抗滑性能指标的波动程度随着分异配比的增加而逐渐变得剧烈，该现象的直观效果见图 7-7。然而 ADR 值则随着分异配比值的不同表现出不同的变化规律：当分异配比值较低即为 10% 时，其 ADR 变化并不显著，相对于 SMA-13(X) 沥青混合料，SMA-13(H)-10% 混合料 BPN 和 DF_{60} 两个指标的 ADR 值分别变化了 0.032 9 和 0.000 8，其衰减速率几乎没有发生变化；当分异配比值达到 30% 时，ADF 值有所降低，其降低率分别达到 7.2% 和 17.8%；而当分异配比值达到 50% 时，ADR 值却又突然增加，其抗滑性能的衰减速率由于大量软质材料的加入而大大增加。从这些数据的变化情况可知，尽管分异配比值的增加有助于改善形貌构造的重新形成，但并不是分异配比值越大越好。分异配比值存在一个合理的范围，当分异配比值偏小时，由于其软质材料掺入量较少，再次形成新的形貌构造的能力受到限制，从而不能很好地改善抗滑性能的整体衰变速率；而当分异配比值偏大时，抗滑性能又会由于大量耐磨性能偏差的材质的引入而影响混合料抗滑性能的发挥，使得其抗滑性能衰减速率远大于分异处理前。因此，在进行分析处理时，应该同时考虑 ADR 和 AAF 两个指标，既要保证抗滑性能的衰减速率得到控制，又要保证在磨损的过程中可以重新形成新的形貌构造，增加抗滑性能波动的剧烈程度。总之，合理的分异配比值（本研究的试验中为 30%）不仅可以改善抗滑性能的衰减速率，有助于使抗滑性能在一个较长的时期内得到维持，同时还有助于在后期的打磨中不断生成新的纹理形貌构造，以利于抗滑性能的改善。分异配比值过低不利于新纹理形貌构造的形成，分异配比值过高不利于抗滑性能的长期稳定。分异配比值过低或过高均不利于抗滑性能的改善，影响其分异效果。

7.3　本章小结

本章主要结论如下：

（1）无论是在新建阶段还是在养护阶段，修筑抗滑表层和抗滑封层结构是最常见的提高沥青路面抗滑性能的主要措施。而这些措施的实施又都离不开混合料配合比的设计，在设计阶段采取必要的控制措施，从源头控制以保证路面的抗滑性能是最有效、最经济合理的。因此，本章集中研究各种在设计阶段的细节措施，以确保沥青混合料在设计时就具备必要的抗滑性能。

（2）本研究分析了不同材质对混合料抗滑性能的影响，发现耐磨性较好、品质较高的集料，既可以保证高速行车条件下抗滑性能的形成，又可以长期维持混合料抗滑性能的稳定。因此，在进行沥青混合料设计时，应当优先选择抗磨性能较好的石料。

（3）对不同级配类型对抗滑性能的影响进行分析，结果表明骨架型级配以及较大的最大公称粒径有助于提高混合料的抗滑性能。但是，骨架空隙型结构以及太大的最大公称粒径，由于接触应力的增大会加速抗滑性能的衰变。因此，适当地考虑最大公称粒径，选择骨架密实型级配有助于改善混合料的抗滑性能。

（4）沥青混合料矿料的分异化处理能够加剧其抗滑性能波动的剧烈程度，可以帮助重新生成新的形貌构造。形貌的重新生成，无形中就降低了抗滑性能的衰变速率，延缓了衰变进程。但是，应当严格把握所选用的分异配比，不同的分异配比值对抗滑性能的影响是截然不同的。为了定量评价分异处理的效果，本研究提出 ADR 和 AAF 两个指标，这两个指标分别代表了抗滑性能的衰减速率和波动剧烈程度。合理的分异配比值不仅可以帮助生成新的形貌构造，还可以降低抗滑性能的衰减速率，从而显著地改善混合料的抗滑性能。分异配比值过高或过低均会影响分异效果，不利于抗滑性能的改善。

第 8 章

PART EIGHT

结论与展望

8.1 路面形貌数字化测量和应用的主要研究结论与创新

8.1.1 路面形貌数字化测量和应用的主要研究结论

良好的路面抗滑性能可以为高速行驶的车辆提供良好的附着力，减小交通事故隐患，是行车安全的重要保障。交通事故频发的主要原因之一就是路面的抗滑能力不足，而沥青路面的抗滑性能又与其路表纹理形貌粗糙特性有着紧密的联系。此外，传统的基于摩擦系数指标的路面抗滑性能的评价方法，其条件限制性强，易受到测试方法和测试条件的影响。因此，本研究基于计算机视觉数字化测量的基本理论和方法改进和研发非接触形貌测量技术，开展光度立体算法和双目重构算法的改进与优化，探索数字化路面三维形貌快速、全面、精确测量的方法，结合相应的试验数据验证改进算法的可靠性；借鉴物体表面的粗糙特性描述方法和评价手段，提炼出用于表征路面三维形貌和图像二维纹理信息粗糙特性的评价指标；分别从三维形貌构造和图像二维纹理信息两个层面分析了路面的粗糙特性；同时进行路面纹理形貌衰变特性的分析，建立基于纹理形貌指标的衰变模型，揭示路面纹理形貌指标随行车荷载及环境作用的发展特性和演化规律；利用多元二次多项式模型描述数字化路面形貌粗糙特性同其抗滑性能之间的关系，结合 IFI 评价方法，基于三维形貌特性的路面抗滑性能评价体系被建立。该体系只需求解路面数字化形貌指标就可以直接完成路面抗滑性能的评价，操作简单、易于实现。归纳本书的研究工作，主要结论如下：

（1）传统 3 光源光度立体三维重构技术难以满足高精度路面微观形貌信息测试的要求。本研究使用 6 光源法、低秩矩阵恢复法、基于控制点的加权法和基于控制点的插补面法改进传统光度立体技术。在法向量求解方面，低秩恢复法要优于 6 光源法；在三维重构方面，基于控制点的插补面算法的精度要高于基于控制点的加权算法。本研究进一步分析了不同控制点个数对插补面算法的影响，认为 2 500 个控制点可以使测试精度达到 0.04 mm，可以满足路面纹理形貌信息分析的需要。

（2）考虑到实际中路面形貌特性多被表达成统计指标用于评价路面抗滑性能，同时也为了减少控制点的操作对重构效果的影响，本研究最终选择低秩恢复全局积分修正算法求解路面三维形貌信息。同传统光度立体算法相比，该算法具有以下改进：使用 6 个光源代替原来的 3 个光源，以加强照射视角，避免照射盲区的产生；为了防止因图像细节信息的损失而影响到重构精度，传统算法中的中值滤波处理被剔除；根据光度立体算法成像系统本身具有的低秩特性，低秩恢复算法被采用，以消除噪声、高光点以及阴影区域等因素对测试系统的不利影响。

（3）为了强化匹配约束和提高匹配精度，减轻自然光照影响，本研究基于传统双目重构算法，分别采用多条固定激光线分区域和单条移动激光线全局扫描两种约束模式，建立不同约束模式下的改进匹配算法。设计加工改进双目重构测试系统和三维形貌测量精度评价装置，配合 MATLAB 软件编程，完成相机标定、立体图像校正、背景分离、激光线目标的识别与分离、激光线目标的强化、子区域分割、目标线质心强化、不同约束机制下的立体匹配、三维重构等操作，最终实现沥青路面三维形貌的测量，完成点对点局部测量精度的真实评价。

（4）针对多条固定激光线分区域约束，本研究提出默认颜色、强化目标线和区域分割匹配三种改进匹配算法。相比之下，区域分割匹配算法优于默认颜色和强化目标线两种匹配算法，取得了较好的重构效果。针对单条移动激光线全局扫描约束，本研究提出视差替换、叠加合成、子区域分割和子区域分割质心强化四种改进匹配算法。四种改进算法中，子区域分割质心强化法的测量效果最优，叠加合成法和子区域分割法次之，视差替换法的改善效果最差。特别是子区域分割质心强化法，其视差偏差的平均值和最大值均小于 1 个像素，高程差绝对偏差的平均值和最大值分别为 0.03 mm 和 0.17 mm，特别是其高程差相对偏差平均值只有 2.79%，已具有很好的整体测量和局部单点测量的精度，可以满足路面抗滑性能评价中对三维形貌测量的精度要求。

（5）随着激光线扫描速度的降低，所形成的有效激光线约束数目会增加，从而改善测试精度。但随之而来的是图像帧数变多，程序运行效率变慢。综合考虑后，本研究最终选择 2.5 mm/s 的激光线扫描速度作为目标参考值。同时，改进双目重构算法具有良好的抗光干扰能力，能够在 50 ~ 350 lx 的光照范围内保持算法的稳定性。

（6）通过对图像二维纹理信息特征提取方法的介绍，指出图像的纹理特征信息也可以描述路面的粗糙特性。借鉴二维纹理信息特征的分类方法和评价手段，本研究结合几何形态学类分析方法和统计类纹理分析方法，选取裸露粗集料区域化面积比、分形维数、角二阶矩、逆差矩和熵等指标作为二维纹理信息指标用于表征路面纹理的粗糙特性。

（7）为了描述三维纹理形貌的粗糙特性，本研究分别从高度方向相关评价、波长方向相关评价、形状相关评价三个方面共提炼出了 14 个三维形貌表征指标。通过对比二维形貌指标同三维形貌指标的差异，发现二维形貌指标参数在一定程度上低估了形貌实际的粗糙特性，并不能完整地描述表面形貌的粗糙特性。因此，获取沥青路面数字化三维形貌信息，建立数字化三维形貌粗糙特性的表征指标是必要的。

（8）常用的回归衰变模型是建立在大数据样本基础之上的，这就限制了回归模型在路面使用初期条件下抗滑性能的分析和预测。本研究在以小样本、贫信息系统为研究对象的 GM(1, 1)模型的基础上，建立了沥青混合料表面纹理形貌的衰变模型。该模型参数的物理意义明确，表现出较好的模拟精度，可以用来描述沥青混合料表面纹理形貌的衰变特性。通过衰变模型参数的变化，分析不同因素对路面三维形貌指标中的平均构造深度指标（MTD 和 MTD1）的影响，结果表明：

① 就宏观形貌层面而言，随着矿料耐磨性能的增加和最大公称粒径的减小，沥青混合料的形貌指标的衰变速率有所减小。对于级配而言，衰变速率从大到小的排序依次是：OGFC 级配、AC 级配和 SMA 级配。而随着矿料耐磨性能的增加，衰变终值表现出增大的规律，其中 AC 类混合料的衰变终值最小。对于耐磨性能较差的石灰岩质材料，不同最大公称粒径对衰变终值的影响并不大；而对耐磨性能较好的玄武岩质材料，最大公称

粒径偏大的混合料其衰变终值要高于最大公称粒径偏小的混合料。

② 就微观形貌层面而言，由于磨耗过程中新的微观形貌始终在不断地生成，使得其衰变特性变得复杂，特别是其指标衰变速率的规律性较差，大体表现出随最大公称粒径的增大而减小的趋势。但其衰变终值则随着矿料抗磨性能提高而增加，不同级配类型对微观形貌指标衰变终值的影响则表现出同宏观形貌指标相类似的规律，同样是 AC 类混合料的衰变终值最小。

（9）同样地，通过建模分析其他形貌指标的衰变特性，结果表明：

① 在宏观形貌指标的层面上，其他指标的变化规律类似于平均构造深度指标，仍然是 OGFC 类混合料的衰变速率最大，最大公称粒径偏大的混合料的衰变速率要略大于最大公称粒径偏小的混合料。在众多指标中，除了 S_k 以外，其他指标的衰变速率均要低于 MTD，说明轮胎的磨耗作用对影响纹理形貌稳定性的 S_k 和 MTD 指标更为敏感。但就衰变终值而言，SMA 和 OGFC 级配类混合料的衰变终值要优于 AC 级配类型，更有利于抗滑性能的持久保持。

② 在微观形貌指标的层面上，其衰变特性要复杂得多。轮胎的磨耗作用对微观形貌中 S_k1 和 $MTD1$ 指标衰变速率的影响最为显著。

（10）机理分析表明，在三维形貌中，宏观形貌的影响主要集中在摩擦力的两个分量：附着分量和滞阻分量。其特性决定了车辆在高速行驶条件下抗滑能力的衰减速率。随着路面宏观形貌构造的增强，由弹性滞后引起的滞阻分量就会增加，尤其是对潮湿路面，除了影响滞阻分量，宏观形貌构造的存在还可以为路表积水提供排泄通道，从而提高潮湿路面的抗滑性能。而微观形貌对路面抗滑性能的影响，则主要体现在其对摩擦力中附着分量的影响。微观形貌的附着力以及凸出体的微切削作用是形成车辆在低速行驶条件下抗滑力的主要来源。同时，在潮湿路面上，微观形貌的尖锐峰有助于刺穿水膜，从而改善低速行驶条件下潮湿路面的抗滑性能。

（11）本研究试图从图像二维纹理信息指标和三维形貌指标出发，分别建立其同抗滑性能之间的关系模型。结果表明，图像二维纹理信息指标不能真正地反映表面实际三维空间中的分布情况，难以取得较好的回归效果。而对于三维形貌指标而言，多元线性回归模型由于其拟合度较差，不适合于抗滑性能关系模型的建立。本研究最终利用多元二次多项式模型分别建立了 BPN 同 M_1 合成矩阵、DF_{60} 同 M_2 合成矩阵的关系模型。模型的总汇分析、参数估计检验以及因子检验结果表明，使用多元二次多项式模型进行拟合回归，其拟合优度较高，模型关系显著，因子的整体回归系数显著。二次多项式模型可以较好地表达三维形貌指标同抗滑性能指标之间的关系。

（12）根据 IFI 评价体系的计算过程，本研究建立了基于三维形貌特性的抗滑性能评价体系。该体系不但结合了 IFI 评价体系的优点，还改进了摩擦系数评价体系条件限制性强、普适性差、易受外界因素影响的缺点。该体系只需求解路面数字化三维形貌指标就可以直接完成路面抗滑性能的评价，易于实现，更加简化了不同评价指标之间的统一。

（13）为了实现源头控制，本研究针对抗滑分析了设计阶段可以采取的优化措施。结果表明，对于不同材质而言，耐磨性较好、品质较高的集料，既可以保证高速行车条件下抗滑性能的形成，又可以长期维持混合料抗滑性能的稳定，应当优先被选择。对于不同级配类型而言，骨架型级配以及较大的最大公称粒径有助于提高混合料的抗滑性能。但是，骨架空隙型结构以及太大的最大公称粒径会加速抗滑性能的衰变。因此，适当地考虑最大公称粒径，选择骨架密实型级配有助于改善混合料的抗滑性能。

（14）分异化处理能够加剧其抗滑性能波动的剧烈程度，可以帮助重新生成新的形貌构造，达到延缓抗滑性能衰变的目的。但是，应当严格把握所选用的分异配比。合理的分异配比值不仅可以帮助生成新的形貌构造，还可以降低抗滑性能的衰减速率。

8.1.2 路面形貌数字化测量和应用的主要创新点

路面形貌数字化测量和应用的主要创新点有：

（1）建立了基于低秩矩阵恢复算法的 6 光源改进光度立体技术。该算法同传统 3 光源光度立体技术相比，具有如下优点：

① 采用 6 个光源取代传统 3 光源，增加照射亮度的同时能够较好地避免照射盲区。

② 改进算法中取消了传统算法中的中值滤波去噪处理，防止因图像细节信息的损失而影响到重构精度。

③ 中值滤波法无法有效地解决高光和阴影的干扰，而根据系统本身具备的低秩特性，改进算法可以很好地应对这一难题。

这种非接触式路面数字化形貌三维测试技术，通过计算机编程能够快速、精确、全面地提取路面三维宏微观纹理形貌。

（2）分别采用多条固定激光线分区域和单条移动激光线全局扫描两种约束模式，建立不同约束模式下的改进匹配算法，设计加工改进双目重构测试系统和三维形貌测量精度评价装置，通过强化匹配约束提高匹配精度，实现沥青路面数字化三维形貌的精确测量，完成点对点局部测量精度的真实评价，缓解自然光照对测量结果的影响。

（3）在提取路面数字化三维形貌的基础上，分别从高度方向相关评价、波长方向相关评价、形状相关评价三个方面构建路面形貌粗糙特性的表征指标，并通过聚类分析和相关性分析对表征指标进行了初步优选，用以分析和评价路面形貌的粗糙特性。

（4）常用的回归衰变模型建立在大数据样本的基础之上，需要较长周期下数据的采集，这就限制了回归模型在路面使用初期条件下抗滑性能的分析和预测。为此，本研究建立了基于二次拟合改进 GM(1,1)模型的路面抗滑性能的衰变模型，以解决小数据样本的建模问题；并进一步分析了不同因素对路面抗滑性能衰变特性的影响，为设计抗滑性路面，减少交通事故率提供研究基础和理论依据。

（5）传统的基于摩擦系数指标的路面抗滑性能的评价方法，其条件限制性强，易受到测试方法和测试条件的影响。同时，对于来自不同国家的路面抗滑性能研究者们来说，不统一的评价方法给他们之间的交流带来了诸多不便。因此，本研究采用多元二次多项式模型建立了抗滑性能指标同纹理形貌指标之间的关系模型，并结合 IFI 评价体系，建立了完全基于数字化三维形貌特性的路面抗滑性能评价体系。

（6）建立了 *ADR* 和 *AAF* 两个指标用于定量评价分异处理的效果，这两个指标分别代表了抗滑性能的衰减速率和波动剧烈程度。此外，结合这两个指标，进一步分析了不同分异配比值对抗滑性能的影响。

8.2 进一步研究路面形貌数字化测量和应用的建议及展望

本研究对测量沥青路面数字化三维形貌以及其与抗滑性能之间的关系进行了相关研究，得到部分有价值的结论。但是，由于问题本身的复杂性、研究条件的限制以及研究者自身的不足，本研究仅开展了部分相关工作。在今后的研究过程中，还可以进一步考虑以下几个方面：

（1）由于严格的光照条件限制性，本研究采用的改进光度立体技术主要是在室内光线可控的条件下进行的。同时，该技术对光源开关以及图像的拍摄均采用人工控制，势必造成测试效率的下降。如何实现实地测量，以及连续操作和自动化控制，仍需进一步完善。

（2）为了较好地控制各种影响因素和缩短试验时间，本研究的研究结论均是在室内模拟的条件下得到的。尽管有研究表明实际路面摩擦系数的变化规律同室内加速磨耗仪的模拟情况相接近，但是，室内模拟法总是难以全面把握路面使用过程中的复杂环境因素和车辆因素，跟实际情况相比，仍有一定的差距。因此，如何确保室内模拟试验同实际相吻合，或者进一步建立室内模拟情况同实际路面抗滑性能的变化之间的关系模型仍需要进一步地探讨和研究。

（3）基于路面数字化形貌指标的抗滑性能评价体系的建立仅仅采用了 3 种级配类型、11 种沥青混合料。要推广应用到实际工程中，还需要进一步扩展样本容量，对范围更广的沥青混合料采集数据，建立模型，以增强该评价体系的覆盖范围和实用性。

参考文献

[1] 王元元，何亮，孙璐. 矿料分异处理对沥青混合料抗滑性能的影响[J]. 东南大学学报（自然科学版），2017，47（6）：1216-1220.

[2] WAMBOLD J C, ANTLE C E, HENRY J J, et al. International PIARC Experiment to Compare and Harmonize Texture and Skid Resistance Measurement[R]. Paris, France: PIARC(Permanent International Association of Road Congress) Technical Committee on Surface Characteristics, 1995.

[3] 国家统计局. 中国统计年鉴-2020[M]. 北京：中国统计出版社，2020：第 24 章.

[4] 沈金安. 沥青及沥青混合料路用性能[M]. 北京：人民交通出版社，2000.

[5] 黄晓明. 路基路面工程[M]. 6 版. 北京：人民交通出版社，2019.

[6] KUTTESCH J S. Quantifying the relationship between skid resistance and wet weather accidents for virginia data[D]. Blacksburg: The Virginia State University, 2004: 4-16.

[7] 王文武，李迁生. 高速公路安全管理[M]. 北京：人民交通出版社，2001.

[8] 隋正. 路面摩擦系数测量仪测量系统的设计[D]. 西安：长安大学，2014.

[9] 杨军，王昊鹏，吴琦. 潮湿沥青路面抗滑性能数值模拟[J]. 长安大学学报（自然科学版），2016，36（3）：25-32.

[10] 桂志敬，刘清泉，陈学文，等. 动态摩擦系数测试仪的应用研究[J]. 公路交通科技，2005，22（3）：39-41.

[11] LIU Qingfan, SHALABY A. Relating concrete pavement noise and friction to three-dimensional texture parameters[J]. International Journal of Pavement Engineering, 2017, 18(5): 450-458.

[12] HADDOCK J, O'Brien J. Hot-mix asphalt pavement frictional resistance as a function of aggregate physical properties[J]. Road Materials and Pavement Design, 2013, 14(sup2): 35-56.

[13] 朱洪洲，廖亦源. 沥青路面抗滑性能研究现状[J]. 公路，2018（1）：35-46.

[14] LI Q J, ZHAN Y, YANG G, et al. Panel data analysis of surface skid resistance for various pavement preventive maintenance treatments using long term pavement performance (LTPP) data[J]. Canadian Journal of Civil Engineering, 2017, 44(5): 358-366.

[15] HITI M, DUCMAN V. Analysis of the slider force calibration procedure for the British Pendulum Skid Resistance Tester[J]. Measurement Science and Technology, 2014, 25(2): 405-412.

[16] 苗英豪，曹东伟，任慧，等. 基于动态摩擦系数测试仪的路面抗滑性能评价方法改进[J]. 公路，2010（4）：1-5.

[17] DAN H C, HE L H, XU B. Experimental investigation on skid resistance of asphalt pavement under various slippery conditions[J]. International Journal of Pavement Engineering, 2017, 18(6): 485-499.

[18] KANAFI M M, KUOSMANEN A, PELLINEN T K, et al. Macro- and micro-texture evolution of road pavements and correlation with friction[J]. International Journal of Pavement Engineering, 2015, 16(2): 168-179.

[19] 朱晟泽，黄晓明. 横向刻槽混凝土路面轮胎滑水速度数值模拟研究[J]. 东南大学学报（自然科学版），2016，46（6）：1296-1300.

[20] 曹平. 表面形貌与污染物对沥青路面抗滑性能影响的研究[D]. 武汉：武汉理工大学，2009.

[21] WANG Yuanyuan, YANG Zhiqiu, LIU Yanyan, et al. The characterisation of three-dimensional texture morphology of pavement for describing pavement sliding resistance[J]. Road Materials and Pavement Design, 2019, 20(5): 1076-1095.

[22] THOMSENSCHMIDT P. Characterization of a traceable profiler instrument for areal roughness measurement[J]. Measurement Science and Technology, 2011, 22(9): 094019.

[23] 李伟，沙爱民，孙朝云，等. 基于线结构光的水泥混凝土路面错台三维检测[J]. 同济大学学报（自然科学版），2015，43（7）：1039-1044.

[24] HONG F, HUANG Y X. Measurement and Characterization of Asphalt Pavement Surface Macrotexture Using Three Dimensional Laser Scanning Technology[J]. Journal of Testing and Evaluation, 2014, 42(4): 20130147.

[25] AHMED M, HAAS C T, HAAS R. Toward low-cost 3D automatic pavement distress surveying: the close range photogrammetry approach[J]. Canadian Journal of Civil Engineering, 2011, 38(12): 1301-1313.

[26] JAHANSHAHI M R, JAZIZADEH F, MASRI S F, et al. Unsupervised approach for autonomous pavement-defect detection and quantification using an inexpensive depth sensor[J]. Journal of Computing in Civil Engineering, 2012, 27(6): 743-754.

[27] MEDEIROS M S, UNDERWOOD B S, CASTORENA C, et al. 3D Measurement of Pavement Macrotexture Using Digital Stereoscopic Vision[C]//Washington DC: Transportation Research Board 95th Annual Meeting, 2016, 165504: 1-19.

[28] GENDY A E, SHALABY A, SALEH M, et al. Stereo-vision applications to reconstruct the 3D texture of pavement surface[J]. International Journal of Pavement Engineering, 2011, 12(3): 263-273.

[29] SUN Jiuai, SMITH M, SMITH L, et al. Object surface recovery using a multi-light photometric stereo technique for non-Lambertian surfaces subject to shadows and specularities[J]. Image and Vision Computing, 2007, 25(7): 1050-1057.

[30] 刘亚敏，韩森，徐鸥明. 基于数字图像技术的沥青路表面三维构造获取系统[J]. 西南

交通大学学报，2014，49（2）：351-357.

[31] 周芳. 双目视觉中立体匹配算法的研究与实现[D]. 大连：大连理工大学，2013.

[32] 张一豪，孙冬梅，沈玉成，等. 双目视觉测量系统特征点提取与匹配技术研究[J]. 应用光学，2016，37（6）：866-871.

[33] 韩宝玲，朱颖，徐博，等. 一种基于场景轮廓特征的三维地形重建方法[J]. 光学技术，2015，41（4）：322-326.

[34] SUN L, ABOLHASANNEJAD V, GAO L, et al. Non-contact optical sensing of asphalt mixture deformation using 3D stereo vision[J]. Measurement, 2016, 85: 100-117.

[35] 徐庆相. 基于光度立体视觉的表面精细特征三维重建技术研究[D]. 武汉：华中科技大学，2011.

[36] PHONG B T. Illumination for computer generated pictures[J]. Communications of ACM,1975,18(6): 311-317.

[37] TORRANCE K E, SPARROW E M. Theory for off-specular reflection from roughened surfaces[J]. JOSA, 1967, 57(9): 1105-1112.

[38] COOK R L, TORRANCE K E. A reflectance model for computer graphics[J]. ACM Transactions on Graphics (TOG), 1982, 1(1): 7-24.

[39] 姚冰. 基于三维重建的表面粗糙度测量方法的研究[D].西安：西安理工大学，2009.

[40] SUN J, SMITH M, SMITH L, et al. Examining the uncertainty of the recovered surface normal in three light photometric stereo[J]. Image and Vision Computing, 2007, 25(7): 1073-1079.

[41] 方艳霞. 基于激光三角法和光速立体的三维表面重构[D]. 青岛：中国海洋大学，2010.

[42] RODEHORST V. Vertiefende analyse eines gestalts-constraints von aloimonos und shulman[J]. Technischer Bericht, CV-Bericht, 1993, 8.

[43] HORN B K P, BROOKS M J. Shape from shading[M]. Cambridge, Massachusetts: MIT press, 1989.

[44] SMITH G D J, BORS A G. Height estimation from vector fields of surface normals[C]// 14th International Conference on Digital Signal Processing, 2002, 2: 1031-1034.

[45] FRANKOT R T, CHELLAPPA R. A method for enforcing integrability in shape from shading algorithms[J]. IEEE Transactions on Pattern Analysis and Machine Intelligence, 1988, 10(4): 439-451.

[46] HORN B K P. Understanding image intensities[J]. Artificial intelligence, 1977, 8(2): 201-231.

[47] SUN L, WANG Y Y. Three-Dimensional Reconstruction of Macrotexture and Microtexture Morphology of Pavement Surface Using Six Light Sources–Based Photometric Stereo with Low-Rank Approximation[J]. Journal of Computing in Civil Engineering,

2017, 31(2), 04016054.

[48] SOLOMON F, IKEUCHI K. Extracting the shape and roughness of specular lobe objects using four light photometric stereo[J]. IEEE Transactions on Pattern Analysis and Machine Intelligence, 1996, 18(4): 449-454.

[49] RUSHMEIER H, TAUBIN G, GUÉZIEC A. Applying shape from lighting variation to bump map capture[M]. Vienna: Springer, 1997.

[50] SUN J, SMITH M, SMITH L, et al. Object surface recovery using a multi-light photometric stereo technique for non-Lambertian surfaces subject to shadows and specularities[J]. Image and Vision Computing, 2007, 25(7): 1050-1057.

[51] CANDÈS E J, LI X, MA Y, et al. Robust principal component analysis?[J]. Journal of the ACM (JACM), 2011, 58(3): 11.

[52] MIYAZAKI D, HARA K, IKEUCHI K. Median photometric stereo as applied to the segonko tumulus and museum objects[J]. International Journal of Computer Vision, 2010, 86(2/3): 229-242.

[53] LIN Z, CHEN M, MA Y. The augmented lagrange multiplier method for exact recovery of corrupted low-rank matrices[Z]. arXiv preprint : 1009.5055, 2010.

[54] TSENG P. On accelerated proximal gradient methods for convex-concave optimization[J]. submitted to SIAM Journal on Optimization, 2008.

[55] LIN Z, GANESH A, WRIGHT J, et al. Fast convex optimization algorithms for exact recovery of a corrupted low-rank matrix[J]. Computational Advances in Multi-Sensor Adaptive Processing (CAMSAP), 2009, 61.

[56] LI L, HUANG W, GU I Y H, et al. Statistical modeling of complex backgrounds for foreground object detection[J]. IEEE Transactions on Image Processing, 2004, 13(11): 1459-1472.

[57] 杨敏，安振英. 基于低秩矩阵恢复的视频背景建模[J]. 南京邮电大学学报（自然科学版），2013，33（2）：86-89.

[58] CHENE C Y, ŠÁRA R. Integration of photometric stereo and shape from occluding contours by fusing orientation and depth data[M]//Multi-Image Analysis. Berlin: Springer, 2001: 251-269.

[59] SHIMSHONI I, MOSES Y, LINDENBAUM M. Shape reconstruction of 3D bilaterally symmetric surfaces[J]. International Journal of Computer Vision, 2000, 39(2): 97-110.

[60] SZELISKI R. Fast surface interpolation using hierarchical basis functions[J]. IEEE Transactions on Pattern Analysis and Machine Intelligence, 1990, 12(6): 513-528.

[61] 郑戟明，吕东辉，张栋，等. 利用控制点提高光度立体技术重建精度研究[J]. 计算机工程与设计，2010（22）：4858-4861.

[62] BOOKSTEIN F L. Principal warps: Thin-plate splines and the decomposition of

deformations[J]. IEEE Transactions on Pattern Analysis and Machine Intelligence, 1989, 11(6): 567-585.

[63] HOROVITZ I, KIRYATI N. Depth from gradient fields and control points: Bias correction in photometric stereo[J]. Image and Vision Computing, 2004, 22(9): 681-694.

[64] NAJAFI A M, SAEID H. Optimization of the photometric stereo method for Measuring Pavement texture Properties[J]. Measurement, 2018, 127:406-413.

[65] 刘江江. 围棋矩阵模拟信号远程数字传输控制系统的研究[D]. 天津：天津大学，2007.

[66] TAMURA H, MORI S, YAMAWAKI T. Textural features corresponding to visual perception[J]. IEEE Transactions on Systems, Man and Cybernetics, 1978, 8(6): 460-473.

[67] 徐小军，邵英，郭尚芬. 基于灰度共生矩阵的火焰图像纹理特征分析[J]. 计算技术与自动化，2007，26（4）：64-67.

[68] HARALICK R M, SHANMUGAM K, DINSTEIN I H. Textural features for image classification[J]. IEEE Transactions on Systems, Man and Cybernetics, 1973 (6): 610-621.

[69] TUCERYAN M, JAIN A K. Texture analysis[J]. The handbook of pattern recognition and computer vision, 1998, 2: 207-248.

[70] 杨德坤. 图像纹理特征的研究[D]. 济南：山东师范大学，2012.

[71] 苑丽红，付丽，杨勇，等. 灰度共生矩阵提取纹理特征的实验结果分析[J]. 计算机应用，2009，29（4）：1018-1021.

[72] 袁长良，丁志华，武文堂. 表面粗糙度及其测量[M]. 北京：机械工业出版社，1989.

[73] LEU M C, HENRY J J. Prediction of skid resistance as a function of speed from pavement texture measurements[J]. Transportation Research Record, 1978 (666).

[74] FWA T F, CHOO Y S, LIU Y. Effect of aggregate spacing on skid resistance of asphalt pavement[J]. Journal of transportation engineering, 2003, 129(4): 420-426.

[75] ERGUN M, IYINAM S, IYINAM A F. Prediction of road surface friction coefficient using only macro-and microtexture measurements[J]. Journal of transportation engineering, 2005, 131(4): 311-319.

[76] KOKKALIS A G, TSOHOS G H, PANAGOULI O K. Consideration of Fractals Potential in Pavement Skid Resistance Evaluation[J]. American Society of Civil Engineers, 2014, 128(6):591-595.

[77] DO M T, TANG Z, KANE M, et al. Pavement polishing—Development of a dedicated laboratory test and its correlation with road results[J]. Wear, 2007, 263(1): 36-42.

[78] 陈国明，谭忆秋，王哲人. 集料表面纹理测量的试验设计[J]. 中国公路学报，2006，19（2）：36-41.

[79] ZAHOUANI H, VARGIOLU R, DO M T. Characterization of microtexture related to wet road/tire friction[C]//International symposium on pavement surface characteristics of roads and airfields. 2000: 195-205.

[80] BAZLAMIT S M, REZA F. Changes in asphalt pavement friction components and adjustment of skid number for temperature[J]. Journal of Transportation Engineering, 2005, 131(6): 470-476.

[81] 贾永新. 高速公路沥青路面抗滑性能影响因素分析[J]. 北方交通，2009，4：13-15.

[82] 董昭. 加速磨耗试验与沥青路面材料抗滑性能衰变规律研究[D]. 西安：长安大学，2011.

[83] 孙洪利. 沥青路面抗滑性能衰减特性研究[J]. 公路，2011（7）：73-78.

[84] CHELLIAH T, STEPHANOS P, SMITH T, et al. Developing a design policy to improve pavement surface characteristics[C]//Pavement Evaluation Conference, Roanoke, Virginia, USA. 2002: 2002.

[85] KANE M, DO M T, PIAU J M. On the study of polishing of road surface under traffic load[J]. Journal of Transportation Engineering, 2009, 136(1): 45-51.

[86] 霍明. 水泥混凝土路面抗滑功能衰减规律及评价方法研究[D]. 西安：长安大学，2009.

[87] 李天祥. 沥青路面抗滑性能衰减试验研究 [D]. 西安：长安大学，2009.

[88] 杨众，郭忠印. 沥青混凝土防滑磨耗层防滑性能加速试验方法的研究[J]. 华东公路，2002（2）：50-54.

[89] 黄云涌，邵腊庚. 沥青路面抗滑试验研究[J]. 公路交通科技，2002，19（3）：5-8.

[90] MOORE D F. The friction of pneumatic tyres[M]. Asterdam:Elsevier,1975.

[91] KRAGELSKII I V. Friction and wear[J]. Elmsford: Pergamon, 1982, 350: 400-450.

[92] 彭旭东，谢友柏，郭孔辉.轮胎摩擦学的研究与发展[J].中国机械程，1999，10（2）：219-224.

[93] 谢有柏. 摩擦学的三个公理[J]. 摩擦学学报，2001，21（3）：161-166.

[94] 庄继德，王吉忠. 胎面单元对轮胎粘性滑水性能影响分析[J]. 农业工程学报，1999，15（3）：60-64.

[95] 梁曾相. 恒定急变流的能量方程及其应用[J]. 水利学报，1982，2：32-38.

[96] 代琦. 沥青路面表面特性对抗滑性能的影响研究[D]. 南京：东南大学，2007.

[97] 刘建华，周峰. 国际摩阻指数 IFI 应用技术探讨[J]. 中外公路，2003，23（3）：66-68.

[98] SAITO K. Evaluation and Measurement of Pavement Skid Resistance[C]//4th International Conference on Road & Airfield Pavement Technology. 2002.

[99] ROA J A. Evaluation of International Friction Index and Highfriction Surfaces[D]. Blacksburg, Virginia: Virginia Polytechnic Institute and State University, 2008.

[100] 刘建华. 路面抗滑性能检测与评价技术研究[D]. 郑州：郑州大学，2002.

[101] ASTM Standard E1960-07: Standard practice for calculating international friction index of a pavement surface[S]. West Conshohocken, Pennsylvania: ASTM International, 2011.

[102] ASTM Standard E303: American Society for Testing and Materials-Standards test method for measuring surface friction Properties using the British Pendulumtester[S]. American: Annual Book of ASTM Standards (CD-ROM) 2001, 04.03.

[103] GILES C G, SABEY B E. Skidding as a factor in accidents on the roads of Great Britain[C]//First International Skid Prevention Conference, 1959: 27-40.

[104] XIAO J, KULAKOWSKI B T, EI-GINDY M. Prediction of risk of wet-pavement accidents: fuzzy logic model[J]. Transportation Research Record: Journal of the Transportation Research Board, 2000, 1717 (1): 28-36.

[105] 彭华荣. 超薄磨耗层 NovaChip 在广深高速公路的应用研究[D]. 广州：华南理工大学，2011.

[106] 宿秀丽. 同步碎石封层在沥青混凝土路面养护中的应用研究[D]. 西安：长安大学，2008.